임진왜란은
조선이 이긴
전쟁이었다

임진왜란은
조선이 이긴
전쟁이었다

초판 1쇄 펴낸 날 2012. 7. 20

지은이   양재숙
발행인   홍정우

편집인   이민영
디자인   강영신
발행처   도서출판 가람기획
등록   제17-241(2007. 3. 17)
주소   (121-841)서울시 마포구 서교동 381-36 1층
전화   (02)3275-2915~7
팩스   (02)3275-2918
이메일   garam815@chol.com

임진왜란 420년 특별기획

1592~1598

임진왜란은
조선이 이긴
전쟁이었다

임진왜란의 상식을 되짚다

양재숙 지음

gr

도서출판 가람기획

들어가면서

1592년 임진王辰년, 일본군의 조선 침공으로 전단이 열려 조선과 일본 그리고 중국명나라 3국이 한반도를 무대로 벌인 7년여에 걸친 대규모 국제전쟁은 조선의 최후 승리로 끝났다.

조선의 최후 승리는 조선 정부조정와 정부군관군의 줄기찬 전쟁 수행과 세계 전쟁사상 최초의 조직적인 조선 의병군의 유격전 활동, 그리고 자신들의 국토에까지 전화가 번질 것을 우려해 예방 출전한 중국 명나라 군사와의 연합작전으로 이루어졌다.

그런데 이상하게도 이 전쟁에서 조선이 승리했다는 사실은 당시의 조선 백성들에게는 물론 오늘을 사는 한국인들에게도 거의 인식되어 있지 못하다. 그냥 참담한 민족수난의 역사로만 기억되거나 조선이 처참하게 패전한 것으로 잠재의식화되어 있는 것 같다.

우리는 역사에 1차 전쟁을 임진왜란王辰倭亂, 2차 전쟁을 정유재란丁酉再亂이라 기술한다. 임진년과 정유년에 왜적倭賊들이 쳐들어와 일으킨 난리亂離라는 뜻이다. 이 전쟁에 대한 그간의 우리 역사기술이나 이를 소재로 한 소설들에는 조금만 주의를 기울여도 이해나 납득이 어려운 의문들이 한두 가지가 아니다.

이 전쟁을 일으켰을 때의 일본은 과연 국가도 아니었고 일본 병사들은 그 때까지 조선의 변방에서 노략질을 일삼았던 왜구들과 같은 불법 무장집단에 불과했는가? 전쟁을 지휘한 도요토미 히데요시豊臣秀吉는 왜구들의 두목이었는가? 이 전쟁에서 조선 조정과 관군은 과연 무책임하고 무기력하게 도망만 다녔고 오직 의병들만이 분전했는가? 조선군은 칼과 활 그리고 낫과 죽창 등 원시무기로 무장했고 일본군은 조총鳥銃 등 전천후의 신무기로 무장했는가? 조선 수군의 신화는 과연 이순신의 영웅성과 거북선의 초능력만으로 이뤄진 것일까? 명나라는 정말 평소 저들을 잘 섬겨온 조선이 위기에 처한 게 안타까워 자국의 젊은 이들을 희생시키며 파병했는가? 명나라 군사가 승리를 이끌어주었는가? 그리고 조선은 패전했는가?

이 전쟁이 일어나기 2년 전 1590년 선조宣祖 23년, 일본에 파견된 조선통신사 일행이 휴대한 국서를 보면 '조선국왕 이연이 글을 일본국왕 전하에 바치노니朝鮮國王李㳫奉書日本國王殿下……' 라 했다. 일본의 답서에도 '일본국 관백 수길이 글을 조선국왕 각하에 바치노니日本國關白秀吉奉書朝鮮國王閣下……' 라 했다.

이 전쟁 때 조선과 일본은 서로 외교적으로 승인한 국가의 정통성 있는 정부였고 도요토미 히데요시는 천황제 일본국 총리關白였으며 탁월한 군사전략가로 그가 지휘한 침공군은 일본국 정부군이었다. 이 전쟁은 조선과 명나라의 정부군과 일본 정부군이 충돌한 국제 전쟁이었던 것이다. 이 전쟁 전 기간 중 기록으로 채집되는 단위 전투 105회 가운데 관군 단독 또는 의병 참전 아래의 관군 주도 전투가 87회, 의병 단독 또는 관군 참전 아래의 의병 주도 전투가 18회로 분류된다. 개전 초기에 의병군이 일본군 후방 교란 등 전세 반전에 결정적 역할을 했으나 의병전투는 7년 전쟁 기간 중 초기 1년에 그쳤고 전쟁은 관군이 주도했다. 총 105회 전투 중 조선군 측 공격이 68회로 공세적이었고 조선군 승리 65회, 패배 45회로 전쟁 전 기간 중 개전 초기 후퇴과정 외에는 조선군이 우세했다.

명나라 군사는 조선군과의 연합 작전 8회에 그쳤다. 참전 초기 평양성 탈환 작전 및 2차 전쟁 때의 최후 공격전 외에는 대부분 전투에 소극적이었다. 조선의 조정과 관군이 도망만 다닌 게 아니었다. 전쟁 지도는 조선의 조정이, 대부분 전투는 조선의 관군이 의병군과 명나라 군사의 협력으로 주도해 나갔던 것이다.

조선은 일본에 비해 월등한 문명 선진국이었다. 국가 통치체제와 행정조직 그리고 군사제도는 물론 과학기술문명, 특히 국방과학과 무기체계 등에서 일본을 압도했다. 조선군은 오늘날의 기본화기인 대포총통(銃筒), 박격포비격진천뢰(飛擊震天雷), 기관총총통기(銃筒機), 화차(火車), 로켓포신기진(神機箭), 다연장 로켓포신기전기(神機箭機), 수류탄질려탄(蒺藜彈), 지뢰지화(地火)에 이르기까지 초보 단계 화약무기로 무장했다.

조선군이 칼과 창 등 원시무기만으로 무장한 게 아니었다. 특히 조선 수군의 전함과 화력은 당시 세계 최강이었으며 이순신의 신화도 바로 이를 바탕으로 가능했다.

조선에서 전쟁이 일어나자 명나라 조정은 갈림길에 섰다. 일본군은 '명나라를 정복하러 가겠으니 조선은 길을 빌려라정명가도(征明假道)'면서 조선을 침공했다. 조선이 망하면 일본군은 조선군과 연합해 명나라를 침공하게 되고 명나라 국토가 전장이 될 것이다. 조선과 명나라는 순망치한(脣亡齒寒)의 관계다. 따라서 군사를 보내 조선군과 연합해 조선에서 일본군을 물리치면 명나라는 일본군 침공을 미리 막아 저들 국토에 전화가 번지는 것을 예방할 수 있다는 게 명나라 조정의 전략적 판단이었다. 명나라는 자신들의 국익을 위해 파병했다.

국가 간 전쟁의 승패는 교전 당사국의 어느 쪽이 전쟁 목적을 달성했느냐로 가름한다. 이 전쟁에서 일본의 전쟁 목적은 조선을 점령해 병탄(倂呑)한 뒤 명나라까지 세력을 확대하는 데 있었고 조선은 이를 물리쳐 국가를 보전하는 데 있었다. 일본군은 2차에 걸친 대규모 공격을 감행했으나 끝내 조선 점령과 병탄에 실패했다. 조선군은 일본 침공군을 격퇴하고 국가를 보전하는 데 성공했다. 조선이 승전했고 일본이 패전했다.

1812년, 러시아 정부와 정부군은 나폴레옹 프랑스군의 대규모 침공을 받아 패주를 거듭한 끝에 드디어 유서 깊은 수도 모스크바를 내주고 국토의 후방 깊숙이 밀렸다. 그러나 러시아 전역에서 일어난 농민 게릴라들의 유격전으로 후방 보급로가 교란된 프랑스군의 전력이 갈수록 약화됐다. 때마침 '동장군冬將軍'이라 부르는 한겨울 시베리아대륙의 혹독한 한파가 몰아치자 러시아군이 총반격에 나서 프랑스 침공군을 국토 밖으로 몰아내고 최후 승리를 거뒀다. 러시아는 국토가 폐허로 변하고 엄청난 인명과 재산의 피해를 입었어도 침략군을 격퇴한 이 전쟁에서의 승리를 '영원한 러시아의 영광 슬라브 민족의 위대함'으로 노래한다.

1592년 임진년, 조선과 일본의 7년 전쟁의 전개 과정은 그로부터 220년 뒤 러시아 · 프랑스 전쟁의 그것과 놀라우리만큼 닮았다.

조선 조정과 관군은 도요토미 히데요시 일본군의 대규모 침공을 받아 패주를 거듭한 끝에 드디어 수도 서울漢城을 내주고 국토 후방 깊숙이 압록강 변 의주義州까지 밀렸다. 그러나 조선 전역에서 일어난 지방 의병군의 유격전으로 육상 보급로가 교란되고 이순신의 조선 수군에 의해 해상 보급로가 차단된 일본군 전력이 급속히 약화됐다. 때마침 한국판 '동장군'이라 할 한겨울 시베리아대륙의 혹독한 한파가 몰아치자 명군과 연합한 조선군이 총반격에 나서 일본 침공군을 국토 밖으로 몰아내고 최후 승리를 거뒀다.

그런데 왜 한국인은 이 전쟁에서의 최후 승리를 '영원한 조선의 영광 한민족의 위대함'으로 노래하지 않는 것일까.

전쟁은 선善과 악惡을 가리는 도덕 논쟁이 아니다. 강强과 약弱에 따라 승勝과 패敗를 가려 존存과 망亡을 판가름하는 국가 간의 생존투쟁이다. 그런데도 한국인들은 전쟁까지도 선과 악으로 보는 이분법적 사고로 침략전쟁을 일으킨 일본의 악을 성토하느라 자신들이 강했고 이 전쟁에서 승리했던 사실을 깨닫지 못했던 것 같다.

전통적으로 일본인 비하 사고에 젖어 있던 당시 조선은 일본을 국가로 인정하려 하지 않았고 이 전쟁도 조선과 일본 간의 정규 전쟁으로 인식하기보다 불법적인 무장 왜구倭寇의 난동亂動, 즉 왜란倭亂으로만 보려했다.

전쟁에는 승전과 패전이 있지만 난리에는 평정이 있을 뿐이다. 당시 조선은 이 전쟁을 왜적들이 일으킨 난리로 보았기 때문에 이기고도 이긴 줄을 몰랐다. 자연스럽게 승리의 환호와 민족적 자긍은 없이 그냥 난리가 평정됐다는 안도의 한숨과 함께 전란 중에 입은 깊은 상처의 아픔과 침담한 고통만이 한恨이 되어 남을 수밖에 없었던 것 같다.

남의 나라에 쳐들어와 살인과 분탕질을 저지른 일본인들에는 사무치는 원한이, 난리를 미리 막지 못한 조정과 관군에는 불신과 원망이, 그리고 도와준 명나라에는 사대적 고마움이 한국인 정서 속에 뿌리 내려 오늘에 전해오는 게 아닐까? 더욱 기이한 사실은 당시의 조선인뿐 아니라 오늘을 사는 한국인에서도 이 전쟁에 대한 인식은 거의 변하지 않고 있다는 사실이다.

여전히 우리는 이 전쟁을 16세기 동아시아의 조선과 일본 그리고 중국 명나라 3국 간의 7년에 걸친 대규모 국제전쟁으로 보지 않는다. '임진년 왜인들의 난' 이라며 조선이 잃어버린 승리의 환호와 민족의 자존은 찾을 줄 모르고, 400년을 여일하게 침략전쟁을 일으킨 일본의 잔학과 부도덕을 꾸짖으며 조선 조정과 관군을 야유하는 역사의 자학에서 벗어나지 못하고 있는 것이다.

세계 전쟁사에는 침공군의 선제공격을 받은 방어군이 개전 초기의 패주를 극복하고 최후승리 전략으로 침공군을 격퇴하고 승리한 전쟁 사례가 많다. 침공군은 사전에 만전의 전쟁 준비 끝에 선제공격을 하는 데 반해 방어군은 대체로 전쟁 대비를 소홀히 하다 기습을 당한다. 개전 초기에 침공군은 승승장구하게 되고 방어군은 지리멸렬 패주하게 된다.

그러나 정부가 통치기능을 잃지 않고 방어군 편제가 유지되면 패주와 후퇴 과정에서도 침공군 저지작전이 전개되고 전열 재편과 전력 증강으로 침공군과 전력의 균형을 이루게 된다. 전선이 교착상태가 되어 일진일퇴의 공방전을 벌이다 마침내 방어군 전력이 침공군을 능가하게 되면 총반격에 나선 방어군이 침공군을 격퇴하고 최후의 승리를 구가하게 된다.

1812년 나폴레옹 프랑스군의 선제공격을 받은 러시아군의 방어 전략이 그러했고 1, 2차 세계대전 중 독일군의 선제공격을 받은 유럽 국가들 그리고 일본군의 선제공격을 받은 미국의 반격 전략이 그러했다. 1950년 6 · 25전쟁 중 북한군의 선제공격을 받은 한 · 미 연합군 전략도 그러했다. 1592년 임진 정유년의 일본과의 7년 전쟁에서도 조선군은 전형적인 최후 승리 전략으로 일본 침공군을 격퇴하고 전승을 구가했다.

그런데도 이 전쟁에 대한 역사기술이나 소설 등이 한결같이 전쟁 초기 일본군의 쾌속진군과 조선군의 지리멸렬 과정은 확대 기술하고 조선군의 반격과 침공군 격퇴의 최후 승리 과정은 축소 기술해 조선이 참담하게 패전한 듯 전해지는 〈임진왜란사〉가 오늘의 우리 역사의식 속에 자리하고 있는 것은 어떤 사연일까?

불행하게도 근대 사학으로서의 조선사는 일본인들 손에 의해 편찬됐다. 1925년 조선총독부가 조선사편수회를 발족시켜 회장에 일본인 정무총감下岡忠治을, 고문에 친일 조선인李完用, 朴泳孝 등을, 위원에 일본인 사학자今西龍 등을 임명했다. 특히 해방 후 우리 국사학계 원로로 한국사학에 일제 식민사관을 부동의 정통사관으로 전승시킨 이병도 등을 수사관보로 참여시켰다. 편수회는 16년간의 방대한 작업 끝에 오늘에 이르기까지 한국사의 전범이나 다름없는 〈조선사〉를 편찬했다. 약자논리와 패배주의로 일관된 〈임진왜란사〉는 이들의 〈조선사〉 왜곡의 산물이 아닐까?

전통적인 일본인 비하사고에 전쟁까지도 선과 악의 이분법적 개념으로 보려하는 한국인 특유의 정서에 일제가 심어놓은 식민사관 중독현상이 뒤범벅되어 오늘의 한국인까지 '임진왜란적的' 역사의식에서 벗어나지 못하고 있는 것은 아닐까?

한국인들의 '임진왜란적' 역사의식은 역설적으로 한국인 자신들에 매우 해악적이었던 것 같다. 부질없는 주변국 비하 정서로 실사구시實事求是의 안목과 유비무환有備無患의 지혜를 잃어 망전필위忘戰必危의 참담한 시련을 겪었다. 이 전쟁을 '왜놈들의 난동'이라 했듯이 1627년정묘년과 1636년병자년 두 차례의 청국淸國 정부군 침공도 '정묘호란胡亂', '병자호란', 즉 '되놈들의 난동'이라 불렀다.

관념의 유희나 다름없는 '난亂' 의식으로 이 전쟁에서 승전의 환호도, 두 차례 청국과의 전쟁에서 패전의 굴욕도 인식하지 못한 채 그냥 '난리가 끝났다'는 평정의 안도만을 남겨 후세에 아무런 교훈을 주지 못했고 300년 뒤 1910년 군국 일본제국의 대륙 재침공의 야욕 앞에 결국 무릎을 꿇고 말았던 것이 아닐까?

1992년은 이 전쟁이 일어난 지 400년이 되는 해였다. 이해, 필자가 감히 약자 논리와 식민사관으로 뒤틀려진 이 전쟁에 대한 우리의 역사기술을 바로 잡아보겠다고 나섰다. 역사를 전공한 사학도도 아니고 군사전문가도 아닌 지방신문 편집 책임자였던 필자로서는 무모한 일이었는지도 모른다.

그러나 잃어버린 조선의 영광과 승리의 환호를 되찾아보겠다는 일념으로 외람됨을 접었고 그 해 이 책의 줄거리를 필자가 일하는 지방신문에 연재했다. 뜻밖에 학계의 주목을 받아 원광대학교 소장 교수들의 모임인 채문연구소 간행 논문집 〈역사와 사회〉 제8,9집에 게재돼 학계의 비판대에 올려지기도 했다. 뒤이어 고려원에 의해 《다시 쓰는 임진대전쟁》1, 2권1994으로 출판된 데 이어 가람기획에 의해 조선사회사총서 10편 《임진왜란은 우리가 이긴 전쟁이었다》2001로 재간됐으며 이번에 그간 아쉬웠던 부분을 손질해 개정증보판으로 독자와 다시 만나게 되었다.

올해 2012년은 전쟁이 일어난 지 420년이 되는 해이고 일곱 번째 임진년으로 의미가 각별하다. 게다가 이 전쟁을 처음으로 동아시아아사 교과서에 '임진전쟁'으로, 국사 교과서의 '임진왜란'과 함께 쓰기로 해 의미가 더 특별해진다.

끝으로 《임진왜란은 조선이 이긴 전쟁이었다》로 다시 태어나게 된 데는 많은 관련 연구서들 가운데 특히 군사학자 이경석李炯錫 장군의 《임진전란사》, 최석남崔碩男 장군의 《구국의 명장 이순신》, 허선도許善道 교수의 논문 〈여말선초麗末鮮初 화기火器의 전래와 발달〉과 〈이조 중기, 화기의 발달〉, 김재근金在瑾 교수의 논문 〈판옥선고板屋船考〉 등의 연구 성과가 있어 필자가 승리한 전쟁사로 재조명·재구성이 가능했음을 밝힌다.

2012년 7월

양재숙

차례

제1장 개전 전야

제2장 1차 전쟁 : 임진왜란

제3장 전쟁과 평화

제4장 2차 전쟁 : 정유재란

제1장
개전 전야

1. 200년 평화에 국방을 잊어

북방을 개척하고 남방을 정벌하다

1592년 임진년^{壬辰年}, 한반도를 무대로 조선과 일본 그리고 중국^{명나라} 3국 사이에 7년에 걸친 대규모 국제 전쟁이 벌어지려 할 무렵, 대륙 문명권의 조선과 명나라 그리고 해양 문명권 일본의 국내 정세는 매우 대조적으로 전개되고 있었다.

조선에는 200년 긴 세월의 평화가 이어지고 있었다. 1392년 태조 이성계^{李成桂}가 나라를 세운 뒤 건국 초기에는 북방을 개척하고 남방을 정벌하며 나라의 기초를 다지느라 이민족과 몇 차례 소규모 전쟁을 벌였다. 그 무렵, 조선의 국토는 압록강에 이르러 있었으나 두만강 유역 함경도 북방 일대는 여전히 여진족의 무대로 남아 있었다. 고구려 · 백제 · 신라 3국이 정립하고 있었을 때, 만주 일대가 한민족의 무대였으나 신라가 당나라와 연합하여 고구려와 백제를 멸망시킨 뒤 대동강 북쪽을 모두 잃고 말았다. 고려 건국 이후 가까스로 압록강까지 다시 진출했으며 조선 건국 후 세종^{世宗(1418~1450)}대에 북방 여진족을 소탕하고 국경을 두만강까지 넓혀 육진^{六鎭}을 설치함으로써 오늘에 이르기까지 한반도 전역이 한민족의 역사무대가 됐다.

조선은 건국 초기, 두 차례에 걸쳐 남방 쓰시마對馬島에 정벌전을 벌였다.

쓰시마는 고려 말에도 세 차례나 정벌전을 벌인 바 있었다. 1274년원종(元宗) 15년 10월, 고려사령관 김방경金方慶·몽골원元 연합군 3만 명이 900척의 전함을 동원해 쓰시마와 이키도壹岐島를 정벌하고 하카다만博多灣에 침공했다가 때마침 불어닥친 태풍에 전함의 태반과 1만3천여 명의 군사를 잃고 되돌아왔다.

1281년충렬왕(忠烈王) 7년 6월, 여·원 2차 침공군 5만여 명이 다시 전함 900척을 동원하여 쓰시마와 이키도를 소탕한 뒤 규슈九州로 향했고 원나라 강남군江南軍 10만 명은 전함 3,500척을 동원해 곧바로 규슈로 직항해 하카다만을 공격했으나 또다시 불어닥친 태풍으로 전멸하고 겨우 3만여 명만이 귀환했다.

일본은 2차례 침공군을 '원구元寇'라 부르고 이 때의 태풍을 '가미가제神風'라 한다. 여·원 연합군을 2차례나 격퇴한 일본인들은 사기가 오르고 복수심에 불타 고려 해안을 빈번하게 침범해 노략질을 일삼았다. 고려 말기 40여 년간 무려 4백여 차례나 침범했고 수도 송악松嶽: 開城을 유린하기도 했다.

1380년 8월 왜구 2만여 명이 500여 척의 전함에 나눠 타고 전라도 금강 하구 진포鎭浦: 群山에 침범했다. 왜구들이 육지에 올라 노략질을 하는 사이에 고려 수군 부원수 최무선崔茂宣이 배에 대포총통(銃筒)를 장치한 포함 40척을 거느리고 나가 수비병만 남은 왜구 전함을 포격으로 격멸했다. 역사상 최초의 함포전이었다. 돌아갈 배를 잃은 왜구들은 전라·충청·경상도 내륙까지 깊숙이 돌아다니며 분탕질을 치다가 전라도 남원, 운봉, 황산에서 삼도도순찰사三道都巡察使 이성계가 지휘하는 고려 육군에 전멸됐다. 황산대첩荒山大捷이다. 이성계가 이 전투 승리 이후 조선 건국을 꿈꾸게 된다.

다시 1383년 120여 척의 왜구 전함이 경상도 남해안을 휩쓸고 전라도 해안으로 향했다. 고려 조정은 목포의 전라도 해도원수海道元帥 정지鄭地 함대 소속 포함 47척을 출동시켜 경상도 남해도 관음포觀音浦 앞바다에서 이들을 포격으로 격멸했다. 최무선의 함포가 위력을 발휘했으며 역사상 두 번째 함포전이었다.

왜구들의 연안 침범이 계속되자 고려 조정이 이번에는 독자적으로 정벌전에 나서 1389년 2월, 도절제사都節制使 박위朴葳의 지휘 아래 전함 100여 척을 출동시켜 쓰시마 왜구들을 소탕했다. 그로부터 3년 뒤 1392년, 왜구 토벌의 영웅 이성계의 군사쿠데타로 고려왕조는 멸망하고 조선왕조가 탄생했으나 왜구들의 침범과 분탕질은 여전했다. 개국 후 4년간 37회나 되었다. 한 해 평균 9회 꼴이었다. 일본의 쓰시마, 이키, 마쓰우라松浦가 본거지였다.

1396년태조(太祖) 5년 10월 경상도 동래東萊에, 11월 울진蔚珍·울주蔚州에 잇달아 왜구가 침입했다. 12월 조선왕조 최초로, 고려 이래 네 번째 쓰시마 정벌군이 한강에서 출전했다. 우의정 김사형金士衡을 총사령관으로 5도 전함을 집결시켰다. 규모나 내용은 전해지지 않는다. 쓰시마 왜구가 소탕되고 그로부터 20여 년간 왜구 침입 53회, 한해 평균 2회 꼴에 그쳤다.

그러나 그 무렵, 왜구들의 노략질 무대는 명나라 동북부 연안 요동遼東반도에까지 미쳤고 중국을 오가다가 빈번하게 조선 연안에 출몰했다. 1419년세종(世宗) 1년 여름 왜구 전선 50여 척이 충청도 비인庇仁, 황해도 해주海州, 연평도延坪島에 쳐 올라가 백성 300여 명을 죽였다. 이해 6월, 조선 왕조 두 번째 고려 이래 다섯 번째 쓰시마 정벌군이 다시 한강에서 출전했다. 영의정 유정현柳廷縣을 총사령관으로, 무관인 우군총제右軍摠制 이종무李從茂를 부사령관으로 경기·충청·전라·경상 수군 전함 227척, 군사 17,285명이 동원돼 쓰시마를 공격했다. 왜구 전선 129척을 격파하고 149척을 나포했으며, 왜구 가옥 2,000여 채를 불태우고 7월에 개선했다.

쓰시마 정벌 후 조선 조정은 왜구들에 교린정책을 펴 부산포釜山浦 : 東萊, 제포薺浦 : 熊川, 염포鹽浦 : 蔚山 등 3포浦를 개방하고 일본인들이 와서 살거나 장사를 할 수 있게 해주었다. 이후 100여 년 가까이 잠잠해졌다.

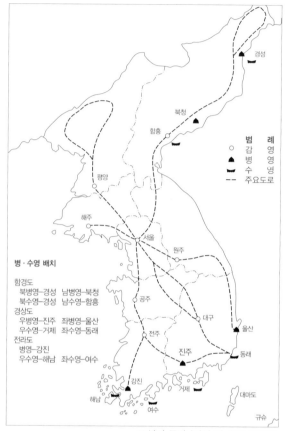

범　례
○ 감영
▲ 병영
〰 수영
-- 주요도로

병·수영 배치

함경도
북병영-경성　남병영-북청
북수영-경성　남수영-함흥
경상도
우병영-진주　좌병영-울산
우수영-거제　좌수영-동래
전라도
병영-강진
우수영-해남　좌수영-여수

조선의 국방 (병영 및 수영 배치도)

탄탄했던 조선 초기 국방체제

건국 초기 국방체제와 군사제도는 탄탄하게 정비되고 다져져갔다.

군사를 중앙군과 지방군으로 니누어 중앙군은 오위五衛도총부都摠府 산하에 중위中衛 : 義興衛, 전위前衛 : 忠佐衛, 후위後衛 : 忠武衛, 좌위左衛 : 龍驤衛, 우위右衛 : 虎賁衛를 두었다. 중위는 서울 중부와 경기·강원·충청·황해도, 전위는 서울 남부와 전라도, 후위는 서울 북부와 함경도, 좌위는 서울 동부와 경상도, 우위는 서울 서부와 평안도 지방군을 지휘했다.

전쟁이 터질 무렵에는 오위도총부가 중종中宗(1506~1544) 때 설치된 비변사備邊司로 기능이 대체됐다. 지방군은 진관제鎭管制라 하여 전국 8도 감영監營이나 전략적 요충 한두 곳에 주진主鎭, 도내 주요 읍성에 거진巨鎭, 다시 군현郡縣에 제진諸鎭을 설치하여 전쟁이 일어나면 자전자수自戰自守라 하여 각각 자기 진영鎭營은 자기가 지키도록 했다. 일종의 지역 고수방어固守防禦 개념이었다.

경기도에는 서울漢城에 주진, 광주廣州 · 수원水原 등 6개 읍성에 거진, 이천利川 · 안성安城 등 38개 군현에 제진이 있었고 경상도에는 상주尙州 · 울산蔚山 두 곳에 주진, 안동安東 · 진주晋州 등 7개 읍성에 거진, 양산梁山 등 81개 군현에 제진이 있었다. 전라도에는 전주全州 · 강진康津 두 곳에 주진, 나주羅州 · 순천順天 등 7개 읍성에 거진, 김제金提 · 광주光州 등 66개 군현에 제진이 있었다. 이 밖의 다른 도에도 주진 · 거진 · 제진이 설치됐으며 이들 진영은 주변에 성곽을 쌓거나 산성을 쌓아 적의 침입에 대비했다.

조선은 문치주의 국가였다. 관료를 동반東班과 서반西班, 즉 양반兩班으로 나누어 문관인 동반 중심으로 국가를 통치했다. 주요 정책을 의결하는 의정부議政府에 문관만 참석했고 국방을 맡는 병조兵曹판서判書도 문관이 독점했다. 군사문제를 다루고 전쟁을 지도하는 비변사마저 최고 책임자인 도제조都提調에 전 현직 의정議政, 즉 영의정과 좌우의정 등 문관이 겸직했고 위원들인 제조들 또한 이조吏曹(내무), 호조戶曹(재무), 예조禮曹(교육외교), 병조兵曹(국방교통체신)판서들과 강화유수江華留守 등 5인이 겸직했다. 전쟁이 터진 선조 때 비로소 부副제조에 무관이 배치됐다.

문관들에 행정 및 사법권은 물론 군사권까지 주어졌다. 다만 문관들도 문무겸전文武兼全을 선비의 덕목으로 했기 때문에 무예를 닦고 군사지식을 익혔다.

주진에는 1인에서 3인까지 병마절도사兵馬節度使 : 兵使를 두어 군사를 총괄케 했는데, 1인은 반드시 그 도의 문관 관찰사觀察使(도지사)가 겸직하고 나머지만 무관으로 임명했다. 경기 · 강원도에는 1인, 충청 · 전라 · 황해 · 평안도는 2인 그리고 북방 여진족과 남방 왜구들 침범이 잦은 함경도와 경상도에는 3인이 배치됐다. 병사 밑에 조방장助防將을 두어 보좌케 했다.

거진에는 절제사節制使 · 첨절제사僉節制使, 제진에는 동첨절제사同僉節制使 · 절제도위節制都尉 등 군직이 있었으나 대부분 주요 읍성에 있었기 때문에 문관들인 그 고을의 부윤府尹 · 부사府使 · 목사牧使 그리고 군수郡守 · 현령縣令 · 현감縣監들이 겸직했다. 다만 요새 책임자인 만호萬戶만은 대부분 무장들이 배치됐다.

전쟁이 터지면 조정에서 육해군 총사령관격인 도원수都元帥를 임명했는데 이역시 문관 가운데 최고 원로를 임명했다. 왕명으로 도순변사都巡邊使 또는 순변사를 임명하여 현지를 순시하며 군무를 총괄케 했는데 현지에서 지휘권을 행사하기도 했다. 이 밖에 순찰사巡察使라 하여 도道의 군무를 총괄케 했는데 이 또한현지 관찰사가 겸직했다.

조선에는 일찍부터 강력한 수군이 발달했다. 육군의 진관체제와 같이 각 도에 수군절도사水軍節度使 : 水使를 두고 그 밑에 첨절제사 동첨절제사를 두었고 포구 요새에 수군만호를 배치했다. 군사를 전담하는 무관인 병사와 수사가 배치되는 곳에는 육군의 병영兵營, 수군의 수영水營이 설치되었다. 전쟁이 터질 무렵인 선조 때 함경도 경성鏡城에 북北병영과 북수영, 북청北靑에 남南병영, 함흥咸興에 남수영, 전라도 강진康津에 병영, 여수麗水에 좌左수영, 해남海南에 우右수영, 경상도 울산蔚山에 좌병영, 진주晉州에 우병영, 동래東萊에 좌수영, 거제巨濟에 우수영이 있었다.

조선왕조의 헌법격인 《경국대전經國大典》에는 조선 전역의 진영에 20여만 명의 군사를 배치하도록 되어 있었다. 군사는 시험에 의해 선발되는 갑사甲士 등 정병正兵(직업군인)이 중심이었고 병사들은 병농일치제兵農一致制로 16세 이상 60세까지의 농민을 윤번제로 징집해 복무케 했다. 현역을 상번上番, 대기자를 하번下番이라 했고 하번은 집에서 농사를 짓는 대신 군포軍布를 바치게 해 군비로 썼다. 포布는 곧 돈이었다.

그런데 진관제 국방체계는 군사가 진영마다 소규모로 분산 배치되어 있어 대군으로 쳐들어오는 적군에 대항하기가 어렵다는 치명적인 약점이 있었고, 이를드러내는 사건이 일어났다.

1555년명종(明宗) 10년 을묘왜변乙卯倭變 때 70여 척의 배로 침입한 왜구들에 의해전라도 영암靈巖, 달량達梁, 어란포於蘭浦, 장흥長興, 강진康津, 진도珍島 진영이 차례

로 무너졌다. 조선 조정은 이 사건을 계기로 국방체계의 기본개념에 제승방략制
勝方略을 도입했다. 전쟁이 일어나면 평소 각 진영에 배치되어 있던 군사들을 전
략적 요충 한 곳으로 집결시켜 조정에서 파견되어 내려오는 장수의 지휘를 받
아 대규모 적군에 대항케 하는 일종의 기동방어機動防禦 개념이었다. 기동방어 개
념은 세종 때 북방 6진을 개척한 김종서金宗瑞가 개발한 것을 선조宣祖 때 함경도
병마절도사 이일李鎰이 발전시킨 것이었다.

　그런데 실제 전쟁이 터질 경우 제승방략 또한 한곳에 집결시킨 대규모 부대
가 적군에 격파되면 주변 모든 진영이 무방비 상태로 적군에 노출되는 허점을
드러냈다.

조선군은 첨단 중화기로 무장했다

　조선의 국방에서 놀라운 사실은 화약무기 발달이었다.

　고려 말 최무선崔茂宣(?~1395)이 중국의 염초공 이원李元으로부터 유황, 초석, 목
탄가루로 화약흑색화약을 제조하는 법을 알아내고 각종 화포총통(銃筒)를 개발했
다. 조정에 화통도감火㷰都監을 설치하고 1377년고려 우왕(禑王) 3년에 화약무기를
생산하기 시작했으며 역 추진 병기인 주화走火(로켓)를 개발했다. 최무선 함대의
진포대첩, 정지 함대의 관음포대첩, 박위 함대의 쓰시마 정벌 그리고 조선 초기
김사형, 이종무 함대의 쓰시마 정벌 등이 이들 화약무기를 탑재한 포함의 승리
였다.

　그 무렵, 고려와 조선의 철 주조 및 무기 생산기술 수준은 유럽을 앞서는 것
이었다. 조선의 각종 화포들이 철 주조 화포들이었던데 비해 유럽의 대포들은
철관포鐵管砲로 철판을 둥글게 말아 쇠테로 감아 조인 것이었다. 포탄도 조선이
철탄鐵彈, 철편자(鐵片子)을 발사했던 것과 달리 유럽은 석탄石彈을 화약과 섞어 발사
하는 수준이었다. 화약을 잘못 배합하면 포탄이 나가는 게 아니라 대포가 터져
찢어졌다. 유럽에서 주조 화포가 출현한 것은 15세기에 들어서였다. 비로소 석

천자총통 시험 발사 장면 ⓒ해군사관학교

탄 대신 철탄이 사용됐고 육전에서 포병전이 전개되기 시작했으며 해전에서도 배에 대포를 장치한 포함이 등장했다. 유럽에서 본격적인 함포전은 1588년 영국 함대가 스페인의 무적함대를 격파할 때였다.

화약무기는 조선왕조 들어 역사상 가장 뛰어난 임금이었던 세종 때 본격적으로 개발되고 양산되어 전국 요새에 실전 배치되었다. 문화뿐 아니라 국방과학과 방위산업의 발달도 세종 때 최고조에 달했던 것이다. 세종은 행궁 옆에 주조所鑄造所 : 冶所를 두고 세자 문종文宗(1450~1452)과 함께 각종 화포 연구개발에 심혈을 기울였다. 1435년세종 17년 모두 1,650문의 화포를 생산해 평안도에 900문, 함경도에 750문을 배치했으며 1445년 조선 전역에 배치된 현자玄字총통만 1만 문에 이르렀다. 문종은 부왕에 이어 특히 화차火車를 개발하여 367량을 서울과 평안도 · 함경도 등 서북방 그리고 전라도 · 경상도 등 남해안의 주요 32개 진영에 배치했다.

현자총통 ⓒ해군사관학교 박물관

　세종과 문종은 《총통등록銃筒謄錄》을 간행하여 이들 화약병기의 규격과 제조 방법 및 사용법 등을 자세히 설명해 놓았다. 그 무렵, 조선의 화약무기는 놀랍 게도 오늘의 현대식 기본 화기를 모두 갖추고 있었다. 오늘의 대포라 할 수 있 는 총통銃筒, 박격포와 같은 비격진천뢰飛擊震天雷, 기관총처럼 연속 사격이 가능 한 총통기銃筒機 : 火車, 소총과 같이 휴대하고 다니며 단발 사격을 하는 승자勝字총 통, 수류탄처럼 던져서 폭발시키는 질려탄蒺藜彈, 지뢰처럼 땅에 묻었다가 폭발 시키는 지화地火에 이르기까지 모두 개발되어 있었다.

　더욱 놀라운 사실은 오늘의 로켓포와 같이 뒤로 불을 뿜으며 역 추진되는 신 기전神機箭뿐만 아니라 다연장多連裝 로켓포와 같이 이들 신기전이 연속 발사되는 신기전기神機箭機 : 火車까지 실전 배치되어 있었다.

　오늘의 대포라 할 수 있는 총통은 천자天字 · 지자地字 · 현자玄字 · 황자黃字총통 등이 대표적이었다. 포신은 구리나 청동 또는 무쇠로 주조되었고 길이는 천자 총통 약 2m에서 황자총통 약 1m10cm까지, 포구는 바깥지름 천자 약 40cm에서 황자 약 18cm까지, 무게는 천자 약 725kg에서 황자 약 78kg까지였다.

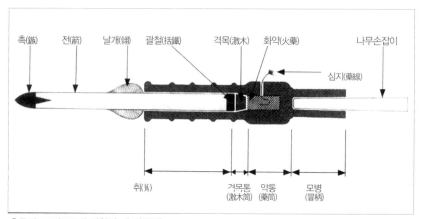

촉(鏃)   전(箭)   날개(翎)   괄철(括鐵)   격목(激木)   화약(火藥)   나무손잡이

심지(藥線)

취(嘴)   격목통(激木筒)   약통(藥筒)   모병(冒柄)

총통의 구조(포구에 장착된 게 장군전)

중포로 무거워 이동할 때나 발사할 때는 물론 평소에도 반드시 바퀴가 달린 포차砲車 : 童車에 장착했다. 발사체는 특이했다. 1425년세종 7년에 전라도에서 철환에 납을 입힌 천자철탄자天字鐵彈子 : 水鐵鉛衣丸 1,104개를 주조했으며 뒷날 이순신이 해전에서 조란탄鳥卵彈(새알탄)을 쏘았다는 기록으로 보아 탄환을 뭉치로 포구에 넣고 발사했다.

그러나 총통은 주로 초대형 화살과 같은 대장군전大將軍箭, 장군전將軍箭, 차대전次大箭, 피령전皮翎箭을 발사했다.

대장군전은 길이 3m 61cm, 지름 15cm, 무게 30kg짜리 목봉木棒이었다. 머리끝 21cm 정도를 생철촉生鐵鏃으로 감싸고 몸통에 75cm짜리 쇠깃鐵羽 3개를 달아 날아가는 동안 방향을 잡도록 했다. 몸통 끝 부분도 1m 38cm 정도를 역시 무쇠 판으로 감싸 총통 포구에 넣고 발사할 수 있게 했다. 이 육중한 초대형 화살이 천지를 진동하는 포성과 함께 날아가 목표물에 꽂히면 적병이 혼비백산할 수밖에 없었다. 해전에서 목선구조 적함에 구멍을 내거나 파선시키는 위력을 발휘했다.

장군전, 차대전 등은 크기만 작았을 뿐 구조는 같았고 피령전은 쇠깃 대신 가죽깃皮翎을 달았다.

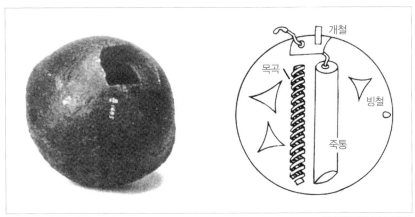

사거리는 천자총통에 대장군을 발사하면 약 1km1,200보, 1보=80cm, 철환은 4km
에 이르렀으며 지자총통에 장군전을 발사하면 640m800보, 철환은 한번에 200개
를 쏘았다. 현자총통에 차대전도 640m800보, 철환은 한번에 100개를 쏘았으며 황
자총통에 피령전은 880m1,100보, 철환은 한번에 40개를 쏘았다.

발사는 포구를 통해 포신 안에 화약을 재고 격목橄木으로 막은 다음 대장군전
을 장착하거나 철환을 부어넣고 포구를 찰흙으로 막아 다진 뒤 포신 안의 화약
과 연결된 약선藥線, 즉 도화선에 불을 붙이는 방식이었다. 포신에는 죽절竹節(대마
디)이 있어 표면적을 넓혀줌으로서 발사 때의 열을 쉽게 발산시킬 수 있게 되어
있었다.

오늘의 박격포와 같은 비격진천뢰飛擊震天雷는 완구碗口라 하여 둥글고 넓은 포
구에 석탄石彈 : 石丸 : 團石 : 水磨石이나 진천뢰震天雷 : 鐵球를 장치하여 발사하면 석탄
이나 진천뢰가 포물선을 그으며 날아가 적진에 떨어진 뒤 2차 폭발을 일으킨다.
오늘의 박격포와 같으며 완구는 포신이 청동으로 대완구와 중완구 두 종류가
있었다.

대완구는 포신의 길이가 64.4cm로 짧으나 포구 지름이 26.3cm로 넓다. 모양만

대완구

다를 뿐 구조와 발사 원리가 총통과 같다. 사거리는 석탄을 쏠 때 400m⁵⁰⁰보, 진천뢰를 쏠 때 320m에 이른다. 진천뢰는 선조 때 군기시軍器寺 화포장火砲匠 이장손李長孫이 만든 작열탄이다. 무쇠 철판을 둥글게 두들겨 만든 지름 21cm 정도 쇠공鐵球 안에 쇳조각鐵片과 화약을 섞어 넣고 약선을 꽂아 불을 붙인 뒤, 완구로 적진에 쏘아 떨어뜨리면 약선이 타 들어가 화약을 폭발시킨다.

이 전쟁에서 일본군의 근대적인 조총鳥銃에 눌려 빛을 보지 못했으나 조선군에도 소총勝字銃筒이 개발 보급되어 1583년 신입申砬과 이일이 여진족 토벌 때 위력을 발휘했었다. 승자총통은 전라좌수사와 경상병사를 지낸 김지金墀가 개발했다.

청동제로 총구 안지름 1.9cm, 무게 2.9kg으로 보병이 휴대할 수 있게 크기만 작았지 구조나 발사 원리는 다른 총통과 같았다. 총알 15발을 장전했으며 피령목전皮翎木箭이란 화살을 장전하여 발사하기도 했다. 사거리는 약 480m⁶⁰⁰보이다.

승자총통은 총통기銃筒機가 개발되면서 진가를 발휘했다. 총통기는 1451년 문종이 개발했으며 '화차火車'라 불렀다. 병사 2명이 끄는 두 바퀴 수레 위에 승자총통 50자루를 장치한 사각 나무틀을 얹어 수레를 위 아래로 조정하며

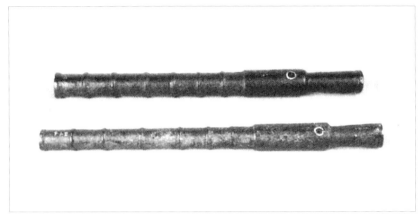

승자총통

총통기 ⓒ해군사관학교 박물관

발사 각도에 따라 적진에 한 자루 15발씩 모두 750발의 총탄을 연속으로 쏟아부을 수가 있어 엄청난 위력을 발휘했다. 행주산성 전투 때 변이중이 300량을 만들어 납품했는데 권율權慄은 이들 총통기로 10배나 많은 일본군을 격퇴하고 대승을 거둔다.

밀폐된 용기에 화약을 넣고 불을 붙이면 가스 압력으로 폭발하여 폭탄이 되고 대포나 소총처럼 한쪽이 열려 있으면 포탄이나 총탄을 발사하게 된다. 그러나 용기의 한 곳에 작은 구멍을 뚫고 불을 붙이면 구멍으로 가스가 분출하면서 이때의 분사력으로 용기 자체를 앞으로 나가게 해 역 추진된다. 역 추진 원리를 이용한 게 로켓이며 용기로켓 몸체 머리에 폭탄을 장치하여 멀리 날아가 터지게 한 게 로켓포다.

최무선이 이미 로켓을 만들었으며 달리는 불이라 해서 '주화走火'라 했다. 중국은 '비창飛槍'이라 했고 아랍과 이탈리아에 이어 세계 네 번째였으며 유일하게 당시 설계도가 전한다. 세종과 문종이 최무선의 주화를 발전시켜 당시로서는 첨단 병기였던 신기전神機箭과 신기전기神機箭機를 개발하고 대량 생산해 실전 배치했다.

신기전은 대·중·소 및 산화散華신기전이 있었다. 길이 5m15cm대, 1m 37cm중, 1m소짜리 대형 대나무 화살 머리 부분에 종이로 만든 원통형 약통藥筒(로켓 엔진)을 부착시키고 아래 부분에 날개깃를 달아 곧바로 날아가게 했다.

약통에는 흑색화약을 채우고 끝에 작은 구멍을 내 화염과 가스가 분출하도록 했다. 약선에 불을 붙이면 흑색화약이 타들어가면서 분출되는 화염의 반작용으로 화살이 날아간다. 이 신기전 머리 부분에 역시 종이로 만들어 흑색화약을 넣고 약선을 이은 발화통發火筒 : 炸裂筒을 달아 쏘면 적진으로 날아가 일정 시간 뒤 폭발한다. 산화 신기전은 폭발하는 발화통 대신 화염만 내뿜는 지화地火를 매단 것이다.

사거리는 대 신기전이 약 1km, 중이 150m, 소가 100m이었고 대 신기전은 따

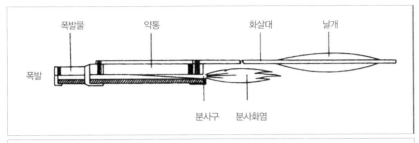

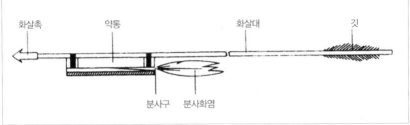

신기전 구조도(위:대신기전, 아래:중신기전)

신기전기 시험 발사 장면('91 대전EXPO에서)

로 삼각三脚발사대가 있었다. 소 신기전은 발화통이나 지화를 달지 않아 주로 신
호용으로 많이 썼다.

신기전기는 중 또는 소 신기전 100발을 연속적으로 발사할 수 있는 것으로
매우 위력적이었다. 오늘날의 다연장多連裝 로켓포다. 1451년문종 1년 문종이 개발
해 이해 전국 요새에 100여 량을 실전 배치했다. 이 또한 '화차' 라 불렸다.

두 바퀴 수레 위에 구멍 뚫린 나무 원통圓孔木桶 100개를 짜 넣은 길이 1m15cm,
높이 40cm 크기의 나무틀을 얹어 놓았다. 원통에 중 · 소 신기전을 장치하고 차
례로 불을 붙여 발사하면 100발의 신기전이 연속으로 날아간다. 이때 수레를 위
아래로 조정하면 발사각도에 따라 멀리 또는 가까이 날아가 적진을 쑥대밭으로
만든다.

오늘날의 수류탄처럼 적진에 던져서 폭발시키는 질려탄蒺藜彈은 소형 진천뢰
震天雷이다. 철구鐵球 대신 둥근 나무통에 질려蒺藜(마름쇠＝菱鐵, 끝이 날카로운 쇠조각)
와 화약 쑥 잎을 섞어 넣었다. 약선에 불을 붙여 손으로 던지면 적진에 떨어져
화약이 폭발하면서 질려가 사방으로 비산하면서 인마를 살상한다.

대 · 중 · 소 질려탄이 있었고 대형은 지름이 29~35cm정도였다. 나무통 대신 종
이통을 쓴 발화통도 수류탄처럼 사용했으며 인마 살상이 아닌 적 교란용이었다.

땅 속에 묻어 두었다가 적이 접근하면 불을 붙이는 지뢰와 같은 지화地火는 신
기전의 발화통을 거꾸로 땅에 묻는 것으로 화염을 지상으로 뿜어 적병을 혼란
시키는 데 사용했다. 인마 살상이 아니었기 때문에 엄밀한 의미의 지뢰와는 다
르다. 크기는 길이 13cm, 지름 2.5cm정도였다.

조선왕조 시대 각종 무기체계는 1448년세종 30년에 편찬된 《총통등록銃筒謄錄》
에 자세히 기술됐으나 전해지지 않는다. 다만 조선왕조 후기 1813년순조(純祖) 13
년에 총통등록을 보완 편찬한 《융원필비戎垣必備》가 전해진다. 이 밖에 1454년 편
찬된 《세종실록世宗實錄》권133 오례군례서례五禮軍禮序例 총통도銃筒圖와 1474년 편찬

된 《국조오례서례國朝五禮序例》권4 군례軍禮 병기도설兵器圖說에 모두 38종의 각종 무기가 그림과 함께 규격 등이 상세히 기술되어 오늘에 전하고 있다.

조선의 화약무기는 이같이 발달되어 있었다. 그런데도 오늘에 이르기까지 이 전쟁에서 일본군이 위력적인 조총이란 신무기로 무장한 데 반해 조선군은 재래식 칼, 창, 활, 그리고 심지어는 괭이나 낫, 죽창 등 농기구나 원시적인 무기로 맞싸우다 맥없이 무너진 것으로 전해지는 것은 어찌된 사연일까?

당시 국력으로는 이들 화약무기를 대량 생산, 대량 배치할 수가 없어 대부분 전투에서 조선군은 재래식 무기에 의존할 수밖에 없었을 것이다. 그러나 화약무기의 위력을 잘 아는 지휘관들은 이들을 집중 배치해 화력으로 적을 제압함으로써 대승을 거뒀다. 김시민金時敏장군의 진주晋州대첩, 권율權慄장군의 행주幸州대첩을 비롯해 이순신李舜臣 함대의 한산도대첩閑山島大捷 등 조선 수군의 상승신화는 바로 이들 화약무기의 신화이기도 했다.

조총 무장 일본군 단병접전 강해

일본군 무기체계에서 조선군에 공포의 신무기로 알려진 조총 외에 대포 등 화약병기에서는 조선군의 적수가 되지 못했다.

조총鳥銃이란 '나는 새도 떨어뜨린다' 해서 조선군이 붙여준 이름으로 일본군은 '뎃포철포(鐵砲)' 라 불렀다. 포르투갈 사람들이 다네가시마種子島에 와서 전해준 것이라 해서 '다네가시마 뎃포' 라고도 했고 '사무라이쓰쓰士筒' 라고도 했다. 일본에 전해준 포르투갈 등 유럽에서는 '철포鐵砲' 라 불렀다. 조총은 화승총火繩銃으로 총열이 길어 명중률이 높고 가늠쇠와 방아쇠, 개머리판이 달려 현대적 소총의 기본적인 요건을 갖추고 있었다. 총구의 안지름이 1.40cm짜리와 1.8cm 짜리가 있었고 각각 무게 13.2g, 37.5g짜리 납탄을 쏘았다. 최대 사거리 200m, 유효 사거리 100m로 보통 50m쯤 접근해서 사격했다.

이 전쟁에서 조선군 희생자들 대부분이 조총에 의한 것으로 1차 전쟁임진왜란

일본군 소총

에서 그 위력을 확인한 일본군이 2차 전쟁정유재란 때는 더 많은 조총을 지급했다. 이순신이 노획한 조총을 시험 발사해 본 뒤 '체體:銃身가 길어 포기砲氣가 맹렬하다'고 감탄했다.

이 전쟁에서 한 가지 기이한 사실은 일본군이 육전이나 해전에서 대포銃筒를 거의 쓰지 않은 사실이다. 일본군에도 대포급으로 탄환 75g짜리를 발사하는 고쓰쓰小筒, 112.5g짜리 나가쓰쓰中筒, 375g짜리 오쓰쓰大筒 등이 있었으나 실제 사용 기록을 찾아보기 어렵다. 공격전과 기동전을 특징으로 하는 일본군으로서는 무거운 대포의 이동이 불편했을 것이고 주조술 등이 뒤떨어져 성능도 위력을 발휘하지 못했던 것으로 보인다. 일본 수군도 대포를 탑재했으나 전선이 발사 때 반동을 견디지 못해 허공에 매달아 놓고 발사함으로써 명중률도 떨어지고 발사하기가 불편해 실전에서는 거의 사용하지 못했다.

일본군 병사들은 전통적으로 단병접전短兵接戰에 능했다. 평소 목숨을 초로와 같이 여기며 항시 칼日本刀을 휴대하고 다니다가 걸핏하면 칼질을 했던 일본군 병사들에 비해 평소 목숨을 귀하게 알고 칼질을 천하게 여겨왔던 조선군 병사들은 단병접전에서 일본군 병사들의 상대가 되지 못했다. 특히 육전에서 일정 거리를 두고 활이나 총포로 맞서 싸울 때는 용감했던 조선군 병사들이 일단 저항선이 무너지고 일본군 병사들이 돌격해 들어오면 걷잡을 수 없이 무너져 버렸다.

조선 수군 함대 전력은 막강했다

조선의 국방체계에서 특기할 만한 사실은 수군의 발달이었다.

이 전쟁에서 조선을 침공한 일본군은 육군에 부속된 수송선단 성격이었다. 명나라 수군 역시 독자적 전력으로서는 미약한 수준이었으나 조선 수군은 독자적인 편제와 작전능력을 갖추었고 매우 강력했다. 이 전쟁 무렵의 조선 수군 전력은 전함 보유수 및 화력과 병력 등에서 세계 최강 수준이었다. 다만 원양해군이 아닌 연안해군이었을 따름이었다.

조선 개국 후 수군편제가 정비된 것은 역시 세종대왕 때였다. 세종실록지리지에 따르면 전국의 군선軍船은 대선, 중대선, 중선, 쾌선快船 등 모두 13종류로 편제상 총 829척이 전국 수영에 배치된 것으로 되어 있다. 이 가운데 경상도가 285척으로 가장 많았고 전라도 · 충청도 · 경기도 순이었다. 왜구 침공에 대비한 것이었을 것이다. 수군 병력은 50,177명이었다.

50년이 지난 1485년 성종成宗(1469~1494) 때 편찬이 끝난 《경국대전經國大典 兵典 諸道兵船》에 따르면 조선 수군이 맹선猛船제로 바뀌어 편제상으로 전국에 대맹선정원 80명 80척, 중맹선정원 60명 192척, 소맹선정원 30명 216척 등 모두 488척이었다. 평소 군사가 고정 배치되어 있지 않은 무군無軍 예비선으로 대맹선 1척, 중맹선 3척, 소맹선 245척 등 249척이 있어 총 737척이 배치되도록 되어 있었다. 편제상 수군 병력은 48,800명으로 유군선有軍船 정원으로 환산하면 승선 병력이 22,200여

판옥선 ⓒ해군사관학교 박물관

명인데 비추어 2교대 근무 정원인 것으로 보인다.

　그러나 그때까지의 맹선은 단층 평선平船으로 평화가 계속되는 동안 전투 임무보다 세미稅米 등을 실어 나르는 조선漕船으로 이용되어 병조선兵漕船이라 부르기도 했으며 점차 전함으로서의 기능이 퇴화되어 갔다.

　그러는 사이 왜구들 전선은 뚜껑이 덮인 옥선屋船으로 배의 높이가 높아지고 조총이라는 화기까지 사용하여 을묘왜변 때 조선 수군이 속수무책으로 당하는 사태가 벌어졌다. 이에 놀란 조정이 평선인 맹선 위에 한 층을 더 올려 갑판甲板：鋪板을 만들고 중앙에 자그만 널빤지 집板屋을 지어 지휘관이 지휘도 할 수 있게 만든 판옥선제板屋船制를 개발했다. 돛대는 2개로 전투가 시작되면 누일 수 있게 되어 있었고 넓은 갑판이 배의 지붕 역할을 하는 한편 대포를 장치할 수 있어

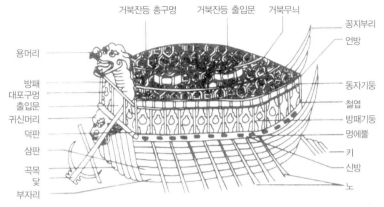

거북잔등 총구멍　거북잔등 출입문　거북무늬

용머리

방패
대포구멍
출입문
귀신머리
덕판
삼판
곡목
닻
부자리

꽁지부리
언방
동자기둥
철엽
방패기둥
멍에뿔
키
신방
노

전라좌수영 거북선 구조도(이원식 도면)

위에서 아래로 적선을 내려다보며 사격을 할 수 있게 되었다. 전함이 커져 정원도 164명이었고 수군통제사가 타는 기함인 판옥대선板屋大船은 194명이나 됐다.

판옥선제 개발은 그로부터 37년 뒤에 벌어진 이 전쟁에서 조선 수군 주력 전함으로 맹위를 떨쳐 이순신 함대의 상승신화가 가능하게 된 결정적 요인 중의 하나가 되었다.

전쟁이 터졌을 때 조선 수군 전함이 얼마나 있었는지 확실한 자료는 전해오지 않는다. 기록 등을 모아 보면 원균元均 휘하 경상도 우수영에 판옥선 44척, 협선 29척 모두 73척의 전함에 군사는 육상 및 교대 병력까지 약 12,000여 명이었다. 이순신 휘하 전라좌수영에 거북선 2척, 판옥선 24척, 협선 15척 모두 41척에 군사 약 7,000여 명이었고 이억기李億祺 휘하 전라우수영에 판옥선 25척, 협선 16척 모두 41척에 군사 약 6,800여 명이었다. 박홍朴泓 휘하 경상좌수영에도 우수영과 비슷한 규모의 전함과 군사가 있었을 것으로 보아 경상도 수군에 판옥선 88척, 협선 58척, 군사 약 24,000여 명 그리고 전라도 수군에 판옥선 49척, 협선 31척, 군사 약 13,800여 명이었던 것으로 보인다. 충청수영에 판옥선 40척이 있었다고 한다. 하지만 실제 이 전쟁 전 기간 중 충청도 수군이 해전에 참전한 것은

거북선(해군사관학교 복원)

판옥선 1척 등 10척이 참가했으나 전투는 치르지 않았다. 경기도에도 수사가 있었던 만큼 수 미상의 판옥선 등 전함이 있었을 것으로 보인다.

경상좌수영과 충청수영의 수군 규모가 사실과 같다면 조선 수군의 군사력은 거북선 2척, 판옥선 총 177척, 협선 총 119척, 군사 49,800여 명이 되고 판옥선에 각 10문씩의 화포가 장치된 것으로 보면 총 1,800여 문의 함포로 막강한 화력을 보유하고 있었다. 확인이 어려운 경상좌수영과 충청수영을 제외해도 거북선 2척, 판옥선 93척, 협선 60척에, 군사 25,800명이 된다. 만만치 않은 해군력이었다.

그런데 개전과 동시에 경상도 수군이 자멸해버리고 전라도 수군만 남아 조선 수군 전력이 반감되고 말았다. 원균의 우수영은 판옥선 4척, 협선 2척만을 남기고 나머지 전함들을 적에 넘기지 않기 위해 자침自沈으로 파괴했고 박홍의 좌수영은 군사들이 육지로 후퇴한 사실은 확인되나 전함들이 어찌됐는지 기록으로 전해지는 게 없다.

병영에 군사는 없고 무기는 녹슬고

그러나 조선에 긴 세월의 평화가 계속되면서 조정은 물론 백성들도 전쟁을 잊어 갔다. 건국 초기의 탄탄했던 국방체제는 점차 허술해지고 군사제도 또한 흐트러져 갔다.

조선은 유학儒學을 국가 지도이념으로 하는 문치주의 국가였다. 국가 지도층이 유학의 연구에 심취해 문약에 흐르면서 상무尙武정신은 흐려져 갔다. 성종 대에 이르러 김종직金宗直 등 젊은 유학자들을 대거 등용하면서 조정에 사림파士林派 관료집단이 형성되었다.

이들이 이상적인 유교국가 건설을 꿈꾸면서 그때까지 왕권 주변에서 권력을 장악해 왔던 훈구파勳舊派 관료들과 마찰을 빚으며 점차 목숨을 건 권력 쟁탈전으로 번져 사화士禍가 잇달았다. 이 전쟁이 일어날 무렵의 선조 때에 이르러서는 사색四色의 당쟁黨爭으로 확산됐다. 그런가하면 학문으로서 유학은 완숙의 경지에 이르러 명종明宗(1545~1567), 선조宣祖(1567~1608) 대에 화담花潭 서경덕徐敬德에 이어 퇴계退溪 이황李滉, 율곡栗谷 이이李珥 등 유학의 대가들이 줄을 이어 나타났다.

전쟁이 터질 무렵, 조정 관료들의 국방관이 어떤 것이었는가는 율곡 이이가 국가 방위를 위해 '10만 명의 군사를 양성해 두어야 한다十萬養兵論' 는 주장을 편 데 대해 '병兵을 양성하는 일은 화禍를 키우는 일養兵 是 養禍也' 이라며 묵살해 버린 사실로 잘 알 수가 있다. 아예 군대 자체를 위험시하는 데까지 이른 것이다. 국방체제가 허술해지고 군사제도가 흐트러질 수밖에 없었다.

조선은 그 무렵, 부패하기 시작했다. 일선 지휘관들이 상번으로부터도 군포를 받아 착복하고 멋대로 군역을 면제해 주었다. 이를 방군수포放軍收布라 했다. 폐해가 심해지자 조정이 손을 써 군역 대신 아예 포를 바치게 하고 조정이 이를 거두어 군사가 필요한 병영에 내려 주어 돈으로 필요한 군사를 고용하게 했다. 이를 군적수포제軍籍收布制라 했다. 일종의 직업군인제도라 할 수 있고 용병제도라 할 수도 있다.

그러나 폐해는 더 커졌다. 웬만하면 포를 바치고 군역을 면제받았고 그럴 수 없는 가난한 자는 피역避役이라 해서 도망을 다녔다. 군포가 제대로 쓰여지지도 않았다. 조정에서 다른 비용으로 돌려쓰고 병영에 제대로 내려주지도 않았고 내려 준 군포도 중간에서 횡령 착복했다. 병영에는 이러지도 저러지도 못하는 노인들이나 소년들이 붙잡혀 왔다.

조선왕조는 엄격한 신분제로 양반과 양민 그리고 천민의 구별을 확실히 했다. 점차 무武를 천시하여 양반 자녀는 군역을 면제해 주었고 천민에는 부여하지 않았다. 군역은 오직 양인良人인 농민들의 몫이었다. 선조 대에 이르러 북방 6진에도 군사가 모자라 선조 16년 2월 자원해서 3년 이상 복무하면 서얼庶孽, 즉 첩의 자식도 과거를 볼 수 있게 해 주고 공노公奴, 즉 관청의 노비는 양민으로, 사私奴는 공노로 신분을 올려 주기까지 했다.

전쟁이 터질 무렵, 조선 전역에 군사가 얼마나 있었는지 어떤 기록에도 남아 있지 않다. 그냥 전국 관아나 병영 및 수영에 몇백, 몇천 명 정도로 아마도 몇만 명 정도가 아니었을까 추정이 가능할 뿐이다.

전쟁이 일어나기 전, 남방 왜구들의 침입이 잦았고 북방 여진족의 난도 있었다. 1510년중종 5년 4월, 3포 왜변倭變이 일어나 쓰시마로부터 달려온 응원군까지 5,000여 명의 왜구들이 웅천熊川·동래東萊·기장機長·서평포西平浦성을 공격했다. 조정에서는 좌의정 유순정柳順丁을 도원수로 하여 4,900명의 군사를 보내 진압했다. 1555년 5월에는 을묘왜변이 일어났고 조정은 이 사건을 계기로 방어개념에 제승방략을 도입하는 한편 수군 전함을 종전 맹선제에서 판옥선제로 혁신하는 조치를 단행했다.

전쟁이 터지기 5년 전, 1587년선조 20년 3월에 왜구 전선 16척이 전라도 고흥高興·興陽 땅 손죽도損竹島에 침입해 녹도鹿島 만호 이태원李太源을 죽이고 수군 병사 100여 명을 잡아갔다. 북방도 조용하지 않다. 1583년선조 16년 1월, 두만강 변 여진족 추장 니탕개尼蕩介가 난을 일으켜 경원부慶源府 내 여러 요새들을 점령했고 온성부사隱城府使 신입申砬 등이 이들을 토벌했다. 이때 김지가 개발한 승자총통이 위력을 발휘했다.

그러나 이들 사건들은 변방의 작은 변란들로 조선의 조정이나 백성들 사이에 200년 태평세월 동안 몸에 밴 평화무드를 깨거나 긴장시키지 못했다. 일본이 여러 차례 침공을 경고했어도 이를 묵살했다. 거듭되는 경고에 전국 성채城砦를 보수하는 등 전쟁을 대비하다가 백성들 원성이 높아지자 전쟁이 일어나기 직전에 이를 중단해 버렸다.

전국 병영들은 군사도 없이 비어갔고 당시로서는 첨단 과학무기들이었던 조선군 화약무기들은 관고에서 잠든 채 녹슬어 가고 있었다.

2. 망국의 길목에 들어선 대명제국

명 관료들의 부패와 권력 다툼

조선 개국에 한발 앞선 1368년, 풍운아 주원장朱元璋에 의해 북방 유목민족의 몽골제국 원元을 몰아내고 중원을 회복한 한漢민족의 대명大明제국이 건국 200여 년에 이르러 내우외환이 겹치고 국력 소모가 거듭되면서 쇠잔의 길을 걷고 있었다. 명나라의 국운이 기울자 만주滿洲평원에 누루하치奴兒哈赤란 여진족 추장이 나타나 흑룡강黑龍江 하류의 야인여진부野人女眞部, 송화강松花江 연안의 해서여진부海西女眞部, 모란강牡丹江 상류의 건주여진부建州女眞部 등 3대 부족을 통일하고 세력을 키워 나가며 드디어 중원을 노리기 시작하고 있었다.

그 무렵, 명나라 국내 정정은 조선과 흡사하게 전개되고 있었다. 건국 초기에는 한족을 부흥시켜 중화中華의 영광을 되찾겠다는 일념으로 대명제국을 건설해 나갔으며 건국 100년이 되면서 나라가 안정되고 평화가 계속됐다. 문화가 꽃피고 학문의 결기가 가득했으며 조선에 수입되어 국가 지도이념으로 뿌리를 내린 주자학朱子學이 명나라에서도 완숙의 경지에 이르렀다.

그러나 점차 관료들이 부패해지고 향당벌鄕黨閥로 나뉘어 권력을 다투기 시작했다. 산동성山東省의 제당齊黨, 하북河北 하남성河南省의 초당楚黨, 절강성浙工省의 절당浙黨 등이 대표적이었다. 향당벌은 당시 유명한 주자학자 고헌성高憲成이 고향인 강소성江蘇省에 내려가 일으킨 동림서원東林書院이 세력을 키우면서 동림파와 비동림파로 나뉘어져 명 조정이 당쟁으로 영일이 없었다.

어찌된 사연인지 제9대 효종孝宗 : 弘治帝(1487~1505) 이후 명 조정은 하나같이 10살 전후의 어린 황제들로 이어져가면서 이들을 둘러싼 환관宦官들이 권력을 장악하고 농단했다. 15살에 황제에 오른 10대 무종武宗 : 正德帝(1505~1521)시대, 유근劉瑾을 비롯한 '환관 팔호八虎'가 대표적이었다. 여덟 마리 호랑이라 불려진 이들 환관들의 횡포로 명나라 조정은 극도로 부패해졌다. 효종의 뒤를 이은 11대 세종世宗 : 嘉靖帝(1521~1566)도 14세에 즉위했다. 세종은 즉위 초기에 재상 양정화楊廷和의 도움으로 서정을 혁신하고 흐트러진 기강을 바로 잡는 듯했다. 그러나 세종이 곧이어 도교道敎에 심취하면서 정사를 돌보지 않자 조정은 다시 도사道士와 환관 그리고 부패한 관료들 손에 놀아나기 시작했다.

정치가 문란해지고 국가기강이 해이해져 내우가 많아지면 외환이 따르기 마련이다. 북쪽으로 쫓겨 간 몽골부족이 다시 힘을 키워 끊임없이 국경을 침범하는가 하면 동남해안에는 왜구들 노략질로 바람 잘 날이 없었다. 1541년嘉靖 21년 몽골제국이 망한 뒤 최고의 영웅으로 꼽히는 '알탄'이 명나라 북방 변경을 휩쓸며 불과 34일 동안 명나라 백성 20여만 명을 살상했다. 가축 2백여만 마리를 빼앗아 갔고 8만 호의 가옥을 불태웠다. 1550년 9월에는 베이징北京까지 쳐들어와 살육을 감행했다.

그 무렵, 동남해안 강소江蘇 · 절강浙江 · 복건福建 · 광동廣東성 일대는 왜구들의 잦은 침공으로 피폐를 더해 갔다. 이들은 명나라 연안과 조선 서해안 일대를 오가며 노략질을 일삼았다. '훈도시'로 앞만 가리고 일본도 한 자루만 거머쥔 왜구들은 때로는 4~500척씩의 배에 나눠 타고 연안 일대 마을을 갑자기 쳐들어가 살육과 약탈을 한 뒤 재빨리 달아났다.

세종에 이어 12대 목종穆宗 : 隆慶帝(1566~1572)이 29세에 즉위했으나 6년이 못 되어 죽고 뒤를 이은 13대 신종神宗 : 萬曆帝(1572~1620)이 나이 10세로 황제에 올랐다. 신종은 철완재상鐵腕宰相 장거정張居正의 도움으로 즉위 초기에 문란해진 조정 기강을 바로 잡아 나갔으나 장거정이 10년 만에 죽자 그에 의해 밀려난 부패 관료들이 다시 득세했고 신종은 그들에 둘러싸여 극도의 사치와 향락을 일삼았다.

전화가 명나라까지 미칠 것을 우려한 명 조정은 이여송을 총사령관으로 원군을 보낸다.

1592년 명나라 만력萬曆 20년 3월, 조선과 일본의 7년 전쟁이 터지기 한 달 전에 서북방 영하진寧夏鎭에서 몽골인 발배哱拜의 반란이 일어나 이여송李如松을 보내 진압했다. 명나라의 조선 파병이 그 때문에 늦어져 전쟁이 일어나고 1년이 다 된 1593년에야 명나라 군사가 압록강을 넘었다. 전화의 불길이 명나라까지 미칠 것을 우려하여 대군을 파견했으나 그로 인한 국력 소모까지 겹쳐 대명제국은 속절없이 망국의 길로 들어서고 있었다.

천하통일을 이루고 장차 조선을 거쳐 대륙으로 진출하려는 군국 일본이 꿈틀거리고 있을 무렵, 200년 평화의 세월에 나른해져 있는 조선을 사이에 두고 대륙의 중원에는 점차 세력 교체의 기운이 무르익어 가고 있었다.

3. 대륙을 향한 군국 일본의 꿈

불세출의 전쟁영웅 도요토미 히데요시

조선이 200년 평화 속에 태평세월을 구가하는 동안 일본은 뭇 영웅들이 나타나 전쟁으로 날을 지새우는 100년 전국시대를 보내고 있었다.

이성계의 조선 건국에 앞선 1336년 무사 출신 아시카가 다카우지足利尊氏에 의해 교토京都에 무로마치 바쿠후室町幕府가 세워졌다. 점차 세력이 약해지면서 바쿠후에서 임명해 내려 보낸 전국의 슈고 다이묘守護大名 : 領主들이 경쟁적으로 영지를 영토로 삼아 독립하면서 서로 뺏고 빼앗기는 쟁패전이 벌어지기 시작했다. 1467년 오닌應仁의 난이 일어나자 전국 다이묘들이 교토 주변에 모여들어 동군과 서군으로 나뉘어 11년간 쟁패전을 벌이면서 전국시대가 열렸다. 일본 전역을 피로 물들인 100년 쟁패전은 오와리尾張 서남부에서 일어나 일본 통일의 기초를 다진 오다 노부나가織田信長에 의해 1572년 무로마치 바쿠후가 멸망하고 전국의 절반 이상이 그의 수중에 들어가면서 평정되기 시작했다.

그러나 그는 1582년 교토의 혼노사本能寺에서 부하 아케치 미츠히데明智光秀의 배반으로 자살하고 말았다. 노부나가가 죽자 그의 휘하 1급 심복 장군이었던 도요토미 히데요시豐臣秀吉가 미츠히데를 토벌하고 전권을 장악한 뒤 1590년까지 일본 전국 60주를 한 손에 거머쥐는 통일을 완성하고 2년 만인 1592년 곧바로 조선을 침공한다.

100년간의 전국시대를 평정하고 조선을 침략한 도요토미 히데요시

전국시대 100년, 군웅할거로 일본 전역이 피로 물들었으나 이 시대 일본은 근세 일본으로의 변혁이 진행되고 있었다. 16세기가 열리면서 세계사가 말하는 서세동점西勢東漸의 물결이 마침내 아시아의 한 모퉁이 미개한 섬나라 일본에까지 미치기 시작했다. 1510년 인도 고아에 이어 1516년에는 중국 서남단 마카오에 식민기지를 건설한 포르투갈 사람들이 1543년 일본 서남단 규슈九州의 다네가시마種子島에 나타나 조총鳥銃 : 鐵砲과 탄약 그리고 제조법을 전했다. 일본에 전해진 조총은 규슈 사카이堺지방 철공소에서 대량으로 생산되기 시작했고 무사들의 나라 일본을 급변시켜 나갔다. 사카이는 조총의 생산과 해외에서 수입한 초석과 납으로 화약과 총알을 생산하는 군수산업 도시로 발전했다.

1575년, 오다 노부나가는 나가시노長篠 전투에서 3,500명의 아시가루足輕 총포대를 방책 뒤에 배치해 두었다가 기세 좋게 달려드는 다케다 가쓰요리武田勝賴기병대를 일제사격으로 전멸시켰다. 그때까지 병사들이 칼 한 자루를 들고 적과 맞붙어 1대 1의 단병접전短兵接戰으로 승부를 냈으나 그때부터 부대단위 소총전으로 전투 양상이 달라졌다. 자연히 집단훈련이 필요해지고 일본도 병농일치제로 전쟁이 나면 농민을 징발했으나 그때부터는 용병傭兵으로 상비군을 편성하여 언제라도 전쟁을 치를 수 있게 군사제도가 바뀌어졌다.

1549년에 일본에 천주교가 전해졌다. 프란시스코 사비에르라는 선교사가 가고시마鹿兒島에 상륙하여 사카이, 야마구치山口, 교토 등지를 돌며 포교를 시작한 이래 노부나가 시대에 일본 천주교는 전성시대를 맞았다. 1576년에 천황이 사는 교토에도 남반지南蠻寺란 이름의 교회가 세워졌다. 1582년에는 로마 교황을 알현하고 서구문물 견학을 위해 천정견구소년사절天正遣歐少年使節을 보내 1584년 스페인에서 펠리페 2세를 만났고 1585년에 로마교황 그레고리오 13세를 공식 접견했다. 16세기 말 무렵 일본 전역에 200여 개 교회와 15만 명이 넘는 신도가 있었다. 신도들 가운데는 크리스천 다이묘라 불린 오토모 소린大友宗麟 등 영주들을 비롯한 상당수 지배계급이 포함되어 있었다. 이 전쟁 때 조선 침공군 선봉장 고니시 유키나가小西行長도 천주교 신도였다. 중요한 것은 이들 일본 지배계급이 서구적 안목과 사고력을 갖기 시작했다는 사실이다. 그 무렵, 일본은 해양으로 뻗어나가기 시작했다.

포르투갈 사람들의 서세西勢가 동방무역의 이익을 좇아 동점東漸을 시작했듯이 일본인들의 동세東勢가 서방무역의 이익을 좇아 서점西漸을 시작한 것이었다. 16세기 중엽에서 17세기 중엽까지 100여 년 사이, 일본 정부로부터 주인장朱印狀(무역상 증명서)을 받아 해외에 나간 일본인만 7만여 명에 이르렀고 이들은 대만, 필리핀, 베트남, 캄보디아, 태국, 말레이시아, 자바 섬에 이르기까지 동남아시아 여러 나라에 거류지를 이루어 살았다. 조선의 부산 왜관倭館에도 거류지가 있었다.

이 전쟁이 끝난 뒤 1613년에는 일본 무역상 하세쿠라 쓰네나가支倉常長가 포르투갈 상선을 모방하여 만든 배를 타고 90일간의 항해 끝에 당시 세계무역의 중심 항이었던 아메리카대륙의 멕시코 아카폴코Acapulco항에 나타났다.

서방무역은 일본의 국부를 늘려 나갔다. 특히 서방무역을 독점하다시피 했던 사카이는 번창일로를 걸어 이곳을 드나들던 선교사들로부터 '동방의 베니스'라 불렸다. 사카이는 원래 명나라나 조선으로 가는 사절들이 출발하던 곳이었다. 일본은 그 무렵, 강력한 중앙정부 아래 통일을 이루고 군사력이나 경제력에서 세계를 향해 뻗어나가기 시작했고 군국軍國 일본의 전통이 태동하고 있었다.

오다 노부나가를 자살하게 만든 배반자 아케치 미츠히데 군사를 불과 10일 만에 야마자키山崎전투에서 격멸한 도요토미 히데요시는 다음 해 1583년 오다 가家의 원로 시바다 가츠이에柴田勝家 군사를 격파하고 오다의 후계자로 전권을 장악했다. 그가 얼마나 전광석화처럼 신속하게 전국을 통일하고 근세 일본 역사의 전면에 나타났는가는 그로부터 전국 60주를 한 손에 거머쥐기까지 불과 8년밖에 걸리지 않았고 다시 2년 만에 대군을 동원해 조선 침공에 나서 대륙을 넘본 사실로도 알 수 있다.

흔히 히데요시라면 잔나비를 닮은 못난 얼굴에 일자무식의 까막눈으로 잔학하기 그지없는 일본 칼잡이대장 쯤으로만 여긴다. 어느 정도 사실이긴 하나 일본에서는 지혜가 번뜩이는 불세출의 전쟁영웅으로 추앙되고 있다. 지금도 나라가 어렵거나 경제가 불황이면 그의 성공일대기를 쓴 책들이 날개를 단다.

히데요시는 뒷날 이 전쟁 전 과정을 통해 조선의 전쟁영웅으로 그와 자웅을 겨룬 이순신보다 9년 앞서 1530년 아이치켄愛知縣 나카무라中村란 마을에서 말단 졸병의 아들로 태어났다. 8세 때 아버지가 죽고 가난한 농부에 다시 시집간 어머니를 따라가 천덕꾸러기로 자라다 16세 때 집을 나가 당대의 명장 오다 노부나가의 당번병이 된다. 노부나가는 능력만 있으면 누구든 발탁해 쓰는 합리주의자였다. 노부나가의 눈에 들어 무사武士가 된 히데요시는 전투마다 무공을 세워 출세가도를 달려 마침내 그의 1급 심복 장군이 되었다. 노부나가의 후계자가 된 게 47세, 전국을 통일한 게 55세 때였으며 조선을 침공한 때가 57세였다.

그는 철저하게 앞서가며 시대를 창조했다. 어쩌면 근세 통일 일본은 그가 만든 시대였으며 조선과 일본 그리고 명나라까지 참전한 아시아 3국의 7년 전쟁이야말로 그가 일으킨 침략 전쟁이었다.

조선 침공 전 대규모 기동훈련을 하다

히데요시가 조선을 거쳐 명나라를 정벌하기로 결심한 것은 그가 규슈를 정벌했던 1587년 무렵이었다. 전쟁이 일어나기 5년 전이었다. 이해 3월, 그때까지 히데요시에 굴복하지 않고 있었던 규슈 정벌에 나서면서 20만 명이란 대군을 동원해 수륙 양면으로 공격했다.

그러나 규슈 정도 정벌에 이 같은 대군은 불필요한 것이었다. 실제로 규슈의 시마즈 요시히사島津義久는 대군에 놀라 제대로 저항도 못한 채 항복해 버렸다. 그런데도 히데요시가 필요 이상의 대군을 동원했던 것은 장차 조선 침공을 앞두고 대규모 군사 동원 능력을 점검해본 일종의 기동훈련이었던 것이다.

그는 이어 이 해 9월, 그의 1급 심복 장군이었고 뒷날 이 전쟁에서 선봉장이 된 고니시 유키나가小西行長에 명령하여 조선에 자신의 국서國書를 전하도록 했다. 유키나가는 사돈이기도 한 쓰시마의 도주島主 소오 요시시게宗義調로 하여금 다치바나 야스히로橘康廣를 조선에 파견케 했다. 히데요시의 흉중에는 이미 조선 침공과 대륙 진출 전략이 짜여져 있었던 것으로 보아야 할 것이다.

그런데 조선 조정은 야스히로가 조선에 입국하여 일본이 100년 전국시대를 보냈다는 사실, 도요토미 히데요시라는 영웅이 나타나 일본 천하를 통일했다는 사실을 알릴 때까지 이 같은 사실들을 까맣게 모르고 있었다. 더구나 히데요시가 장차 조선을 침공하기 위해 규슈 정벌에 20만 대군을 동원해 기동훈련까지 마쳤다는 사실을 알 리가 없었다.

일본은 먼 나라가 아니었다. 쓰시마에서 아침에 배를 타면 저녁에 부산포釜山浦에 도착하는 그런 나라였다. 일본은 우호적인 나라가 아니었다. 고려 이래 수시로 왜구들이 몰려와 변방을 노략질해 간 해적 국가였고 잠재 적국이었다.

조선의 전통적인 외교정책은 사대교린事大交隣이었다. 문화가 앞서고 큰 나라인 명나라는 섬기고事大 북쪽 여진이나 남쪽 바다 건너 섬나라 왜인들은 이웃으로 사이좋게 지낸다交隣는 정책이다. 그러나 외교용어로 사대교린이었을 따름으로 명나라는 열심히 섬겼으나 여진족이나 왜인들은 무시했다. 이들에 대해 스스로 소화小華, 즉 작은 중국을 자처했다. 변방을 침범하지 않는 한 관심조차 없었고 이들의 국내 사정이나 동향 따위는 알려고도 않았다. 미개한 야만인들인데다 작은 나라들로 자주 변방을 침범하여 귀찮게 구는 만큼 적당히 구슬려서 난동이나 부리지 못하게 하자는 정도였다.

조선 건국 200년간, 일본이 60여 차례나 사신을 보내 조선을 부지런히 드나든 데 반해 조선은 단 6차례 사신을 보냈을 뿐이다. 그마저 1443년세종 25년 이후부터는 무려 150여 년간 단 한 차례도 사신을 보낸 일이 없었다. 나라 전체가 일본에 대해 깜깜할 수밖에 없었다.

도요토미 히데요시는 처음부터 그가 조선 침공 명분으로 내세웠던 '정명가도征明假道'를 생각했던 것일 수도 있다. '명을 치려하니 조선은 길만 빌려라'는 것이었다. 조선쯤은 안중에도 없었고 대명大明을 치고 대륙의 주인이 되겠다는 그런 엉뚱한 꿈이었다. 이 전쟁을 전후로 한 일본에는 '조선과 같은 가난한 나라를 쳐서 무엇 하겠느냐', '중국원나라이 여러 차례 일본을 침공한 데 대한 복수전으로 명을 치려했다'는 역사 인식이 퍼져 있기도 하다.

그러나 조선이 이를 들어줄 리 없었고 결국 조선과 전쟁을 치르게 되어 있었다. 유키나가는 히데요시의 그런 생각을 간파하고 조선에 통신사通信使 파견을 교섭해 국제관례를 모르는 히데요시로 하여금 조선통신사를 항복사절로 알게 함으로써 조선과의 무모한 전쟁을 막아보려 했다.

야스히로가 전한 히데요시의 국서에는 '이제 천하가 짐朕 : 秀吉의 한 줌 손 안에 들어왔다'는 등 외교의례서 벗어난 오만한 내용이 들어 있었다. 야스히로도 서울까지 가는 동안 만나는 사람들에 '너희 나라는 곧 망할 것이다'는 말을 거침없이 해댔다. 일본이 곧 침공할 것이라는 사실을 드러내 보인 것이다.

4. 전쟁의 먹구름이
몰려오는데

전쟁 앞두고 역모사건에 정신 팔려

1588년^{선조 21년} 12월, 유키나가는 사돈인 소오 요시시게가 죽고 새로 도주가 된 사위 소오 요시토시宗義智와 외교승外交僧 겐소玄蘇 등을 사신으로 조선에 다시 보내 통신사 파견을 요청했다. 조선 조정은 이에 대해 아무런 조치를 취하지 않았다. 다음 해 1589년선조 22년 6월, 이들은 다시 조선에 들어와 그 다음 해 3월까지 무려 9개월을 서울의 일본 사신 전용 숙소인 동평관東平館에 머물면서 통신사 파견을 거듭 요청했다.

그러나 조선 조정은 때마침 일어난 정여립鄭汝立 역모사건으로 조정과 전라도에 대규모 숙청의 피바람이 불어닥쳐 동평관의 일본 사신들을 돌아볼 경황도 없었다.

정여립 역모사건이란 일본 사신들이 입국하던 해 10월 2일 황해도 안악安岳군수 이축李軸, 재령載寧군수 박충간朴忠侃, 신천信川군수 한응인韓應寅 3인이 정여립이 황해도와 전라도에서 역모를 꾸몄다고 장계를 올린 데서부터 시작됐다. 조정이 그를 체포하려 하자 전라도 진안鎭安·죽도竹島의 별장에서 그와 그의 친구 변숭복邊崇福은 자살하고 말았다. 그리고 그의 17세 된 아들 옥남玉男과 같은 또래의 친구 춘룡李龍 두 소년만이 체포되었다. 두 소년들은 황해도에서 역모사건 공모자로 잡혀 올라온 걸인 이기李箕, 이광수李光秀와 함께 처형되었다.

사건은 정여립의 3족을 멸한 데 그치지 않았다. 그를 두둔했다 해서 우의정 정언신鄭彦信, 그와 친했다 해서 대사헌大司憲 이발李潑 3형제와 그의 가족, 그의 조카딸을 며느리로 삼았던 부제학副提學 백유양白惟讓과 그의 아들 3형제와 가족 등 모두 1천여 명이 처형됐다.

그러나 역모 사건이라면서도 직접 공모자로 처형된 사람은 소년 2명과 황해도 걸인 2명뿐이었다. 군사나 군량 무기 등을 적발했다는 기록이 전혀 없다. 역모 혐의라는 것도 기껏 '이李씨가 망하고 정鄭씨가 흥한다는 정감록鄭鑑錄의 비기秘記를 퍼뜨렸다', '아들의 등에 왕王자가 있어 이름을 옥남이라 했다' 등의 황당한 것들뿐이 있다. 당쟁이 빚어낸 음모였다는 해석이 많다.

조선 조정은 온통 이 사건에 정신이 팔려 동평관에 일본 사신들이 머물러 있다는 사실조차 잊고 지낸 외교적 결례를 범했다. 정여립 사건의 피바람이 잠잠해진 1590년 1월이 되어서야 비로소 조정 대신들이 일본 사신들을 어떻게 하면 되돌려 보낼까를 궁리하기 시작했다. 이들 일본 사신들은 동평관에 머물면서 만일 조선이 일본에 통신사를 파견해 서로 화평하지 않으면 일본이 반드시 쳐들어온다고 여러 경로를 통해 조정 대신들에게 말해 왔다.

조정이 이들에게 3년 전 전라도 흥양興陽 땅 손죽도損竹島에 침범했던 왜구 두목들과 그들을 안내했던 조선인 사화동沙火同 : 沙乙背同을 잡아 보내면 통신사를 파견하겠다고 제의했다. 일본이 이를 이행하지 못하면 그를 핑계로 통신사를 파견하지 않을 속셈이었다. 그러나 일본 사신들은 즉시 쓰시마로 달려가 그때의 왜구 두목들이라면서 일본인 3명과 조선인 사화동을 잡아 왔다. 조선 조정은 이들을 처형한 뒤 어쩔 수 없이 통신사를 파견하기로 했다. 통신사를 보내 일본이 정말 쳐들어 올 것인지, 그냥 겁만을 주려 하는 것인지도 알아보기로 했다.

당파 따라 '침공', '불침' 엇갈린 보고

1590년선조 23년 3월, 마침내 조선통신사 일행 100여 명이 일본 사신들과 함께 서울을 떠나 일본으로 향했다. 상사上使에 첨지중추부사僉知中樞府事 황윤길黃允吉, 부사副使에 사성司成 김성일金誠一, 서장관書狀官에 전적典籍 허성許筬, 수행무관에 황진黃進이었다.

통신사 일행은 7월에 일본 교토에 도착했으나 도요토미 히데요시가 오다하라小田原 정벌을 위해 출전 중이어서 이해 11월에야 쥬라쿠테聚樂第에서 만났다. 조선의 국서를 전달하고 다시 일본의 국서를 받아 이듬해 1591년선조 24년 1월에야 부산으로 돌아올 수 있었다. 전쟁이 터지기 1년여 전이었다.

서울에 돌아온 통신사들은 일본 국내정세에 대해 역사상 유명한 엇갈린 보고를 했다. 서인西人 황윤길이 선조에게 "수길의 눈빛이 빛난다. 그는 틀림없이 쳐들어온다"고 보고하자 동인東人 김성일이 "수길의 눈이 쥐와 같다. 쳐들어오지 못한다"고 했다. 관상쟁이나 점쟁이 수준의 통신사들이었던 셈이었다.

같은 동인인 좌의정 유성룡柳成龍이 걱정되어 김성일에 "그러다 만일 일본이 쳐들어오면 어찌 하려오?"라 물었다. 그러자 김성일이 다음과 같이 말했다. "나 역시 안 쳐들어온다는 게 아니오. 황윤길이 그렇게 말해 행여 민심이 동요될까 걱정되어 그렇게 말한 것일 뿐이요."

김성일이 일본의 침공보다 당장 민심 동요를 우려하여 그같이 보고했는지, 당파가 다른 상대의 주장에 우선 반대부터 해놓고 보는 당쟁의 속성 때문이었는지 알 수 없는 일이다. 같은 동인이었던 허성도 일본은 침공해온다고 했고 황진은 김성일의 허위보고에 크게 분노해 그를 규탄했다.

수행무관이었던 황진은 일본에 체류하는 동안 일본이 쳐들어올 것이라는 확신을 갖게 되어 일본 칼 두 자루를 사 가지고 오면서 "만일 너희들이 쳐들어오면 이 칼로 모두 베어죽이겠다"고 다짐했다. 그는 뒷날 전라도 전주全州城 방어전 이치梨峙전투에서 이 칼로 용감히 싸웠다.

조선 조정 끝내 '불침' 결론 내려

통신사 일행이 갖고 들어온 히데요시의 국서에는 '내가 명을 치겠으니 조선이 앞장서라'는 불손하기 그지없는 내용이 분명히 들어 있었다. 유키나가가 조선통신사 일행을 항복사절로 속여 히데요시는 조선은 이미 굴복했다고 믿고 이번에는 명을 치는 데 앞장서라고 '명령'하고 있었는지도 모를 일이었다. 어떻든 전쟁은 일어나게 되어 있었다.

그런데도 조선 조정은 국서 내용은 뒷전으로 돌려놓고 통신사들의 엇갈린 보고에만 분분한 논쟁을 벌인 끝에 김성일의 불침 주장을 믿는 쪽으로 기울어졌다. 오랜 평화무드 속의 타성에다 전쟁이 없기를 바라는 평화에의 미련 때문이었다. 그로부터 조선의 조야에는 전쟁이 날지도 모른다고 하는 말 자체가 공연히 평지풍파를 일으켜 민심을 어지럽히려 하는 반평화 선동쯤으로 치부하는 묘한 분위기가 팽배해지기 시작했다.

통신사 일행이 귀국할 때 쓰시마의 요시토시와 겐소가 따라 들어왔다. 조선 조정이 외교적으로 손을 써 전쟁을 막아보도록 설득을 계속할 생각이었다. 외교의례에 따라 선위사宣慰使로 이들의 안내를 맡은 홍문관弘文館 전한典翰 오억령吳億齡이 겐소로부터 들은 바를 그대로 조정에 보고했다.

"현소玄蘇(겐소)가 분명히 말하기를 내년에 조선의 길을 빌려 명나라에 쳐들어 간다고 합니다玄蘇明言 來年將假道 入犯上國."

그러나 조정이 부질없는 보고라며 선위사를 응교應敎 심희수沈喜壽로 갈아치웠다. 겐소가 김성일을 비밀리에 만났다.

"관백關白 : 秀吉이 명을 치려하는 것은 명이 오랫동안 일본의 조공을 받아주지 않고 단교를 하고 있어서 그런다. 조선이 이를 명에 알려 조공을 받아주고 수교를 하게 되면 전쟁을 막을 수가 있다."

그러나 김성일은 겐소를 젊잖게 나무라고 조정에 보고도 하지 않고 말았다. 일본 사신들은 할 수 없이 되돌아가고 말았다. 히데요시의 진정한 의도가 어디 있었는지는 알 수 없는 일이나 그 무렵, 명나라를 중심으로 한 조선과 일본 그리고 아시아 제국들 사이의 외교적 관계를 살펴보면 겐소의 말이 진실일 수가 있었다.

'일본이 쳐들어간다' 명나라 먼저 알아

중국은 전통적으로 중화사상을 바탕으로 주변국들과 외교 관계를 수립해 왔다. 주변국들은 중국을 종주국으로 하는 속국 관계라는 세계관으로 주변국들에는 중국에 조공朝貢하는 일만이 허용되었다. 주변국 조공사朝貢使들이 알현을 오면 중국 황제는 봉작封爵을 내려 외교적 승인을 해주고 조공 물품을 진상품으로 받아들이는 대신 풍족하게 사여賜與를 내려 주었다. 따로 가져온 물품들은 사주거나 상인들과 거래를 터주었다. 이것이 당시 조공무역이었다.

그 무렵, 주변국들은 아시아 유일의 문명대국이었던 중국과의 조공무역을 통한 교류로 선진문물을 받아들이기도 하고 경제적 이득을 취하기도 했다. 그런데 명나라가 일본의 조공을 받아주지 않고 있어 멀리 서방과도 교류하고 있었던 일본으로서는 가까운 명과 조공무역의 길을 트는 일이 국가적 과제였던 것이다.

만일 히데요시의 진심이 여기에 있었던 게 사실이라면 명과의 관계가 원만한 조선이 외교적 노력을 통해 명으로 하여금 일본의 조공을 받아 주게 하여 7년 전쟁의 참화를 미리 막을 수 있었을지도 모를 일이었다.

일본이 쳐들어오지 않는다는 쪽으로 결론을 맺고도 조선 조정은 한 가지 걸리는 게 있었다. 일본이 조선을 치겠다는 게 아니고 명을 치겠으니 길을 빌리라는 것이었다. 이 사실을 명에 알리느냐 마느냐 하는 논쟁이 벌어졌다. 논쟁 끝에 알리기로 하고 1591년 7월 성절사聖節使로 김응남金應南을 파견했다. 그러나 명나라는 알고 있었다. 오히려 일본이 조선의 길을 빌려 명을 치겠다고 하는데도 조선이 이를 알려오지 않는 것으로 보아 명 조정은 혹시 조선이 일본과 짜고 함께 쳐들어오는 게 아닌가 하고 의심하고 있었다.

명 조정은 여러 경로로 사실을 알고 있었다. 복건성福建省에서 무역상을 하고 있던 진신陳申이라는 사람이 장사하러 오키나와琉球에 들렀다가 일본군이 조선의 길을 빌려 명나라를 치려 한다는 소문을 들었다. 진신은 귀국 즉시 복건성 순무巡撫省長 조참로趙參魯에 알렸고 그가 조정에 보고했다. 오키나와의 중상왕부 장사中上王府長史 정동鄭迴이 명 조정에 은밀히 알려 왔고 왕세자 상령尙寧은 아예 통사通事 정적鄭迪을 보내 알려왔다. 왜구들에 붙잡혀 오키나와로 끌려온 뒤 한약 방을 하고 있던 강서성江西省 출신 허의후許儀後는 주균왕朱均旺이라는 사람을 보내 사실을 알려 왔다. 오키나와는 그 무렵, 히데요시의 병력차출 명령을 받았으나 응하지 않고 있었다.

성절사 김응남이 이 같은 전후 사정과 함께 명 조정이 조선 조정을 의심하고 있다고 긴급 보고를 해오자 조선 조정이 발칵 뒤집혔다. 크게 놀라 곧바로 한응인을 진주사陳奏使로 명 조정에 급파해 자초지종을 설명하는 한편 그제야 사태의 심각함을 깨닫고 전쟁 준비를 서두르기 시작했다. 조선 조정은 '왜병은 수전水戰에 능能할 것이나 육전陸戰에는 약할 것'이라는 데 의견을 모았다. 일본군이 쳐들어오면 육지에 올려놓고 치기로 했다. 전국에 영을 내려 특히 영호남의 성들을 수축하고 전쟁물자들을 점검해 비축하도록 했다.

그러나 오판이었다. 조선 조정이 일본군이 수전에 능할 것으로 판단한 것은 그들이 단순히 섬나라라는 데서 비롯된 것이었다. 일본군은 수전에 능한 것이 아니라 육전에 능했다. 100년 전국시대 동안, 일본군들은 바다에서 싸운 것이 아니라 육지에서 싸웠다. 전국의 센고쿠 다이묘戰國大名들이 상대의 성을 공격해 뺏고 빼앗기는 공성전攻城戰으로 승패를 갈랐다. 일본이 100년 전국시대를 보냈다는 사실 자체도 몰랐던 조선 조정이었으니 그들이 어떻게 싸웠는가를 알리가 없었다.

일본군이 침공해오면 제일 먼저 부딪쳐야 할 하삼도下三道, 즉 전라·경상·충청 3도 관찰사를 군사지식을 갖고 있고 현지 실정을 잘 아는 사람으로 교체했다. 경상감사에 김수金晬, 전라감사에 이광李洸, 충청감사에 윤선각尹先覺이었다. 전국에 영令을 내려 성들을 수축하고 전쟁물자들을 조달해 비축하도록 했다. 특히 경상감사 김수는 관내 동래읍성東萊邑城·부산진성釜山鎭城·진주성晉州城·울산병영성蔚山兵營城·성주성星州城·영천성永川城·상주성尙州城·대구성大丘城·안동성安東城 등을 순찰하며 전쟁준비를 독려했다.

실제 전쟁이 터졌을 때 경상도 동래성, 부산진성, 진주성 등을 비롯 황해도 연안延安성 전라도 남원南原성 등은 이 때의 성 수축과 전쟁준비로 일본군을 맞아 훌륭히 싸웠으나 나머지 대부분 성들은 별다른 저항도 못한 채 쉽사리 무너져 버리고 말았다. 유성룡柳成龍이 그의 《징비록懲毖錄》에 '애써 쌓은 전라·경상도 성들이 올바른 형태를 갖추지 못했고 쓸데없이 규모만 컸다'고 했다.

불멸의 조선국 전쟁영웅 이순신 역사무대로

전라좌수사 이순신은 일본이 반드시 쳐들어온다고 확신하고 전력을 다해 전쟁준비를 해나갔다. 그는 전쟁이 터지기 불과 1년 전인 1591년 2월선조 24년에 우연인지, 조선의 국운이었는지 종6품에 불과한 정읍井邑현감에서 정3품 당상관堂上官인 여수麗水의 전라좌수영 수군절도사에 파격적으로 기용되었다. 전함과 무기들을 정비하고 화약을 만들어 비축하며 방비를 구축하는 한편 군사들을 훈련해 강군으로 단련시켜 나갔다. 특히 전쟁이 터지기 직전까지 군관 나대용羅大用으로 하여금 거북선 두 척을 건조케 하여 진수시키고 함포 사격 훈련을 거듭했다.

이순신이 전라좌수사에 오르기까지는 사연도 많았고 곡절도 많았다. 그가 정읍현감이 된 것은 1589년 12월, 그로부터 반년을 조금 넘긴 1590년 7월에는 갑작스럽게 고사리高沙里 첨사僉使로 발령이 났다. 첨사는 종3품이었다. 관리들 인사가 제대로 되었는가를 따지는 대간臺諫들이 들고 일어나 부당하다고 탄핵하는 바람에 곧 취소됐다. 《경국대전》에 당하堂下 수령은 30개월, 당상堂上 수령은 20개월, 변방 수령은 12개월 내 인사이동을 못하게 되어 있었다. 승진도 파격인데다가 재임기간도 짧아 대간들이 탄핵할 만했다. 8월에 다시 만포滿浦 첨사로 발령됐다. 역시 대간들이 들고일어나 또다시 취소됐다.

해가 바뀌어 1591년 태인泰仁현감까지 겸하여 열심히 일하고 있는데 진도珍島현령으로 발령됐다. 부임길에 나서 진도로 갔으나 발령이 가리포加里浦첨사로 바뀌어 관원들이 데리러 오기를 기다리고 있는데 또다시 새로운 발령장이 날아들었다. 전라좌수사였다. 이번에는 대간들 탄핵도 없었다. 다만 부제학副提學에 올라 있던 김성일이 뒤늦게 이순신의 좌수사 발탁 사실을 두고 '좋은 정사가 아니다非政'라며 논란을 벌여 조정 대신들이 선조 앞에 나가 대죄待罪하는 사태가 벌어졌으나 기정사실로 넘기고 말았다.

반년 동안 다섯 차례나 인사발령이 나고 다시 바뀐 끝에 그가 전라좌수사가 된 것은 어쩌면 조선의 국운이 다하지 않았기 때문이었을 수도 있고 영웅 탄생 전야의 진통이었을지도 모른다. 조선에는 구국의 길이, 이순신에는 영웅의 길이 열린 것이었다. 한국인들에 영원히 불멸의 전쟁영웅으로 추앙받게 되는 이순신은 이렇게 해서 역사 무대 전면에 그 모습을 드러냈다.

당시 조선 조정은 당쟁에 여념이 없었을 따름, 전쟁준비를 전혀 하지 않았던 것으로 전해진다. 그러나 사실과 다른 게 많다. 이순신이 전라좌수사에 파격적으로 기용된 데는 그의 오랜 벗이었으며 그가 장재임을 잘 알고 있었던 좌의정 유성룡의 끈질긴 발탁 노력도 있었으나 그 무렵, 조선 조정은 만일의 전쟁에 대비하여 전국에서 인재들을 천거 받아 등용하고 있었다.

선조는 이 전쟁이 일어나기 한해 전 군사에 밝은 좌의정 유성룡에게 국가방위 대책을 세워두라는 지시를 내렸고 유성룡이 지시를 수행하는 가운데 《증손전수방략增損戰守方略》이란 책을 지어 친구인 좌수사 이순신에 보낸 바 있었다. 전수방략이란 방어전술을 말하는 것으로 육전과 수전의 요령, 각종 화포의 사용

이순신 영정 ⓒ현충사

법 등이 상세히 기술되어 있었다. 이순신이
밤새워 독파한 뒤 감탄해 마지않았다. 유성룡
이 이 책을 저술한 뒤 군사전문가 이순신에
사본을 미리 보내 검토케 했고 선조에 바치려
했다가 전쟁이 터진 바람에 원본을 잃어버려
전해오지 않는다. 전쟁이 끝난 뒤 주요한 내
용 10가지를 추려 다시 쓴 《전수기의십조戰守
機宜十條》만이 전해 내려온다.

이순신을 전라좌수사에 등용시킨 좌의정
유성룡

이순신이 전쟁준비에 여념이 없는데 조정
에서 기상천외의 소식이 날아들었다. 수군을
폐지하겠다는 것이었다. 니탕개 토벌의 영웅
신입의 주장이었다. 신입은 선조와 사돈 간이
었다. 이순신이 동인 유성룡의 사람인데 이순
신의 군비 강화를 그대로 두었다가는 동인 세력이 커지는 게 아니냐 하여 서인
들이 신입을 꼬드겼다고 전한다. 이순신이 단호하게 반론을 제기했다.

"수군은 바다에서 막고 육군은 뭍에서 막아야 한다. 어느 한쪽도 없애서는
안 된다."

수군 폐지론은 흐지부지되고 말았다.

오랜 세월 전쟁을 모르는 가운데 평화롭게만 살았던 백성들이 갑작스런 조정
의 명으로 부역에 동원되어 성을 쌓고 화살이나 창, 칼 등 전쟁 물자를 만들어
바치라는 데 좋아할 리가 없었다. 백성들의 불평이 많아지고 원성이 높아져 갔
다. 말 많은 유생들이 가만히 앉아 있지 않았다. 들고일어나 상소를 올려 항의
가 빗발쳤다. 불침논자 김성일이 시비를 걸고 나섰다.

"수성修城은 계책이 못 되는데非計 백성들이 부역으로 원성이 높다."

조정이 논란 끝에 중지시키기로 하고 이해 12월 1일 영의정 이산해李山海가 선

조의 허락을 받아 각 도에 해민지금害民之禁이란 지시를 내려 백성들에 부담을 주는 성의 수축이나 전쟁 물자 조달을 금지시켰다. 전쟁이 터지기 4개월 전이었다.

육지로 북진 바다로 증원… 수륙병진전략

조선 조정이 일본에 대해 까막눈이었던 것과 달리 일본은 조선을 손바닥 들여다보듯 했다.

빈번하게 사신을 보내 조선 조정의 동향은 물론 국방의 현실을 상세히 알고 있었고 수시로 변방을 침범한 왜구들을 통해 조선군 전투력 수준까지 알고 있었다. 부산포 왜관에는 조선을 잘 알뿐 아니라 조선말까지 할 수 있는 일본 상인들이 수시로 드나들었다. 전쟁이 가까워지자 조선인으로 변장시킨 밀정密偵:橫目(요코메) 수십 명을 조선 전역에 풀어 조선의 도로 항만 등 교통과 주요 읍성의 위치와 방비, 하천과 도강지점 그리고 조세창漕稅會의 위치와 양곡 재고량, 심지어는 전역의 쌀 소출량까지 조사했다. 이들 정보자료는 조선 지도를 그려 기입해 두었으며 조선말을 아는 일본인들만으로는 통역이 부족해 섬 지방 조선 백성들을 납치해 일본인들에 조선말을 가르쳐 통역을 양성했다.

1591년 3월, 조선에서 한창 일본이 쳐들어온다, 안 온다며 논란이 분분할 때 도요토미 히데요시는 전국 다이묘들에 총 2,000여 척에 달하는 전선을 건조하도록 할당하고 그에 필요한 선원들을 양성해 두도록 명령했다. 8월에는 규슈 서북단 히가시 마쓰우라東松浦반도의 나고야名護屋를 조선 침공의 발진기지로 정하고 대대적인 축성공사에 들어갔다. 조선과의 중간 지점 이키도와 쓰시마에도 대규모 기지 건설을 명령했다. 나고야로부터 이키도까지는 40km, 쓰시마까지는 147km, 조선의 부산포까지는 200km의 거리였다. 쓰시마의 오우라항大浦港으로부터 부산까지는 53km에 불과했다. 이들 섬에는 1,000여 척의 전함들이 한꺼번에 정박할 수 있는 천연의 군항들이 있었다.

히데요시는 탁월한 군사 전략가였다. 그의 조선 침공전략과 작전계획, 전쟁

지도 과정을 살펴보면 완벽하고 치밀했으며 신속했다. 특히 그의 전쟁 동원 능력은 놀라운 것이었다.

그 무렵, 조선의 육로는 부산포釜山浦에서 동東·서西·중中 세 갈래 길로 중부 지방을 거쳐 서울까지 북상하고 다시 서북방 황해도와 평안도 그리고 동북방 함경도로 두 갈래 길로 나뉘어 이어졌다.

중로中路는 부산포에서 밀양密陽_대구大丘 : 大邱_상주尙州_문경聞慶_조령鳥嶺으로 소백산맥小白山脈을 넘어 충청도 충주忠州_경기도 용인龍仁_서울漢城로 이어지고, 좌로左路는 부산포에서 경주慶州_영천永川_안동安東_영주榮州_죽령竹嶺으로 소백산 맥을 넘어 충청도 단양丹陽_충주忠州_경기도 양평楊平_서울로 이어진다. 우로右路 는 김해金海_함안咸安_창녕昌寧_금산金山 : 金泉_추풍령秋風嶺으로 소백산맥을 넘어 충 청도 영동永同_청주淸州_경기도 죽산竹山_용인_서울로 이어졌다. 히데요시는 조선 의 해로와 강으로 이어지는 수로를 주목했다.

그 무렵, 조선의 육로는 발달되어 있지 못한 대신 해로와 수로가 발달되어 있 었다. 남해와 서해를 돌아 북상하면 조선의 어디든 강들을 타고 내륙과 연결되 어 있었다. 조선의 산야가 숲으로 우거져 강들은 수심이 깊고 수량이 풍부했다. 미곡 등 무겁고 부피가 큰 화물들은 육로보다 수로로 운반했다. 강과 바닷가에 조세창漕稅倉을 짓고 주변 일대의 세미稅米들을 지게나 달구지로 운반해 보관시 킨 뒤 배로 실어다 서울의 경창京倉에 옮겨 나라 재정에 썼다. 조선에서 육운陸運 보다 수운水運이 발달했던 까닭이다.

경상도 낙동강洛東江은 김해 칠성포七星浦에서 북쪽 멀리 상주까지 배가 거슬러 올랐고 의령宜寧 기강岐江 지점에서 남강南江으로 갈라져 서쪽으로 진주晉州까지 닿 았다. 전라도 영산강榮山江은 나주羅州까지, 만경강萬頃江은 전주全州까지, 전라도와 충청도 사이 금강錦江은 부여扶餘·공주公州까지, 경기도 한강漢江은 서울 마포麻 浦·용산龍山까지, 평안도 대동강大洞江·청천강淸川江은 평양平壤·안주安州까지 조 수가 드나들거나 강물이 많아 배가 다녔다.

히데요시는 주력 부대를 3로로 나누어 북진해 서울을 점령한 뒤 다시 2로로 나누어 평안도와 함경도로 진격시키는 한편 대규모 증원군사와 군수물자는 해로로 남해와 서해를 돌아 이들 강들을 타고 내륙에서 합류시키기로 했다. 수륙병진水陸竝進전략이었다. 군사전략으로는 탁월했으나 히데요시는 강력한 조선 수군의 존재와 조선 의병들의 봉기를 예측하지 못해 수륙병진에 실패하고 이 전쟁에서 패전하지 않을 수 없게 된다.

1591년 10월 10일, 조선에서 한창 전국의 성들을 수축하고 있을 때 일본에서는 가토 키요마사加藤淸正의 설계와 감독 아래 나고야 발진기지 공사가 착공됐다. 나고야성은 히데요시가 머무르게 되는 본성本城 외에 각 지방 영주들이 머무르는 160여 개의 크고 작은 성군城群으로 평소 10만여 명을 수용할 수 있는 사방 3km규모였다. 본성은 144,000㎡, 즉 43,000평 규모로 5층 높이의 화려한 천수각天守閣이 지어졌다. 이 거대한 석성군石城群은 놀랍게도 다음 해 1592년 2월 28일까지 5개월 만에 완공되었다. 연인원 307,985명이 동원되었고 여기서 조선으로 출정한 총 병력은 205,570명이었던 것으로 기록되고 있다. 모든 것, 특히 군사 수 등을 그냥 10만, 20만이나 수십만 등으로 대충 표현하는 조선과 달리 일본은 노역에 동원된 인원은 물론 출정 병력수도 한 사람 한 사람 철저히 세어 기록으로 전한다.

조선에서 성 수축을 중단시켜 버린 그해 12월, 나고야성에는 48만 명분의 1년치 군량과 말먹이 등 군수물자가 쌓였고 히데요시는 간빠쿠關白 자리를 조카 도요토미 히데츠쿠豊臣秀次에 넘겨주고 자신은 다이코太閤가 되어 전쟁 지도에 전념하기 시작했다. 히데요시는 전쟁 초기 1년 동안 여기서 머물며 직접 전쟁을 지도했고 지방 영주들은 전쟁이 끝날 때까지 7년간 머물렀다.

전쟁이 끝난 뒤 나고야성은 정권을 잡은 도쿠가와 이에야스가 조선과의 화해를 위해 철저히 파괴해 버렸다. 사가현佐賀縣이 1993년 역사 교육장으로 복원했다. 성터에는 2개의 비碑가 있다. 1개는 전쟁 뒤 월두月斗라는 시인이 쓴 반전 시비고 다른 하나는 일본의 대륙 침략이 다시 시작되던 1930년대 당시 러·일露日 전쟁의 영웅이며 살아있는 군신으로 추앙받던 도고헤이하치로東鄕平八郞가 쓴 나고야성지名護屋城址라는 사적비다. 히데요시의 '위업'을 기린 것이며 반전과 호전, 일본의 두 얼굴이다.

제2장

1차 전쟁 : 임진왜란

1. 침공군 16만
나고야에서 발진

조선은 일본의 최후통첩도 무시했다

마침내 전쟁의 해, 1592년선조 25년 임진壬辰년 새
해가 되었다. 일본에서는 이 해를 분로쿠文祿 원년元年이라 하고 명나라에서는 신
종神宗 : 萬曆 20년이었다.

1월 5일, 도요토미 히데요시가 전국 영주들에 출동 명령을 내렸다. 개전은 4
월 13일로 확정됐다. 침공군은 제1군으로부터 제16군까지 총 병력 286,000명이
었다. 이 가운데 제9군까지 158,700명이었고 제8군 10,000명은 쓰시마에, 제9군
11,500명은 이키도에 대기케 했다가 뒤따르게 했다. 조선에 먼저 투입되는 군사
는 제7군까지의 137,200명이었고 선봉은 제1군에서 제3군까지 52,500명이었다.
제10군에서 제 16군까지의 118,300명은 예비 병력으로 나고야에 대기하는 것으
로 계획됐다.

수군 병력은 9,000명이었다. 방대한 육군에 비해 수군 병력 규모가 지나치게
작았다. 그러나 실제 전투에서 문제가 되지는 않았다. 일본군은 육군과 수군의
구별이 확실치 않아 병사들이 배에 타면 수군이었고 육지에 오르면 육군이었
다. 수군은 전투보다 수송선단 역할이었다. 제9군까지의 침공군 편제는 다음과

같았다.

제1군	고니시 유키나가小西行長	18,700명
제2군	가토 키요마사加藤淸正	22,800명
제3군	구로다 나가마사黑田長政	11,000명
제4군	모리 요시나리毛利吉成	14,000명
제5군	후쿠시마 마사노리福島正則	25,000명
제6군	고바야카와 타카가게小早川隆景	15,700명
제7군	모리 테루모토毛利輝元	30,000명
제8군	우키다 히데이에宇喜多秀家	10,000명
제9군	하시바 히데카쓰羽柴秀勝	11,500명
		총 158,700명

총사령관은 제8군 사령관인 우키다 히데이에로 그때 나이 21세였다. 히데요시 정부의 아들로 군사 경험이 없는 청년이었으나 군사령관들이 그를 보좌하여 전쟁을 훌륭히 수행해 나갔다. 선봉장인 키요마사는 30세, 나가마사는 24세의 젊은 장군들이었다. 이들은 소년시절부터 히데요시를 따라다니며 전장에서 잔뼈가 굵은 역전의 명장들이었다.

각 군 지휘관들은 각 지방 영주들로 그가 지휘하는 군사들은 그 지방 출신들로 편성되어 있어 충성심과 단결력이 강했다. 만일 전선에서 도망이라도 간다면 곧바로 고향의 가족들에 피해가 미쳤다. 영주들도 마찬가지였다. 출동 전에 가족들을 오사카성大阪城에 거주시키기 때문에 배반할 수가 없었다. 히데요시의 인질이었던 것이다. 군량미 등 군수 물자를 영주들이 자기 영지에서 조달했으며 병력도 영주들 소출량에 따라 할당한 것이었다.

140명의 조선어 통역 및 안내 요원들이 부대별로 배치되었고 조선 지도가 복

제되어 배부되었다. 조선 지도는 각 도道를 6색으로 구분하여 공문서나 작전 명령 등에 사용했다.

경상도를 백국白國, 전라도를 적국赤國, 충청 · 경기도를 청국靑國, 강원 · 평안도는 황국黃國, 함경도를 흑국黑國, 황해도는 녹국綠國으로 표시했다.

전쟁 준비가 마무리되어 갈 무렵, 고니시 유키나가가 히데요시의 승낙을 받아 노리마쓰平調益를 조선에 보내 다시 한 번 최후통첩을 보냈다. 노리마쓰는 부산에 도착하여 배에 탄 채 부산진 첨사 정발鄭撥, 동래 부사 송상현宋象賢에 사람을 보내 대군이 나고야에 집결중이며 당초 3월 1일이 침공 개시일이었으나 4월로 연기했다는 사실을 그대로 통고했다. 명과 교섭하여 일본의 조공을 받을 수 있게 하든지, 명을 칠 수 있게 길을 빌리든지 하라는 통첩이었다. 송상현이 그대로 조정에 보고했으나 조정에서는 일체 응답이 없었다. 노리마쓰가 그대로 돌아가고 말았다.

조선 조정은 노리마쓰의 통첩을 부질없는 협박으로 결론지었으나 만일을 위해 신입과 이일 두 장수를 뽑아 신입은 경기 · 황해도, 이일은 충청 · 전라도 진영들을 순시하고 방비를 점검하게 했다. 이들은 한 달 동안 순시하고 돌아와 이상이 없다고 보고했다. 일본군 공격이 시작되기 13일 전인 4월 1일이었다.

일본군이 공격해 올 조짐은 부산포 왜관倭館에도 나타나고 있었다. 해마다 2월이면 조선 조정이 왜구들을 달래기 위해 주는 쌀 · 콩 등 세사미두歲賜米豆 200섬을 받기 위해 일본 배가 왔었다. 이를 '세견선歲遣船'이라 했다. 3월이 지났는데도 세견선이 나타나지 않았다. 평소 왜관에는 수십 명에서 수백 명까지의 일본인들이 북적거렸다. 슬금슬금 없어지더니 4월이 가까워지면서 한 사람도 남지 않고 사라져 버렸다.

3월 13일, 나고야를 출항한 선봉장 고니시 유키나가의 제1군 수송선단이 쓰시마 오우라항에 도착했고 가토 키요마사의 제2군에 이어 제3군, 제4군이 이키도를 거쳐 속속 도착했다. 면적 700여km²에 불과한 자그만 섬에 7만여 대군과

부산진 순절도. 임진대전쟁의 첫 전투가 벌어진 곳이다. 1709년 제작 ⓒ육군사관학교 박물관

드나드는 수송선단으로 넘쳐났다.

쓰시마는 역사의 섬이었다. 고대 백제·신라·고구려인들이 대륙의 문명을 실고 무리지어 건너와 일본으로 건너가 전했다. 일본인들 차지가 된 뒤에는 일본해적 왜구들의 소굴이 되었다. 그 때문에 여·원 연합군에 의해 두 차례, 고려에 의해 한 차례 그리고 조선 정벌군에 의해 두 차례 모두 다섯 차례나 소탕전이 벌어졌던 쓰시마였다. 대륙과 해양국 일본의 역사 교차로였던 쓰시마에 이번에는 사상 최초 최대 규모의 대륙 침공군이 넘치면서 살기로 가득 찼다.

3월 27일, 도요토미 히데요시가 교토京都에서 천황 고요조後陽成에 신고를 마친 뒤 3만 직할군을 거느리고 위용을 갖춰 전방 지휘소가 설치되어 있는 나고야로 향했다. 바로 이날, 조선에서는 조선국 불멸의 전쟁 영웅 전라 좌수사 이순신이 전설적인 전함으로 전해 내려오는 거북선을 타고 나가 함포사격 훈련을 실시했다. 대결을 앞둔 두 전쟁 영웅들의 운명적인 움직임이었다.

이순신은 전쟁이 나던 이해 1월 1일부터 쓰기 시작한 《난중일기亂中日記》 3월 27일자에 '소포召浦에 나가 거북선에서 대포 쏘는 것을 시험했다'고 적었다. 그는 왜구들에 잡혀 일본으로 갔다가 전쟁이 나기 3년 전에 돌아온 공태원孔太元, 김개동金介同, 이언세李彦世 등으로부터 일본에 대한 상세한 정보를 수집하고 전쟁이 난다는 확신 아래 밤낮없이 일선을 순찰하며 방책을 서둘렀다. 전함과 무기들을 점검하고 정비를 소홀히 한 병사는 곤장으로 엄히 다스려 군기를 바로 잡아 나갔다. 틈만 나면 병서를 연구하고 거의 매일이나 다름없이 활쏘기로 자신은 물론 군사들을 조련했다.

전쟁이 나기 전, 거북선 2척이 진수되어 있었던 것으로 보이며 그 뒤 1척을 더 건조했으나 판옥선은 계속해서 건조하면서도 거북선은 더 이상 건조했다는 기록이 없다. 전쟁이 나기 하루 전, 4월 12일 일기에도 '거북선에서 지자포, 현자포를 쏘았다'고 기록했다. 국가의 존망이 달린 대규모 전쟁 발발 전야의 숨가쁜 하루하루가 아닐 수 없었다.

2. 조선왕조 사상 가장 길었던 날

조·일 7년 전쟁 막이 오르다

4월 13일, 양력 5월 23일. 조선왕조 사상 가장 긴 날의 아침이 밝았다. 조용한 아침의 나라, 조선의 산야에는 언제나 다름없이 아침 햇살이 눈부시게 쏟아지기 시작했다.

부산진釜山鎭 수군첨절제사 정발鄭撥이 아무래도 일본군이 쳐들어올 것 같아 이날 전함 3척에 군사를 나눠 태우고 나가 해상훈련을 할 계획으로 아침부터 부산하게 움직이고 있었을 뿐, 조선은 전쟁 따위와는 아무 상관도 없는 듯 한가롭고 평화로운 아침을 맞고 있었다.

부산으로부터 하루 뱃길의 일본 쓰시마 오우라항. 아침 8시쯤, 고니시 유키나가의 조선 침공군 선봉 제1군 18,700명의 제1진을 태운 700여 척의 수송선단이 항구를 빠져 나와 진용을 갖추면서 조선을 향했다. 날씨도 청명했고 바람도 순조로웠다.

3층 누선樓船 기함旗艦의 다락에 높이 앉아 선단의 항진을 지휘하고 있던 침공군 선봉장 고니시 유키나가小西行長. 유키나가는 그 무렵, 해외무역으로 번창하던 사카이堺의 거상 고니시 류우사小西隆佐의 아들이다. 류우사는 조선에서 인삼과

봉밀蜂蜜 그리고 명나라에서 화장품 원료를 수입하여 돈을 벌었다. 히데요시를 재정적으로 도와 그의 아들 유키나가를 그의 1급 심복 장군으로 키워 다이묘로 만들었다. 포르투갈 선교사와 자주 접촉하게 되어 일찍이 천주교 신자가 되었으며 고니시가家의 이런 가정환경에서 자란 유키나가는 조선과 명나라에 대한 이해가 높았다. 일본군 장수들 가운데 가장 합리적이었고 국제 감각도 뛰어났다. 종교의 영향 탓이었는지 평생을 전장에서 보냈으면서도 인명을 존중하는 그런 군인이었고 평화주의자였다.

그는 히데요시의 조선 침공 의도를 간파하고 문명국 조선 침공은 무모한 침략전쟁으로 조선은 물론 일본에도 불행한 결과를 가져올 것으로 판단했다. 여러 가지로 평화 노력을 기울였으며 조선에 상륙한 뒤에도 끊임없는 강화 노력을 계속한다. 이 전쟁 뒤 히데요시와의 의리를 지켜 도쿠가와 이에야스德川家康에 맞서 싸우다가 세키가하라關原 전투에서 패배하고 참살을 당한다. 일본인들은 그를 비운의 장군이라 부른다.

그동안의 평화 노력이 모두 수포로 돌아가고 침공군 선봉장이 되어 바다를 건너고 있는 유키나가의 가슴에 만감이 교차하고 있었으리라. 전쟁이 터지면 조선의 국토가 폐허로 변할 것은 물론이지만 침략 전쟁을 뒷바라지해야 할 일본, 특히 그의 고향인 사카이를 비롯한 규슈 일대와 전진기지가 된 쓰시마도 황폐해질 것이다. 무고한 백성들이 죽고 다치게 된다.

이날 오후 5시쯤, 침공군 선단이 부산 앞바다를 온통 뒤덮으며 그 모습을 드러냈다. 그로부터 7년 뒤 1598년 무술戊戌년 11월 19일, "원수들을 한 놈도 살려보내지 말라"며 최후 결전을 편 조선 수군 이순신 함대의 맹렬한 추격을 받으며 패주하는 일본 침공군 선단의 꼬리가 수평선 너머로 모습을 감출 때까지 조선과 일본 그리고 명나라 3국의 동양 천지를 뒤흔든 조선과 일본 사이의 7년 전쟁이 마침내 그 막이 올랐다.

이날, 예정대로 절영도絶影島 : 影島 앞바다에 나가 해상 훈련을 마치고 섬에 올

1709년 제작되어 1760년(영조 36)에 개작된 동래부순절도, 보물 제391호 ⓒ육군사관학교 박물관

라 군사들과 함께 사냥을 하고 있던 정발이 까맣게 몰려오는 침공군 대선단을 발견했다. 즉시 성으로 돌아와 전투 준비를 서두르는 한편 직속상관인 경상좌수사 박홍朴泓에, 박홍은 동래부사 송상현에 보고했다.

이날, 바다에 정박한 채 쓰시마의 노리마쓰가 몇 사람의 정찰병을 거느리고 상륙하여 부산진성을 살피고 돌아갔다. 침공군은 바다에서 밤을 보냈다. 그간 여러 차례 경고를 보내왔고 얼마 전에는 최후통첩까지 보내왔다. 조선 수군은 마땅히 경계태세에 있었어야 했고 침공군을 바다에서 요격했어야 했다.

그런데 침공군 대규모 선단이 하루 낮을 항진해 오는 동안 그리고 부산 앞바다에서 제집 앞마당인 양 밤을 보내고 있는 동안 조선 수군은 어디서 무엇을 하고 있었던 것일까? 좌의정 유성룡柳成龍은 전쟁이 끝난 뒤 후세에 교훈을 남기고자 지은 《징비록懲毖錄》에 이렇게 기록하고 있다.

> '일본군 선단이 바다를 뒤덮으며 항진해 오자 경상우수사 원균元均이 그 형세가 매우 큰 데 놀라서 감히 출전하지 못하고 전선 100여 척과 화포 군기 등을 바다에 버렸다. 그리고 수하 비장裨將 이영남李英男, 이운룡李雲龍 등과 함께 4척의 배에 타고 곤양昆陽 바다 어귀에 상륙해 적을 피하려 했다. 그리하여 그가 거느린 수군 1만여 명이 모두 무너지고 말았다.'

이때 원균이 잃은 전선이 73척이었다. 개전 직후 이순신이 조정에 보낸 장계狀啓: 壬辰狀草를 면밀히 분석한 최석남崔碩男은 《구국의 명장 이순신》에서 우수영 전선은 판옥선 44척, 협선 29척으로 모두 73척이었다. 원균이 판옥선 40척, 협선 27척 총 67척을 스스로 파괴하고 판옥선 4척, 협선 2척 모두 6척만을 거느리고 전장을 이탈했다. 이로 인해 무너진 우수영 수군병력이 12,000여 명이라 추산했다.

우수영은 거제도 오포烏浦(경남 거제군 동부면 오포리)에 있어 부산포로 침공한 일본군의 즉각적인 공격 위협으로부터 우선은 안전했다. 그런데도 원균이 전함과 무기들을 바다에 버리고 관고를 불태운 뒤 전함 6척만을 이끌고 곤양 땅 사천泗川으로 탈출했다.

박홍 좌수영의 규모나 이날의 동향을 전하는 기록은 어디에서고 찾아볼 수가 없다. 다만 전쟁 100여 년 전의 경국대전에 좌수영 103척, 우수영 163척의 병선이 법제상 배정돼 있는 것으로 보아 좌수영에도 50척 가까운 전선과 8,000여 명의 수군 병력이 있었을 것으로 추정해 볼 수가 있다. 개전 첫날, 부산진 첨사 정발이 동래의 경상좌수사 박홍에 날려가 부산 잎바다에 정박 중인 일본군 선단에 야습의 감행을 주장했던 사실에 비추어 상당한 전력을 갖고 있었으나 우수영과 마찬가지로 자멸하지 않았을까 추정될 따름이다.

침공군이 내일의 결전을 앞두고 부산 앞바다에서 휴식하고 있는 동안 이를 요격했어야 할 경상도 좌우수영의 조선 수군은 원균이 타고 달아난 판옥선 4척, 협선 2척 외에 스스로 자멸해 버리고 말았던 것이다. 경상좌수영이 있었던 동래는 이 전쟁 전 기간 동안 일본군 점령 아래 있었고 원균의 우수영 수군의 활동 사실은 전하고 있는 데 비해 좌수영 수군의 활동 사실은 전혀 전하지 않는 것으로 보아 끝내 재건되지도 못했던 것 같다.

경상도 수군 자멸, 육군 결사항전

13일 밤, 부산진성은 폭풍전야의 무거운 적막이 감돌았다. 좌수사 박홍을 만나 야습을 주장해 보았으나 그가 듣지 않아 할 수 없이 성으로 되돌아온 첨사 정발은 긴장된 하룻밤을 뜬눈으로 지새웠다.

14일 아침 6시쯤, 짙게 내려깔린 아침 안개 사이로 일본군 병사들이 개미떼처럼 몰려오는 게 보였다. 곧이어 서문 쪽 높은 산에서 조총 소리가 콩 볶듯 터져 나왔다. 총탄이 비 오듯 쏟아지고 나면 뒤따라 화살이 무더기로 날아들었다. 총수가 총을 쏜 뒤 화약을 재는 동안 궁수들이 교대해 활을 쏘는 식으로 공격을 퍼부었다. 조선과 일본의 7년 전쟁 첫날 전투는 이렇게 시작됐다. 이날의 부산진성 전투에 대한 일본 측 기록에 '성 주위 해자垓字에 사람 키 깊이로 물이 가득차 있었고 주변에 끝이 뾰족한 쇠 가시질려(蒺藜)가 뿌려져 있었다. 해자 위에 판자를 걸쳐 군사들이 찔리지 않도록 했다'고 해 부산진성이 방어준비에 철저했던 것으로 보인다.

난생 처음 듣는 총소리에 조선군 병사들이 혼비백산했으나 정발의 독려로 점차 냉정을 되찾으면서 용감히 싸웠다. 4시간의 사투가 벌어진 끝에 마침내 성의 북쪽이 무너지면서 일본군이 봇물 터지듯 성안으로 쏟아져 들어왔다. 10시쯤이었다. 정발이 총탄을 맞아 죽었고 조선군 병사들이 전멸했다. 3,000여 명이 몰살된 것으로 전한다. 곧이어 일본군 병사들이 미친 듯 성안을 뒤지며 300여 채의 건물에 불을 질러 불길이 하늘로 치솟아 오르고 남녀를 가리지 않고 살해하거나 포로로 잡아갔다.

동래 좌수영 박홍 수사가 모든 전함을 바다에 가라앉히고 군량 창고에 불을 지른 뒤 수영을 버리고 퇴각하다가 멀리 부산진성에서 불길이 치솟는 것을 보고 이날 아침 조정에 장계를 띄웠다.

'부산진성이 함락됐다.'

박홍은 언양彦陽을 거쳐 경주慶州로 퇴각했다. 부산진성을 유린한 일본군이 곧바로 서생포西生浦 : 東萊 沙下 舊平里와 다대포진多大浦鎭 : 東萊 沙下 多大里으로 달려들었다. 다대포 첨사 윤흥신尹興信과 두 진영 군사들이 최후까지 결사전을 벌인 끝에 모두가 장렬한 최후를 마쳤다.

'싸워 죽기는 쉬워도'

15일 아침 6시, 고니시 유키나가의 제1군 주력이 부산진을 떠나 동래東萊로 향했다. 동래성은 돌로 축조되어 높고 견고했다. 8시 무렵에 도착하여 10시 무렵까지 성을 에워싼 뒤 패목牌木에 글을 써서 성 안에서 보일 수 있게 했다.

'싸우겠다면 싸울 것이로되 싸우지 않으려면 길을 빌려라戰則戰矣 不戰則假道.'

송상현이 단호했다.

'싸워 죽기는 쉬워도 길을 빌리기는 어렵다戰死易 假道難.'

저녁 무렵에 일본군의 총공격이 시작되고 저설한 공방전 끝에 2시간 만에 성이 무너졌다. 아비규환의 살육이 벌어지는 가운데 송상현이 전복戰服 위에 조복朝服(임금을 알현할 때 관리들이 입는 관복)과 조모朝帽를 단정하게 입은 뒤 임금이 있는 북쪽에 두 번 절하고 고향의 부모에 보내는 시 한 수를 부채에 써 남겼다.

고립된 성을 적군이 달무리처럼 에워싸孤城月暈
진을 구할 길이 없사옵니다大鎭不救
군신 간의 의가 중하여 여기서 죽게 되니君臣義重
부모님 은혜 소홀히 하는 불효를 용서하소서父子恩輕

두 달 전, 사신으로 와 송상현의 인품을 알았던 노리마쓰가 그를 알아보고 몸을 피하라 했으나 그는 오히려 그를 꾸짖었다.

"우리가 너희에게 잘못한 게 없는데 너희가 이같이 하는 것은 도리에 어긋난다."

죽고 죽이는 전장에서 도의가 통할 리가 없었다. 일본군 칼날에 최후를 마쳤다. 응원 차 달려와 끝까지 함께 싸운 양산梁山군수 조영규趙英珪도 전사했다.

일본 측 기록은 '조선인들은 용감한 전사이며 국왕에 대한 충성심이 대단해 거의 전원이 전사할 때까지 싸웠고 포로가 된 사람은 소수였다'고 전하고 있다. 조선에 사신으로 온 바 있었고 이때 종군승從軍僧으로 따라온 덴게이天荊가 남긴 서정기西征記에 이날 동래성의 참상이 이렇게 적혀있다.

'목을 벤 게 3천여 명, 포로가 5백여 명.'

송상현의 의연한 죽음에 감복한 일본군이 그와 함께 죽은 처 김섬金蟾의 시체를 성밖 북쪽 산의 밤나무 숲에 함께 묻어 주고 묘표墓標를 세워주었다.

'조선의 충신 송상현이 여기 묻혀 있노라朝鮮忠臣宋公象賢之墓.'

그의 소실 이양녀李良女가 사로잡혀 포로들과 함께 일본까지 끌려갔다. 일본군은 그녀를 선물로 히데요시에 보냈으나 끌려가면서도 심하게 저항했고 히데요시 앞에서도 통곡을 그치지 않아 뒷날 강화회담 때 송환해 보냈다고 전해진다.

울산군수 이언함李彦諴이 같이 싸우다가 포로가 되었는데 유키나가가 그에게 편지를 주어 석방했다. 공조판서工曹判書 이덕형李德馨을 만나자는 내용이었다. 이언함이 석방된 뒤 잡혔던 일이 탄로 날까 두려워 편지를 찢고 사실을 숨겼으나 뒷날 유키나가의 두 번째 편지로 들통이 났다.

진주에 본영을 둔 경상도 우右병영의 우병사兵使는 조대곤曺大坤이었다. 경상우도右道 육군사령관인 그가 늙고 병들었다 해서 조정이 전쟁 직전에 불침론의 김성일로 교체했다. 부임길에 전쟁이 터지자 그가 조정에 장계를 띄웠다.

'적선은 400척에 불과하고 군사 수십 명씩을 태웠으니 모두 1만 명을 넘지 못한다.'

별거 아니라는 보고였다.

일본군의 공격이 시작될 때 김수는 경상우右도 육군사령부인 진주晉州 우병영에서 일본군 침공 보고를 받았다. 즉시 동래로 달려갔으나 성이 함락된 뒤였다. 진주로 돌아와 조정에 사태를 보고하는 장계를 띄우는 한편 원균에 출전 명령을 내렸다. 각 고을에도 통첩을 보내 수령들에 제승방략에 따라 예정된 집결지에서 군사들을 이동시켜 대기하도록 했다. 인접 지역 수령들과 군 사령관들에도 일본군 침공 사실을 통첩하고 19일에는 전라좌수사 이순신에 응원 출동을 요청했다. 김수는 진주에서 밀양_영산靈山_초계草溪_거창居昌으로 이동하면서 방어태세를 점검했다. 밀양에서는 하루만 늦었더라도 포로가 될 뻔했다.

울산에 본영을 둔 경상도 좌左병영의 좌병사는 이각李珏이었다. 경상좌도左道 육군사령관인 그는 일본군 침공 소식을 듣고 군수 이언함과 함께 군사를 거느리고 14일 동래성에 들어갔다. 부산진이 떨어지고 동래성이 위협을 받게 되자 같이 싸우자는 송상현의 간청을 뿌리치고 이언함을 남겨 둔 채 성밖에서 응원하겠다는 핑계를 대고 빠져 나와 소산역蘇山驛에 진을 쳤다. 여기서 밀양密陽 부사 박진朴晉을 만나 적과 싸우기로 하고 박진 군사 500명을 제1선에 배치하고 자신은 제2선에 물러나 있다가 일본군이 나타나 싸움이 붙자 그대로 후퇴해 버렸다. 박진 군사만 일격을 맞고 밀양으로 되돌아갔다. 언양彦陽에서 역시 좌수영을 버리고 후퇴한 박홍을 만났으나 그대로 헤어져 울산으로 돌아가 우선 가족들을 피난시켰다.

울산 병영에는 제승방략에 따라 안동安東 판관判官 윤안성尹安性과 관내 13개 읍의 군사들이 모여 있었다. 윤 판관이 싸우자고 했으나 이각이 탈영해 버려 군사들이 모두 흩어져 버렸다. 이각은 그 뒤 조선군 총사령관인 도원수都元帥 김명원金命元에 붙잡혀 처형됐다.

'왜군 쳐들어왔다' 봉화 대신 파발마

수군이 자멸해 버리는 바람에 침공군이 무혈 상륙했고 부산 일대 육군의 결사적인 수성전守城戰에도 불구하고 이들이 차례로 무너지고 있던 사흘간 아무것도 모르고 있던 조정에 17일 아침에야 박홍의 장계가 날아들었다. 조정이 당황했고 크게 어수선해졌다. 뒤이어 김성일의 장계가 도착했다. '그러면 그렇지.' 조정이 안도했다. 뒤따라 김수의 장계가 날아들었다. 상황이 그게 아니었다. 그때서야 사태가 심상치 않음을 깨닫기 시작했다.

그 무렵, 조선의 긴급 통신에는 두 가지가 있었다. 하나는 횟불 신호, 즉 봉화烽火다. 전국 높은 산봉우리에 봉수대烽燧臺를 쌓고 5개 연결망으로 이었는데 봉수대마다 2명씩의 오장伍將이란 군사가 배치되어 있었다. 변방에 외적이 쳐들어오면 봉화를 올려 조정에 알리는 방식이었다. 낮에는 연기, 밤에는 불빛이었다. 경상도 쪽에는 동래 다대포 뒷산이 시점始點이었고 서울 남산南山까지 20개의 봉수대로 연결되어 있었다. 일본군이 부산 앞바다에 나타난 13일 중으로 봉화가 올라 제대로 연결되었으면 14일 아침에 조정에 보고가 되었어야 했다. 어쩐 사연인지 봉화는 타오르지 않았고 신호는 연결되지 않았다.

다른 하나는 역체驛遞제도로 파발마罷撥馬로 뛰는 방식이었다. 전국 주요 도로변 538개 지점에 역驛을 두고 역마驛馬들을 배치해 평소에도 장계 등 공문서나 관물官物들을 날랐으며 관리들이 오고갈 때 말을 빌려주기도 했다. 경상도 전역 150개 역에 역마만 500필이 있었고 이졸吏卒이 21,483명이었다. 역마를 파발마, 이졸을 파발꾼이라 했다. 박홍의 장계가 파발꾼들에 의해 사흘 만에 조정에 전달된 것이었다.

사태가 심각해지자 조정에서는 뒤늦게 김성일의 불침 주장이 문제가 됐다. 당연한 일이었다. 선조가 의금부義禁府 도사都事를 보내 잡아오도록 하고 경상도 우병사에 함안咸安군수 유숭인柳崇仁을 임명했다. 김성일이 체포되어 서울로 압송도중 충청도 직산稷山에 이르렀는데 상황이 바뀌었다. 죄는 사면되고 경상우도 초유사招諭使로 발령되어 다시 경상도에 가서 민심을 수습하고 군사를 모집하여 적을 막으라는 임무가 주어졌다. 당시 조정은 동인 지배 아래 있었다. 동인인 영의정 이산해李山海와 유성룡이 선조를 설득하여 그를 살려냈던 것이다.

조정이 비로소 사태가 중대하다고 판단하고 바쁘게 움직이기 시작했다. 선조와 조정 중신들이 모여 대책을 논의했다. 영의정 이산해, 좌의정 유성룡, 우의정 이양원李陽元이었다. 유성룡이 이조판서를 겸했고 병조판서에 홍여순洪汝諄이 있었으나 군사를 모른다 해서 호조판서로 돌리고 한성판윤漢城判尹 김응남金應南을 임명했다. 유성룡을 도체찰사都體察使, 김응남을 부副체찰사로 하여 전쟁을 지휘하게 했다.

천험의 소백산맥 관문 지키지 않아

조정은 빠른 속도로 북진해 오는 일본군의 진격을 도중에서 저지해야 했다. 부산포에 상륙한 일본군은 세 갈레 길로 서울로 진공해 올 수 있었다.

하나는 경상도 부산_밀양密陽_대구大邱_상주尙州_문경聞慶_조령鳥嶺_충청도 충주忠州_경기도 용인龍仁_서울로 이어지는 중로中路로 가장 큰 길이고, 동쪽으로 부산_경주慶州_영천永川_안동安東_영주榮州_죽령竹嶺_충청도 단양丹陽_충주_경기도 양평楊平_서울로 이어지는 좌로左路와 서쪽으로 부산_김해金海_함안咸安_창녕昌寧_금산金山 : 金泉_추풍령秋風嶺_충청도 영동永東_청주淸州_경기도 죽산竹山_용인_서울로 이어지는 우로右路가 있었다.

조정이 북방 니탕개 토벌의 영웅 이일李鎰을 순변사巡邊使로 임명하여 중로를 타고 오는 적을, 전 전라병사 성응길成應吉을 좌左방어사防禦使로 임명하여 좌로를 타고 오는 적을, 그리고 전 강계부사江界府使 조경趙儆을 우방어사로 하여 우로를 타고 오는 적군을 막도록 했다.

조정은 다시 이일과 함께 니탕개 토벌의 영웅이었고 함경도 평안도 병마절도사를 지낸 신입申砬을 도순변사都巡邊使로 임명하여 충주忠州를 지키게 했다. 충주는 좌로와 중로가 만나는 전략적 요충으로 만일 적이 소백산맥을 넘으면 여기서 일본군을 막아 북상을 저지하겠다는 작전이었다.

일본군이 이들 3로를 통한 북진에는 도중에 천험의 소백산맥小白山脈이 가로막고 있었다. 소백산맥은 한반도 등뼈를 이룬 태백산맥太白山脈이 동해안을 타고 내려오다가 강원도와 경상도 접경지점에서 하늘로 치솟아 오른 태백산太白山(해발 1,567m)에서 방향을 틀어 한반도 서남쪽으로 힘차게 달려 나간 큰 산줄기다. 해발 1,500m가 넘는 영봉들만도 소백산小白山(1,439m), 덕유산德裕山(1,614m), 지리산智異山(1,915m) 등을 비롯해 산줄기 대부분이 1,000m를 넘나드는 험산준령으로 경상도에서는 소백산맥을 넘어야 충청도와 전라도를 거쳐 서울로 갈 수가 있었다.

군대 이동은 사람만 이동하는 것이 아니다. 무기와 식량, 화약과 화살 등 전

투용품에 군막과 취사
용구 그리고 군복 등
일상용품에 이르기까
지 대규모 군수물자를
운반하는 수송대가 함
께 움직여야 한다. 사
람이나 우마가 짊어지
기도 하지만 큰 짐은
수많은 수레로 운반해
야 한다.

소백산맥은 침공군
에는 천험의 장벽이
되고 방어군에는 천혜
의 방벽이 된다. 그러
나 아무리 험산준령이
라 해도 산과 산 사이
에 푹 꺼진 낮은 곳이
있기 마련이다. 사람
들은 그런 곳에 고갯

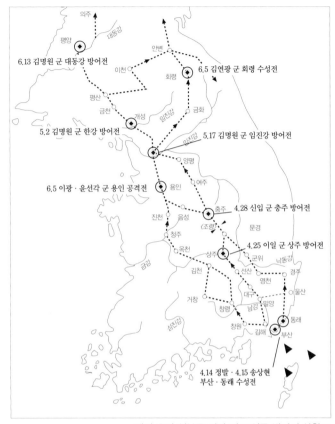

개전 초기 일본군 진격 및 조선군 방어전 상황도

길嶺을 만들어 넘나들게 된다. 자연스럽게 그런 곳은 군사적으로 요새가 된다.
적을 막기 쉽기 때문이다. 그런 곳에 관문關門을 설치하고 군사를 배치하여 평소
에는 백성들의 이동을 통제하고 전시에는 적을 막는다.

소백산맥에는 고갯길 관문이 3군데 있었다. 중로의 조령, 좌로의 죽령, 우로
의 추풍령이다.

중로의 조령鳥嶺(642m)은 일명 '문경새鳥재' 라 부르며 주흘산主屹山(1,075m)과 백

화산白華山(1,063m) 사이에서 경상도 문경과 충청도 괴산槐山·충주를 이어준다. 좌로의 죽령竹嶺(689m)은 소백산과 두솔산兜率山(1,317m) 사이에서 경상도 영주와 충청도 단양을 이어주며, 우로의 추풍령秋風嶺(217m)은 또 하나의 백화산903m과 황학산黃鶴山(1,111m) 사이에서 경상도 금산과 충청도 옥천沃川을 이어준다.

조선은 당연히 이들 고갯길 관문 요새에 군사력을 집중 배치해 북진하는 일본군 저지작전을 폈어야 했다. 조정에서 논의가 있었으나 무용론이 우세해 중로의 조령에 변기邊璣를, 좌로의 죽령에 유극량劉克良을 각각 조방장助防長으로 하여 소수 군사를 배치한 데 그쳤다. 이일, 성응길, 조경 등 장수들도 이곳을 지키지 않았다.

뒷날 조령을 지나던 명나라 원군 총사령관 이여송李如松이 이곳의 천험을 살펴보고 크게 탄식했다.

조령이 우뚝 높이 백리를 뻗어鳥嶺嵯峨百里長
분명 하늘이 한나라를 지키려 했도다分明天作護韓邦
이렇듯 험한 요새 갖고도 알지 못해 지키지 않았으니有險如此而不知守
신총병도 가위 무모하고나申惣兵可謂無謀矣

중로 방어 명령을 받은 이일은 북상하는 일본군을 조령 이남의 상주尙州에서 요격하기로 했다. 상주는 진관제 아래의 주진이 설치됐던 경상도 지방의 요충지이다. 제승방략에 따라 주변 읍성 수령들이 군사들을 집결시켜놓고 조정에서 임명되어오는 지휘관을 기다리게 되어 있었다.

이일이 상주로 출발하기 전, 정병正兵 300명 정도를 거느리고 가려했으나 3일을 뒤져도 병력이 없었다. 병조兵曹에서 급히 군사를 모아왔는데 책을 옆구리에 낀 유생들이나 평정건平頂巾을 쓴 서리胥吏들이었다. 이들은 병역 면제자들이었고 전쟁터에는 쓸모없는 건달들이었다. 별장別將 유옥兪沃으로 하여금 따로 군사

조령관(문경새재)

를 모집하여 뒤따라오도록 하고 사령관 이일 혼자서 떠났다.

　충주 방어 명령을 받은 신입도 전 의주義州 목사 김여물金汝物을 종사관從事官으로 임명해 군사 80여 명을 인솔하고 현지로 출발했다.

일본군 3로로 나눠 쾌속의 북진

　고니시 유키나가의 제1군에 이어 18일에는 가토 키요마사의 제2군, 19일에는 구로다 나가마사의 제3군이 부산과 김해로 쏟아져 들어왔다. 침공군 선봉 총

52,500명이란 대군이 6일 만에 상륙을 완료했다. 하루 1만 명 꼴이었다. 놀라운 기동력이 아닐 수 없었다.

대군의 상륙이란 단순히 병사들만이 아니라 무기와 식량, 기본적인 야영장비 등 막대한 양의 군수물자 양륙揚陸이 뒤따르는 일이었다. 치밀한 사전 계획과 기동훈련이 없었다면 불가능에 가까운 상륙이었다.

히데요시는 규슈 정벌 때 이미 조선 침공을 예상하고 20만 명 규모의 기동훈련을 실시한 적이 있었다. 19일에는 제4, 5, 6, 7군의 선두도 부산에 상륙했다. 후속 부대가 꼬리를 물었다. 부산과 쓰시마 오우라항 사이의 현해탄은 오가는 일본군 수송선단으로 뒤덮였다. 일본군은 상륙과 동시에 조선 조정이 예상했던 대로 좌로 우로와 중로로 나눠 숨도 돌리지 않고 거침없이 북진 길에 올랐다.

제1군이 부산진성과 동래성을 떨어뜨린 뒤 선봉이 양산을 지나 17일 울산에 돌입했다. 양산 군수 조영규는 2일 전 동래성에서 전사했고 울산의 좌병사 이각은 탈영을 하고 없었다. 백성들만 우왕좌왕하다 일본군 칼날에 무참히 죽어나갔다. 18일, 방향을 돌려 밀양으로 전진하다가 40리쯤 남겨둔 협곡 작원관鵲院關에서 용감한 조선 군관 이대수李大樹와 김효우金孝友가 거느리는 소규모 조선군 부대의 저항에 부딪쳤다. 가볍게 물리치고 다음 날 19일 밀양으로 들이닥쳤다.

순찰사 김수가 이곳에 있었다가 하루 전에 빠져 나갔고 부사 박진도 뒤따라 무기와 식량 창고에 불을 지르고 성을 이탈한 뒤였다. 미처 피난하지 못하고 아우성치던 백성들 300여 명을 죽였다. 청도淸道를 지나 대구를 친 제1군 선봉이 23일 인동仁同에 나타났고 낙동강을 건너 24일 선산善山을 지났으며 25일에는 상주 외곽까지 진출했다.

제2군 선봉은 19일 언양彦陽을 지나 21일 유서 깊은 신라 천년의 고도 경주로 쳐들어갔다. 경주에는 부윤府尹 윤인함尹仁涵이 유약한 유생이라 해서 변응성邊應星으로 교체했으나 미처 부임도 못하고 있었다. 전임 윤부윤은 관내 수령들을 부르러 간다며 성을 빠져나가 돌아오지 않았다. 판관 박의장朴毅長, 현감 이수일

李守一이 병사들과 부근 농민 수천 명을 모아두고 있었으나 일본군이 나타나자 화살 한 대 쏘지 못하고 흩어져 버렸다.

22일에는 영천永川으로 달려들었다. 군수 김윤국金潤國은 김수의 명령으로 경주 집경전集慶殿에 달려가 수용晬容(태조 이성계의 영정)만을 안고 산 속으로 들어가 버린 뒤였다. 신녕新寧 군위軍威 용궁龍宮을 짓밟으며 북상했다. 안동安東 부사 정희적鄭熙績이 성을 비우고 달아나 버렸고 서울에서 죽령을 지키도록 급파된 좌방어사 성응길, 조방장 박종남朴宗男, 부임길의 신임 경주 부윤 변응성, 예천醴川 군수 변안우邊安祐 등이 '임금을 모셔야 한다'며 모두 북쪽으로 뛰었다.

제3군 선봉은 19일 김해 남쪽 가락駕洛의 낙동강 하구 죽도竹島에 상륙한 즉시 그날로 김해성을 에워싸고 공격을 퍼부었다. 응원 차 달려온 초계草溪 군수 이유겸李惟謙이 하루를 버티다가 20일 밤 순찰한다면서 성을 빠져나가 돌아오지 않자 부사 서예원이 그를 잡으러 나간다면서 빠져나간 뒤 성이 함락됐다. 남아있던 병사들과 백성들이 도륙을 당했다. 21일에는 창원昌原으로 뛰어들었다. 군수 장의국張義國은 미리 피했다. 영산靈山, 창녕昌寧, 현풍玄風 등 낙동강 서쪽을 휩쓸고 27일에는 성주星州를 유린했다. 의령宜寧 현감 오응창吳應昌, 창녕 현감 이철용李哲容, 현풍 군수 유덕신柳德新이 적이 나타나기도 전에 저항을 포기하고 성을 비웠다. 일본군 침공 10여 일 만에 경상도 남쪽 지역 주요 읍성들이 적의 점령 아래 들어갔다.

일본군 요격 조선군 상주 충주에서 궤멸

중로로 진격해 오는 일본군 저지 임무를 맡고 군관 몇 사람만 거느리고 서울을 떠난 순변사 이일이 그대로 조령을 넘어 경상도 문경에 들어갔으나 성이 텅비어 있었다. 23일 상주에 들어가 보니 목사 김해金懈가 순변사를 맞으러 간다며 사라진 뒤 군사들까지 흩어져 판관 권길權吉만이 남아 있었다. 권길이 군사훈련이라고는 받아본 일이 없는 농민 800여 명을 모아 왔다.

24일, 유키나가의 제1군 선봉이 상주 남쪽 20리 지점 장천長川까지 와서 진을 쳤다. 개령開寧에 사는 백성 한 사람이 달려와 이 사실을 알렸다. 이일은 믿지 않고 그를 옥에 가뒀다가 다음 날 25일 아침 민심을 어지럽혔다 해서 백성의 목을 벤 뒤 모아 둔 백성들을 북천北川으로 데리고 나가 군사훈련을 시작했다. 전장에서 부대 주변에 초병을 배치하여 적병의 접근을 먼저 탐지하며 부대가 이동할 때 척후병을 앞세워 적을 정찰하는 것은 군사행동의 초보적인 상식이다. 그런데도 이일은 초병 한사람 세우지 않았고 척후병을 내보내 부대 주변을 살피지도 않았다.

이일 오합지졸 방어군 풍비박산

일본군 쪽에서 척후병이 나타나 이쪽의 동정을 살피고 간 뒤 곧이어 공격이 시작됐다. 오합지졸이나 다름없었던 이일 군사들이 순식간에 박살이 났다.

이 전투 뒤 유키나가가 히데요시에 보낸 편지에 '상주에 포진한 조선군 병사가 대략 2만 명으로 고위 지휘관으로 귀족 3명이 있었으며 이들을 공격해 별다른 어려움 없이 단시간 내에 총대장을 비롯해 1,000여 명을 무찌르고 많은 포로를 잡았다'고 보고했다.

총대장은 이일을 지칭한 듯하나 이일은 살아서 문경으로 내달아 조정에 패전 장계를 올리고 조령을 넘어 충주로 달렸다. 충주에는 뒤따라온 신입이 있었다.

유키나가는 이 전투에서 일본말을 하는 조선군 왜학통사倭學通事(통역관) 경응순景應舜을 포로로 잡아 '조선이 강화할 뜻이 있으면 공조판서 이덕형李德馨을 충주에서 만나게 하라'는 편지를 주어 돌려보냈다.

유키나가는 이덕형이 선위사宣慰使로 일본 사신들을 만난 바 있어 그를 알고 있었으며 그와 강화문제를 협의할 생각이었다. 그러나 이덕형이 경응순과 함께 오다가 충주가 일본군에 함락된 것을 알고 돌아가 버려 만나지 못했다. 경응순만이 충주까지 왔다가 가토 키요마사에 잡혀 처형당했다. 유키나가의 두 번째 편지로 울산 군수 이언함이 동래성에서 포로가 됐다가 편지를 찢어버린 일이 들통났다.

26일, 일본군 선봉이 문경을 공격했다. 성은 비어 있었고 백성 한 사람 눈에 띄지 않았다. 안심하고 성안을 수색하던 일본군이 관아 앞을 지나는데 갑자기 화살이 쏟아져 일본군 몇 사람이 쓰러졌다. 현감 신길원申吉元이 20여 명의 결사대와 함께 숨어 있다가 기습을 한 것이었다. 신길원이 잡혔고 항복하지 않아 참살을 당했다.

경상도 순찰사 김수는 앞서 모든 고을 수령들에 제승방략에 따른 집결지에 휘하 군사들을 인솔하고 집결하도록 통첩을 내렸다. 문경 현감 신길원을 비롯한 각 고을 수령들이 집결지 대구에 모여들어 냇가에 노영露營하며 서울에서 내려올 장수를 기다렸다. 며칠이 지나도 소식이 없었고 식량이 떨어지고 비까지 내리는데 일본군은 가까이 오고 있었다. 군사들이 동요하더니 밤사이 흩어져 버렸다. 수령들도 뿔뿔이 헤어져 신길원도 문경으로 되돌아와 있었던 것이다.

신입 기병대 조총부대에 전멸되다

일본군 선봉이 문경을 공격하던 날, 도순변사 신입이 충주에 도착해 있었다. 충주 목사 이종장李宗張이 충청도 군현의 군사 8,000여 명을 모아 놓고 신입이 오기를 기다리고 있었다. 대부분이 기병들이었다. 전쟁이 터진 이래 가장 규모가 큰 조선군 육군이었고 정예 군사들이었다. 신입이 종사관 김여물, 목사 이종장과 함께 조령을 정찰했다. 참모들이 모두 조령의 사수를 주장했으나 신입이 듣지 않았다.

28일, 신입이 군사를 이끌고 충주성을 나와 북서쪽 10리쯤의 탄금대彈琴臺에 남한강 상류를 뒤로하여 배수진을 쳤다. 탄금대는 신라 때 가야금을 만든 유명한 음악가 우륵于勒이 즐겨 놀던 경치 좋은 강변이었다.

신입은 원래 야전의 명수였다. 함경도 북방에서 여진족 니탕개와 싸울 때 야전에서 기병으로 적을 몰아붙여 승리를 거두고 영웅이 됐다. 기마전으로 명성을 떨친 신입이 야전을 택한 것은 이해할 수 있으나 주변이 온통 논들인 저습지대를 결전장으로 삼은 것은 이해가 어려운 일이었다. 보병들도 기동이 어려운 지형이었다. 더구나 일본군과의 전투는 칼과 창으로 싸우는 1대 1의 기병전이 아니었다. 일본군은 조총 사수들을 사선에 일렬로 늘어 세워 놓았다가 멀리서 달려오는 적들에 일제 사격을 퍼부어 화망火網으로 한꺼번에 때려잡는 부대단위 전투였다. 말을 타고 달려드는 기마병들이야말로 조총부대의 좋은 먹을거리에 불과했다. 정오쯤 되어 3,700명을 예비대로 돌리고 유키나가 직할부대 7,000명을 비롯 총 15,000여 명의 일본군이 신입의 조선군 기병대를 3면으로 포위하고 폭풍처럼 달려들었다.

기병대의 특성은 공격성에 있다. 말을 타고 돌격하는 조선군 기마병은 일본군 조총의 표적이 되기에 알맞았다. 이 전투에서 쌍방의 사상자수는 기록으로 전하는 게 없다. 조선군이 처참하게 패배했고 배수진을 치고 있어 조선군 기병들이 일본군에 밀리면서 대부분 남한강 물에 빠져 익사했다. 신입은 투신자살하고 종사관 김여물, 목사 이종장, 조방장 변기 등 조선군 장수 전원이 전사했다. 이일이 살아남아 조정에 패전 장계를 올렸다.

일본 측 기록에 충주전투 조선군 군사가 80,000명으로, 조선군 전사자가 8,000명이라 했다. 조선군 장수들이 용감무쌍했으며 생포된 지휘관 한 사람이 항복을 거부하고 참살 당했다고 전한다. 김여물, 이종장, 변기 중 한 사람인 듯하다.

소백산맥 이남과 충주에서 3로 북진 일본군을 막아보자는 조선 조정의 방어 작전은 모두 실패하고 말았다. 침공 보름 만에 경상도 전역의 주요 읍성이 일본군 장악 아래 들어갔다.

3. 침공 20일 만에
떨어진 수도 서울

조선 조정 서울 포기 평양으로 파천

28일 저녁, 제1군 주력이 충주성에 입성했고 29일
에는 뒤따라 조령을 넘은 제2군 주력이 합류했다. 고니시 유키나가와 가토 키요
마사는 여기서 서로 협의하여 서울 진격로를 결정했다.

30일 큰비가 쏟아졌다. 이날 제1군은 쏟아지는 비를 무릅쓰고 충주를 떠나
예정대로 여주驪州로 진출해 선두는 남한강을 건넜다. 5월 1일 주력 부대가 큰비
로 물이 불어난 강을 뗏목을 타고 건너 양근楊根·楊平을 지났고 2일에는 용진도龍
津渡·陽西에서 북한강을 건넜다. 용진도 가까이 양수리楊水里에서 남한강과 북한
강이 만나 한강 본류로 큰 물줄기를 이루면서 도도히 흐르고 있었다. 강을 따라
서쪽으로 빠르게 전진해 나갔다. 서울을 동쪽으로부터 공격할 계획이었다. 제2
군은 충주를 나와 음성陰城·죽산竹山·용인龍仁으로 북상해 2일 한강 남안에 도
착했다. 서울을 남쪽으로부터 공격해 들어가 제1군과 협공을 펼칠 계획이었다.

창녕에서 갈라진 구로다 나가마사의 제3군 별동대는 초계草溪·거창居昌을 들
이치고 지례知禮를 지나 28일 북상하던 본대와 금산金山·金泉에서 만나 추풍령을
넘고 충청도 황간黃澗을 지나 청주淸州, 진천鎭川을 거쳐 죽산에서 제2군의 꼬리를

물고 용인으로 북상했다.

일본군 선봉 제1, 2군 사령관들이 충주에서 수도 서울 진공작전을 짜고 있던 29일, 조선 조정은 이일의 잇단 패전보고를 접하고 조정의 피난과 수도 방어 문제를 논의했다.

중신들의 의견이 엇갈렸다. 피난해야 한다는 측과 서울을 사수해야 한다는 측이 논란을 벌였다. 언제나 현실론보다 명분론이 앞서기 마련인 조선 조정이어서 이날 논쟁은 사수하자는 주장이 우세했다.

그러나 만일을 위해 선조는 둘째 왕자 광해군光海君을 세자로 책봉했다. 광해군은 총명하여 군왕이 될 만했다. 첫째 왕자 임해군臨海君은 어리석은데다 성질이 사나워 민심을 얻지 못했다. 조정이 서울을 떠나자 백성들이 그의 집을 불태웠다.

선조는 왕자들을 함경도와 강원도로 보내 모병 활동을 벌이도록 했다. 첫째 왕자 임해군 진珒은 영중추부사領中樞府事 김귀영金貴榮, 칠계군漆溪君 윤탁연尹卓然을 거느리고 함경도로 가고 셋째 왕자 순화군順和君 보珤는 장계군長溪君 황정욱黃廷彧, 호군護軍 황혁黃赫, 동지중추부사同知中樞府事 이기李墍를 거느리고 강원도로 가게 했다. 순화군 일행은 강원도로 가다가 일본군이 이미 점령한 사실을 알고 길을 바꿔 함경도로 들어가 임해군과 합류했다가 가토 키요마사 제2군에 쫓기게 된다.

김명원金命元을 팔도도원수八道都元帥(총사령관), 신각申恪을 부副원수로 하고 우의정 이양원李陽元을 유도대장留都大將(수도방위사령관), 이전李戩 변언수邊彦琇를 한성 좌·우위장左·右衛長, 박충간朴忠侃을 한성 순찰사로 임명했다. 부사령관 신각은 무관이었으나 총사령관 김명원은 문관이었다. 문관 우위 원칙 때문이었다.

서울 사수론은 명분에 집착하여 현실을 무시한 주장이었다. 서울의 성곽은 방어용이 아니라 왕도의 위용을 보이기 위해 도성都城으로 쌓은 것이다. 성채城砦가 너무 길었다. 1442년세종 4년 최종 개축 뒤 길이가 27km89,610척, 높이는 평균 12m40척이었고 성벽 위에 적과 싸울 수 있는 성가퀴城堞가 4,664개소였다. 70여

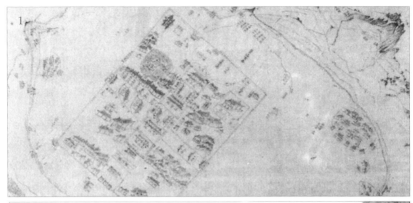

1. 궁궐도. 조선시대, 작자미상, 77×49cm, 이상출 소장
2. 1927년의 경복궁, 일본이 궁을 훼손시키기 직전의 모습

리 성의 성가퀴마다에 활 쏘는 사수 1명, 조수 1명, 예비병 1명 모두 3명씩의 군사를 배치한다 해도 총 14,000여 명의 병력이 있어야 했다. 일부 기록을 보면 서울에 7,000명의 군사가 있었다고 전하나 이일이 군사가 없어 홀로 출전했던 것으로 보아 유명무실했다. 서울 사수는 군사적으로 불가능한 것이었다. 공격군이 70여 리에 뻗친 성의 어느 한 곳 취약 지점을 골라 집중 공격한다면 방어선은 곧바로 뚫리게 되어 있었다. 일본 공격군은 제1,2군 병력만 41,500명이었다.

30일이 되면서 사태가 급박해지자 선조가 결단을 내렸다. 명분보다 현실을 택했다.

서울을 포기하고 조정을 평양으로 옮기기로 했다. 여전히 사수를 주장하는 일부 조정 중신들 반대에도 불구, 이날 밤 자정을 넘겨 선조와 왕족 일행 그리고 조정 대신들이 서울의 서문인 돈의문敦義門을 빠져 나와 어둠을 헤치면서 피난길에 올랐다.

경복궁 · 창덕궁 백성들이 불 질러

이날 일본군이 충주성을 나와 서울로 진격하기 시작했다. 선조는 침공군을 400리157km 거리, 서울 공격을 사흘 앞두고 서울을 떠난 것이었다.

선조 일행이 통곡하는 백성들과 비구름이 무겁게 뒤덮인 서울 하늘을 뒤로하고 가까스로 사현沙峴에 이르렀을 때, 멀리 도성 쪽에서 불길이 치솟는 것이 보였다. 임금이 떠나고 난 뒤 백성들이 궁궐로 몰려가 경복궁景福宮, 창덕궁昌德宮, 창경궁昌慶宮에 차례로 불을 질렀다. 백성들 원성의 대상이었던 장예원掌隸院과 형조刑曹 건물, 왕자 임해군臨海君과 전 병조판서 홍여순의 집에도 불을 질렀다. 이때의 방화로 홍문관弘文館의 각종 서적과 춘추관春秋館의 왕조실록 사초史草, 승정원일기承政院日記와 장예원의 노비문서 등이 모두 불에 탔다.

훗날 사람들이 선조의 파천播遷에 대해 백성을 버리고 자신의 안위를 위한 것이라 비판하나 잘못이다. 임금은 국권의 상징이었고 조정은 국가 그 자체나 다름없었다. 임금이 적군에 포로가 되면 국권 상실과 국가 멸망으로 이어진다. 선조가 이때 탈출하지 않았으면 전사했거나 포로가 됐을 것이고 조선왕조는 멸망했을지도 모른다. 선조는 의주義州 피난 조정에서 청병외교로 명나라 군사를 끌어들여 반격작전으로 서울을 탈환하고 일본군을 격퇴해 최후 승리를 거둔다.

선조의 피난길은 군왕의 위엄이라고는 찾아볼 수 없는 참담하기 그지없는 것이었다. 벽제역碧蹄驛을 지나고 혜음령惠陰嶺을 지날 때 폭우가 쏟아지기 시작했다. 일행 중 시종들은 물론 중신들까지 슬금슬금 눈치를 보다 하나둘씩 사라져 갔다. 저녁이 되어 임진강臨津江에 도착했다. 배가 5~6척 있어 강변의 옛 승청承廳 건물에 불을 질러 앞을 밝힌 가운데 강을 건넜다. 밤 10시가 되어 동파역東坡驛에 도착하자 파주坡州 목사 허진許晉과 장단長湍 부사 구효연具孝淵이 음식을 가져와 일행을 맞았다. 그런데 하루를 꼬박 굶은 일행이 다투어 먹어버린 바람에 세자 이하 대신들 몫이 없어졌다. 허진과 구효연이 죄가 될까보아 달아났다.

5월 1일, 개성開城을 향해 떠나려다 보니 이졸들까지 달아나 버려 왕을 호위할 사람들조차 없었다. 북쪽으로 향하다 점심때가 되어서야 서흥瑞興 부사 남의南疑가 군사 수백 명과 말 50~60마리를 끌고 나타났다. 군사들의 휴대식량으로 밥을 지어먹고 길을 재촉해 저녁 늦게 개성에 도착했다. 백성들 가운데 일행을 향해 선조의 잘못을 큰 소리로 외치고 돌을 던지기도 했으나 누구 한 사람 나서서 나무라지도 못했다.

2일 아침, 선조가 이 지경으로 나라 일을 그르친 데 대한 문책으로 영의정 이산해를 파직했다. 그 바람에 좌의정 유성룡이 영의정, 우의정 최흥원崔興源이 좌의정, 하루 전 어영대장御營大將으로 발탁됐던 윤두수尹斗壽가 우의정이 돼 한 계급씩 올랐다. 윤두수는 대사헌大司憲으로 있다가 정철鄭澈을 귀양 보내면서 그 일당으로 몰려 파직되었으나 선조가 서울 탈출 때 불러들여 개성에서 어영대장에 임명됐었다.

정철은 정여립 사건 때 조사관으로 조정 내 동인들을 혹독하게 몰아냈는데, 세자 책봉 문제를 둘러싸고 동인들에 되몰려 파직되고 강계江界로 귀양 보내진 바 있었다. 이날 저녁, 개성 백성들 사이에 정철을 불러 쓰라는 상소가 있자 선조가 그를 사면 복권시켜 돌아오게 하고 유성룡도 나라 일을 그르친 데 책임이 있다하여 그를 파직시키고 좌의정 최흥원을 영의정, 우의정 윤두수를 좌의정, 기성부원군杞城府院君 유홍兪泓을 우의정에 임명했다. 인사가 조령모개朝令暮改로 아침에 영의정이 된 유성룡이 저녁에 파직된 것이다.

정도 200년 서울에 일본군 무혈입성

선조와 조정이 떠난 뒤 서울에 남은 김명원과 신각이 신임 무관 50여 명과 1,000여 명의 군사를 이끌고 한강 북안에 방어선을 쳤다.

2일, 강 건너 남안에 일본군이 나타나더니 위협사격을 가하는 조총 소리가 요란하게 울리고 창검과 기치가 강변을 덮었다. 김명원이 적군의 기세를 보고 놀라 무기를 강물에 밀어 넣으라고 명령하고 자신은 백성 옷을 갈아입고 전장을 이탈했다. 종사관 심우정沈友正이 말렸으나 듣지 않았다. 군사들도 모두 흩어져 한강 방어선은 제물에 무너지고 말았다. 유도대장 이양원이 한강 방어선이 붕괴되었다는 보고를 받자 곧바로 수도 방어를 포기하고 양주楊州로 물러났다. 군사들도 태반이 부대를 이탈했다. 가토 키요마사의 제2군이 배와 뗏목으로 한강을 건너 북쪽 강변에 상륙하자마자 곧바로 서울 도성으로 향했다.

5월 3일, 고니시 유키나가의 제1군이 동대문東大門 앞에 도달했다. 성문은 굳게 잠겼고 성안은 죽은 듯이 조용했다. 같은 날, 가토 키요마사의 제2군도 남대문崇禮門 앞에 도착했다. 성문은 활짝 열려있으나 성안은 적막이 감돌았다. 아무래도 복병이 있을 것 같아 수색대를 보내 성안을 샅샅이 뒤져보았으나 사람의 그림자도 없었다.

일본군은 이날 서울을 무혈점령했다. 구로다 나가마사의 제3군도 뒤따라 입성했다. 경복궁을 비롯한 대궐의 크고 작은 건물들이 모두 불에 타 이미 한 줌 재가 되어 있었다.

1392년, 태조 이성계가 조선왕조를 개국하고 한양을 수도로 정한 지 200년. 문명국 조선의 수도 서울이 미개한 섬나라 야만인들이라 멸시해 왔던 일본군에 이렇듯 어이없이 짓밟혔다. 부산에 상륙한 지 스무날, 일본군은 말 그대로 무인지경을 달리듯이 파죽지세로 내달려 조선의 심장부 수도 서울까지 일거에 점령해버린 것이었다.

그 무렵, 부산에서 서울까지 1,100리453km 길은 하루 100리씩 걸어 11일을 잡았다. 도처의 읍성들을 들이치며 북상한 대군의 서울 입성이 평소 생활 일정의 배 정도 시일밖에 걸리지 않았으니 일본군 진격 속도가 얼마나 빠른 것이었는지 짐작하고도 남는다. 일본군은 하루 평균 60리씩 전진했다. 걸어가는 도보 행군이 아니라 뛰어가는 구보로 전진했다는 게 적절할지 모른다. 그만큼 조선군 저항이 무력했다는 사실을 말해주고 있기도 하다. 서울을 점령한 일본군 제1, 2, 3군은 뒤이어 입성한 우키다 히데이에의 제8군 10,000명에 서울 수비를 맡기고 각각 예정된 점령지를 향해 북진 길에 나섰다.

서울이 일본군 수중에 들어간 3일, 선조 일행이 개성을 떠나 북으로 향했다. 이날 황해도 금천金川을 지났고 4일 평산平山, 5일 봉산鳳山, 6일 황주黃州를 지났으며 7일 평안도 중화中和를 지나고 대동강을 건너 이날 늦게 평양으로 들어갔다. 황주에서부터는 평양 감사 송언신宋言愼이 기병 3,000여 명을 거느리고 나와 길을 안내하고 일행을 호위하여 비로소 군왕의 위엄을 되찾았다.

일본 8개 군단 조선 8도 점령지에서 군정통치

바다 건너 일본국 도요토미 히데요시가 전방 사령부가 있는 규슈 나고야로 향하던 중 4월 23일 부산진성과 동래성 함락 승전보를 들었고 나고야에 도착한 26일에는 김해성 점령 보고를 받았다. 수도 서울 점령 보고는 5월 16일에 받았다.

서울에는 제1, 2, 3군 주력에 이어 모리 요시나리의 제4군 주력까지 입성하여 성 내외에 일본군이 넘쳐 났다. 제5군 이하 일본군도 속속 부산에 상륙해 예정된 점령지를 향했다. 당초 히데요시가 쓰시마와 이키도에 대기시켰던 제8, 9군도 예정을 앞당겨 조선에 상륙함으로써 침공군 158,700명 전군이 투입 완료되었다. 일본군은 부대별로 점령 예정 지역으로 진격해 나갔다.

제1군 : 황국黃國 : 평안도   제2군 : 흑국黑國 : 함경도

제3군 : 녹국綠國 : 황해도   제4군 : 황국黃國 : 강원도

제5군 : 청국靑國 : 충청도   제6군 : 적국赤國 : 전라도

제7군 : 백국白國 : 경상도   제8군 : 청국靑國 : 경기도

제9군 : 후방 치안 및 예비대

조선에 상륙한 일본군은 점령지역에서 현물세를 거두고 치안을 확보하는 등 군정을 실시하는 한편 남해 연안의 부산, 동래, 김해 등 전략적인 요충에 12개 본성本城과 6개 지성支城을 일본식 왜성倭城으로 쌓는 등 장기적인 점령통치에 들어갔다.

그 무렵, 승리의 여신은 일본 침공군을 버리고 조선군에 미소를 보내기 시작했다. 서울이 일본군에 떨어지고 나흘이 지난 5월 7일과 8일, 조선수군 이순신 전라좌수영함대가 남해 거제도巨濟島 옥포玉浦와 적진포赤珍浦에서 일본수군 함대를 잇달아 격파해 무적함대의 위력을 드러내기 시작했다.

조선군 육군에도 승리의 미소가 보내졌다. 5월 16일, 조선군 부원수 신각이 함경도 남병사南兵使 이혼李渾의 군사와 함께 서울과 철원鐵原 사이 양주楊州 가까운 해유령蟹踰嶺에서 일본군 소부대를 덮쳐 60여 명을 전멸시켰다. 신각은 한강 저지선에서 도원수 김명원이 부대를 이탈하자 잔류 병력을 이끌고 서울로 들어가 유도대장 이양원과 함께 양주 쪽으로 이동하는 도중에 함경도 군사를 이끌고 서울로 달려오던 이혼을 만났다.

신각 일행이 때마침 마을을 습격해 노략질을 하던 일본군 소부대를 발견하고 해유령 고개 숲속에 매복하고 있다가 귀로의 일본군을 덮쳤던 것이다. 신각은 평양의 피난 조정에 승전보를 띄운 뒤 이혼을 함경도로 돌려보내고 이양원과 함께 경기도 연천漣川 부근의 임진강 변 대탄大灘을 지키고 있었다.

그런데 18일 난데없이 피난 조정에서 달려온 선전관이 왕명이라면서 신각의 목을 베었다. 도원수 김명원이 부대를 이탈한 뒤 신각의 명령 불복으로 패했다며 허물을 신각에 뒤집어 씌워 보고했다. 이를 그대로 믿은 조정이 군법으로 다

스리고자 선전관을 보냈던 것이다. 뒤이어 신각의 승전보를 받은 조정이 황급히 다른 선전관을 달려 보냈으나 이미 신각의 목이 떨어진 뒤였다. 어처구니없는 죽음이었다.

경기 황해 평안도 지방군 임진강에서 참패

평양 조정이 도원수 김명원에 경기도와 황해도 군사로 임진강에 방어선을 치고 적을 막으라고 명령하고 신각 대신 경상좌도 병마절도사를 지낸 바 있는 이빈李薲을 부원수로, 개전 초기에 죽령에 배치되었던 유극량을 조방장으로, 신할을 방어사로 각각 임명했다. 경기도 감사 권징權徵과 정여립 역모를 고발한 공으로 형조참판이 된 상산군商山君 박충간도 참전했다. 때마침 명나라에 진주사로 갔던 한응인이 돌아오자 그를 제도도순찰사諸道都巡察使로 임명하고 평안도 군사 3,000명을 주어 임진강 방어선에 투입했다.

김명원의 경기도 황해도 군사에 한응인의 평안도 군사까지 3도 군사 총 15,000여 명이 임진강 북안 장단長湍 쪽에 방어선을 쳤다. 충주 전투 이래 최대 규모의 정예 군사였다.

경기도 문산汶山과 장단 사이를 흐르는 임진강의 임진臨津나루터는 서울에서 파주를 거쳐 개성에 이르는 길목의 요충이었다. 강물이 급류로 흐르고 나루터 외에는 양안兩岸이 깎아지른 듯한 절벽으로 이어져 천연의 방책이나 다름없었다. 여기를 막으면 일본군의 북진이 불가능해진다. 거꾸로 북쪽으로부터 오는 적을 여기서 막으면 남진하여 서울을 공격할 수 없게 되어있다. 조정은 일찍이 여기에 임진진臨津鎭을 설치하고 성을 쌓아 요새화했다. 조선군이 방어선을 치면서 강을 건널 수 있는 배와 뗏목 등을 모두 거두어 버렸다.

5월 10일, 함경도로 진격하게 되어 있었던 제2군 가토 키요마사 군사가 서울을 출발하여 파주를 거쳐 13일 임진강 남안 문산에 도착했으나 강을 건널 수가 없었다. 서로 활을 쏘거나 조총을 쏘아 신경전을 벌이며 사흘이 지났다.

17일, 강의 남쪽에 있는 일본군 쪽에서 강 언덕에 쳐 놓았던 군막을 거두고 무기들을 수레에 실어 철수를 시작했다. 강북쪽에서 이를 지켜보고 있던 조선군 지휘부의 의견이 엇갈렸다. 한응인과 신할이 일본군의 퇴각으로 보고 강을 건너 추격하자고 주장했고 역전의 노장 유극량이 적의 꼬임수라며 추격을 말렸다. 평안도 군사들이 추격을 주저하자 한응인이 주저하는 군사 몇 명의 목을 베었다. 한응인은 정여립을 고발한 공으로 선조로부터 신임이 두터웠고 출진할 때 선조로부터 도원수 김명원의 말을 듣지 말라는 말을 듣고 도원수를 무시함으로써 지휘체계에 혼란을 빚었다.

도원수 김명원이 부원수 한응인의 위세에 눌려 말도 못하고 있는 사이에 신할이 강을 건너 추격을 시작했다. 할 수 없이 유극량도 강을 건넜고 독진관督陣官 홍봉상共鳳祥도 뒤를 따랐다. 강 북안에 김명원과 한응인 등 지휘부와 5,000여 군사만 남기고 나머지 1만 명 전군을 추격에 투입했다.

조선군 선봉이 강 남안에 오르자 미처 철수하지 못했던 일본군 잔류 부대가 정신없이 달아나기 시작했고 강을 건넌 조선군 병사들이 맹렬히 뒤를 쫓았다. 그러나 얼마 되지 않아 달아나던 일본군 병사들이 되돌아서 반격하기 시작했고 좌우에 매복해 있던 일본군 병사들이 일제히 조총을 쏘며 달려들었다. 추격하던 조선군이 꼼짝없이 포위망 안에 들어갔으며 혼란 중에 후퇴도 어려웠다. 죽을힘을 다해 강변까지 물러난 병사들도 한꺼번에 강을 건널 수가 없었다. 절벽에서 떨어져 죽거나 일본군 총에 맞고 칼에 찔려 1만 군사가 전멸하고 말았다. 신할 유극량 홍봉상도 전사했다.

유성룡은 《징비록》에 임진강 변 깎아지른 절벽에서 강물로 떨어져 죽는 조선군 병사들 모습이 마치 모진 바람에 흩날리는 낙엽과도 같았다고 썼다. 강 북안에서 이를 지켜보고 있던 박충간이 말을 타고 달아나자 조선군 잔류 군사들마저 뒤따라 모두 흩어져 버렸다. 권징도 살아서 가평加平으로 가고 대탄에서 진을 치고 있었던 이양원도 군사를 거두어 강원도로 들어갔다. 김명원, 한응인이 27

일 평양 조정에 귀환했다. 조정은 문책하지 않았다.

전라 충청 경상 5만 대군 광교산에서 대패

경상도 남부 일대 읍성들이 장작더미 무너지듯 하고 있던 4월 20일, 일본군 선봉의 진격로에서 벗어나 있었던 전라도 지방에서는 순찰사 이광李洸이 도내 군사 8,000여 명을 긴급 소집해 서울로 출동했다. 임금을 지키기 위해서였다. 그러나 그가 충청도 공주公州에 이르렀을 때, 조정이 평양으로 옮겨졌고 서울이 적의 수중에 들어갔다는 사실을 알고 군사를 물려 그대로 돌아오고 말았다.

그런데 비난의 소리가 높았다. 임금이 북천北遷을 했는데, 대군을 거느리고 나가 적과 싸우지도 않고 돌아왔으니 어찌된 일이냐는 것이었다. 태인泰仁 출신 조방장 백광언白光彦은 칼을 빼들고 눈을 부릅떠 이광에 대들었다. 이광이 사과하고 다시 각 군현에 총동원령을 내렸다. 이광이 평양 조정에 보고를 띄우자 평양 조정에서 충청도 순찰사 윤선각尹先覺, 경상도 순찰사 김수에게 각각 휘하 군사를 이끌고 충청도 온양溫陽에서 전라도 군사와 합류하여 서울을 탈환하라는 명령을 내렸다. 전라도 일대에서 4만 명의 대군이 전주全州로 집결했다.

그 무렵, 서울을 포기하고 평양으로 이동했음에도 조선 조정의 통치권은 여전히 조선 국토 거의 전역에 미치고 있었다. 일본군의 진격은 징검다리 뛰기로 진격로를 잇는 주요 읍성만을 점령한 뒤 수비병을 배치하고 그대로 전진하는 방식이어서 그 밖의 읍성이나 지역은 일본군 군정 통치에서 벗어나 있었다.

대부분 지역의 역驛들이 여전히 기능하고 있어 파발꾼들이 조정이나 군현의 공문을 비롯 현지 군사령관들 보고서나 조정의 명령서를 들고 뛰고 있었다. 국가 신경망이라 할 수 있는 통신이 그대로 작동하고 있었던 것이다.

5월 20일, 이광이 대군을 인솔하고 다시 서울을 향해 북진 길에 나섰다. 군사를 2만 명씩 나누어 우종대右縱隊는 방어사 곽영郭嶸의 지휘 아래 선봉장에 조방장 백광언, 중위장中衛將에 광주 목사 권율權慄로 하여 전주_여산礪山_공주_온양으로 행군하도록 하고 좌종대는 이광 자신이 지휘하여 선봉장에 조방장 이지시李之詩, 중위장에 나주羅州 목사 이경복李慶福으로 하여 전주_용안龍安_임천林川_온양으로 행군하도록 했다.

온양에 전라 · 충청 · 경상도 이른바 하삼도下三道 군사가 집결했다. 윤선각은 충청 병사 신익申翌, 방어사 유옥兪沃, 조방장 이세호李世顥와 함께 군사 8,000여 명을, 김수는 군사 100여 명을 거느리고 있었다. 경상도는 적의 점령 아래 있었기 때문에 모병이 불가능할 수밖에 없었다. 조선군 병력이 5만 명 규모가 됐다. 개전 이래 최대 규모였다.

6월 4일 아침, 충청도 군사는 수원水原으로 나가 서울로 가기로 하고 전라도 군사는 용인으로 나가 서울로 북상키로 하여 각각 온양을 출발했다.

전라도 군사는 병력도 많았거니와 물자도 풍부하여 무기 · 식량 · 군막 · 피복 등 군수품을 실은 수레들이 50여 리에 뻗쳐 위세를 더했다. 그러나 실제 군사들은 말로만 군사들이지 갑작스럽게 징집한 백성들로 그 무렵 조선군 병사들이 모두 그러했듯이 군사훈련도 제대로 받아 본 일이 없는 오합지졸들이었다. 각도 군사를 지휘하는 순찰사들이 모두 문관들인데다 각 군현 군사 지휘관들도 문관 수령들이 많았다. 진군하는 모습이 흡사 '양떼들이 이동하는 것' 같았고 '봄놀이 하듯'《징비록》했다.

무관 백광언이 몹시 불안해했다. 이광에게 부대를 10여 개 작은 부대로 나누어 만일 한두 부대가 패해도 전체가 무너지지 않도록 하자고 했으나 묵살됐다. 그대로 선봉과 중위로만 구분하여 대군으로 진군케 했다.

저녁 무렵, 용인龍仁성 남쪽 10리쯤에 이르러 북두문산北斗門山에 적의 작은 진지小壘가 발견됐다. 선봉장 백광언이 군사들을 이끌고 돌격해 들어가 적병 10여 명을 베었고 이날 밤 다시 야습을 감행, 10여 명의 적을 더 죽이고 방책을 불태웠다. 다음 날 5일, 이광이 용인성 북쪽 문소산文小山에도 적의 작은 진지가 있는 것을 발견하고 선봉장 이지시로 하여금 공격케 했다.

일본군은 부산에서 서울까지를 비롯해 점령 지역을 연결하는 주보급로 경비를 위해 일정 거리를 두고 소규모 경비진지들을 구축하고 경비병을 배치해 두었다. 용인의 소규모 진지들은 그런 것들이었다. 용인 지역은 일본군 수군 장수 와키자카 야스하루脇坂安治 관할로 휘하 1,600여 명 가운데 600여 명을 각 경비 진지에 분산 배치해 두고 있었고 1,000여 명은 서울에 있었다.

경비 진지가 조선군 대군의 공격을 받고 있다는 급보를 받은 야스하루가 휘하 군사를 이끌고 급히 달려와 이날 점심 때쯤 용인에 도착하는 곧바로 조선군 선봉대에 돌격해 들어갔다. 기껏 십수 명 단위 경비진지 공격에 재미를 붙인 조선군 선봉대가 1,000여 명이 넘는 일본군의 기습 반격에 부닥치자 기겁을 하고 놀라 걷잡을 수 없는 혼란에 빠져들었다. 백광언과 이지시가 칼을 빼들고 진두지휘를 했으나 불가항력이었다. 선두에 섰던 전라도 고부古阜 군수 이광인李光仁, 함열咸悅 현감 정연鄭淵 등과 함께 모두 전사했다. 선봉이 기습 반격을 받게 되자 이광이 주력을 광교산光教山으로 물려 진을 치고 선봉대 패잔병들을 수습했으며 수원으로 향했던 충청도 군사도 달려와 합류했다.

6일 아침, 전군이 풀어놓고 아침밥을 먹고 있는데 일본군이 다시 돌격을 감행해 왔다. 어제 한바탕 혼이 난 뒤라 겁을 먹고 있는 판에 다시 기습을 당하자 군사들이 앞을 다투어 흩어져 달아나니 그 소리가 마치 산이 무너지는 것 같았다. 흩어지는 군사들이 버린 군기와 물자들이 길에 널려 사람이 다닐 수 없었다. 일본군은 패주하는 조선군을 10리쯤 뒤쫓다가 돌아가 조선군이 버리고 달아난 물자들을 한곳에 모아 놓고 불태웠다.

모처럼 집결된 3도 군사 5만 대군이 일본군 1,000여 명의 한판 기습 돌격에 어이없이 무너져 버렸다. 이광은 전주로, 윤선각은 공주로, 김수는 경상우도로 각각 패잔병들을 인솔하고 돌아갔다.

평양도 포기한 조정

경기 · 황해 · 평안 3도 군사의 임진강 방어선이 무너진 데 이어 전라 · 충청 · 경상 3도 군사의 서울 탈환전마저 무위로 끝나자 평양 조정이 다시 당황했다. 임시 수도 평양이 공격받을 차례가 된 것이다.

국가 운명이 경각에 달렸다고 판단했다. 선조가 중대 결심을 밝혔다. 조정을 둘로 나눠 세자 광해군光海君을 수반으로 하는 분조分朝(제2정부)를 설치하여 만에 하나, 임금이 불행한 일을 당해도 국권을 유지할 수 있도록 했다. 선조는 명 조정에 사신을 잇달아 보내 명군 파병을 요청했다.

6월 6일, 군사 12명을 척후로 보내 일본군이 어디까지 왔는가를 살폈다. 황주까지 와 있었다. 평양까지 하루 이틀 거리였다. 선조는 이날 우의정 유홍 등 대신들로 하여금 왕비를 수행시켜 함흥咸興으로 가도록 했다. 선조도 뒤따를 심산이었다. 함경도는 험한 산악지대로 일본군이 그곳까지는 오지 못할지도 모를 일이었다. 함흥은 태조 이성계의 고향이기도 했다.

8일, 일본군이 대동강 남안에 나타났다. 임금을 비롯한 조선 조정이 강 하나를 사이에 두고 적군과 마주 선 형국이 됐다.

이날, 명나라 요동진장遼東鎭長 임세록林世祿이 평양에 들어왔다. 명나라 조정은 전쟁이 터진 뒤 조선 조정의 사은사謝恩使 신점申點, 성절사聖節使 유몽정柳蒙鼎 등이 잇달아 들어와 파병을 요청했는데 이들이 전하는 일본군 진격 속도가 너무 빨라 조선이 일본과 짜고 길을 안내하는 게 아닌가 하는 의심을 가졌다. 사신을 보내 확인하기로 하고 요동순안어사遼東巡按御史에 명령하여 임세록을 평양에 보냈던 것이었다. 임세록이 대동강에 나가 일본군을 살피고 의심이 풀려 돌아갔다.

그 무렵, 명나라는 서북방 몽골인 발배의 반란으로 이를 토벌하느라 여념이 없어 조선에 당장 출병할 처지가 되지 못했다.

6월 10일, 선조가 임시 수도 평양도 포기하고 다시 북으로 가기로 결단을 내렸다. 평양 사수 주장이 없지 않았으나 더 이상 지체할 수가 없었다. 선조 일행이 평양성을 나서려 하자 도끼와 몽둥이를 든 백성들이 가로막아 출발이 중지됐다. 전 병조판서 홍여순이 몽둥이를 맞고 말에서 떨어지는 사태도 빚었다.

11일, 평양 탈출을 강행했다. 길을 막는 백성 3명을 잡아 목을 베어 길을 텄다. 말을 탄 선조의 옷이 진흙투성이가 됐다. 평양성은 좌의정 윤두수, 도원수 김명원, 평안도 도순찰사 이원익李元翼, 평안 감사 송언신宋言愼 등을 남겨 지키게 했다. 평양성은 둘레가 7.2km, 높이 9m정도로 서울 도성의 절반에도 못 미치는 규모나 성 앞에 대동강이 흐르고 북성北城·중성中城·외성外城으로 나뉘어 요새화되어 있었다. 군사도 1만여 명에 징집이 가능한 장정도 수천 명이나 됐다. 한판 수성전을 벌여볼 만했다.

광해군 분조 발족 선조 명에 망명 청원

선조 일행이 12일 안주성安州城을 지나 13일 영변寧邊에 도착했다. 여기서 선조가 명나라 망명의 뜻을 밝혔다. 평양에서부터 이미 구상했던 것이었다. 분조를 정식으로 발족시키고 조정 대신도 둘로 나눠 배치하면서 국가 수호를 당부했다.

15일, 분조를 남겨두고 떠나면서 선조가 묘사주廟社主(종묘와 사직)에 하직하며 통곡했다.

> "나는 살아서 망국의 임금이 되었고 죽어서 장차 이역의 혼이 되려 하나니, 부자가 다시 만나 볼 기약이 없도다. 바라노니 세자는 나라를 다시 일으켜 위로는 조종祖宗의 영靈을 위로하고 아래로는 부모의 돌아옴을 맞이하라."

임금도 울고, 세자도 울고, 대신들도 땅을 치며 목을 놓아 울었다. 선조가 군왕으로서 국가수호 책무를 세자에게 넘기고 치욕적인 망명을 결심하기에 이른 것이다. 함경도로 떠난 왕비 일행도 사람을 보내 돌아오게 했다. 선조가 떠나고 난 뒤 평양성에서는 송언신이 대동문大同門 성루를, 평안 병사 이윤덕李潤德이 부벽루浮碧樓 위쪽 강변을, 자산慈山 군수 윤유후尹裕後가 장경문長慶門을 맡아 지켰다.

대동강에 나타난 일본군은 고니시 유키나가의 제1군과 구로다 나가마사의 제3군 주력 부대였다. 강변 10여 곳에 진을 친 채 강이 깊고 넓어 건너지 못하고 대치만 하고 있었다. 대치하는 동안 조선군 쪽에서 신무기를 사용했다.

쾌선快船에 활 잘 쏘는 군사들과 현자총통 그리고 신기전을 싣고 강 한복판까지 저어 나가 일본군 진지에 사격을 가했다. 현자총통이 요란한 포성을 울리자 길이 187cm나 되는 차대전次大箭이 포물선을 그으며 1,000여m나 날아가 적진에 꽂혔다. 이번에는 신기전을 발사하자 불꼬리를 달고 대형 화살이 강을 건너 적진으로 날아가 박혔다. 일본군 병사들이 혼비백산해 흩어져 달아났다가 돌아와 이들을 주워 보고 신기해 했다〈징비록〉.

명군 접반사가 되어 평양을 떠났던 유성룡이 여러 고을에서 모은 가시철蒺鐵(마름쇠) 수천 개를 급히 보내 왔다. 가시철이란 끝이 날카로운 세발三足이 뻗치게 만든 무쇠로 성벽 주변이나 물밑에 깔아 놓으면 적군 병사나 군마의 발에 꽂혀 부상을 입히게 하는 장애물이었다. 그 무렵, 날이 가물어 대동강 물이 갈수록 얕아지고 있어 적이 도보로 강을 건널까 걱정되어 보낸 것이다.

13일, 도원수 김명원이 보기에 적의 경비가 많이 해이해진 것 같았다. 영원寧遠 군수 고언백高彦伯, 벽단碧團 첨사 유경령柳璟令으로 하여금 정예 군사 400명을 이끌고 밤 12시쯤 부벽루 아래 능라도綾羅島에서 배를 타고 건너가 적을 야습하도록 했다. 용맹한 임욱경王旭慶 등이 앞장서 한밤에 적진을 급습해 잠자다 놀라 깬 적병들을 죽이고 군마 300여 마리를 탈취해 강가로 나왔다. 그러나 곧 일본군 추격부대가 따라왔다. 다급해진 조선군이 능라도 아래 강물이 얕은 왕성탄王城灘을 건너 퇴각했다. 큰 실수였다. 일본군에 이곳이 얕은 곳임을 알려주고 만 것이었다.

14일 저녁, 일본군의 총공격이 시작되었고 왕성탄으로 몰려들어 왔다. 조방장 박석명朴錫命, 수탄장守灘將 오응정吳應鼎 등이 막았으나 조총부대의 집중적인 원호사격을 받으며 돌격해 들어오는 일본군에 밀리고 말았다. 윤두수가 급히 백성들을 피난시키고 무기들을 풍월루風月樓 못 속에 버린 다음 평양성을 탈출하고 김명원 등 장수들도 군사를 이끌고 뒤를 따랐다.

15일, 일본군이 텅 빈 조선의 제2수도 평양성에 아무런 저항 없이 입성했다. 평양성이 일본군 수중에 떨어지던 날, 영변을 떠난 선조 일행이 박천博川에 도착했으며 밤 11시가 넘어 다시 길을 떠나 꼬박 날을 세워 다음 날 16일 가산嘉山에 도착했다. 17일 정주定州에서 하루를 쉬고 18일 곽산郭山을 지나 20일 용천龍川에 도착했다.

이날, 평양성을 탈출한 윤두수가 선조가 망명하려 한다는 소문을 듣고 달려와 선조의 말고삐를 잡고 '필부匹夫의 경솔한 행동'이라며 망명을 말렸다. 윤두수는 평양에서 선조가 함경도로 가려는 것을 만류하고 의주로 가게 한 바 있었다. 함경도는 산악이지만 일본군에 쫓기게 되면 동북방이 여진족 땅이기 때문에 오도 가도 못한다고 했다. 그의 말이 옳았다. 윤두수는 선조의 망명뿐 아니라 명나라에 파병을 요청하는 것도 반대했다. 오히려 더 큰 피해를 입게 된다는 주장이었다. 그러나 그는 그 뜻을 관철할 수 없었다.

유성룡이 명나라 군사가 오면 그들을 맞는 접반사接伴使로 임명되어 명군의 군량과 말먹이 등을 준비하기 위해 순안順安으로 갔다가 서울 유도대장 이양원을 만났다. 이양원은 대탄에서 강원도 회양淮陽까지 갔다가 이미 일본군이 쳐올라간 뒤여서 적진을 뚫고 조정을 찾아 평안도로 온 것이었다. 유성룡과 헤어진 뒤 이양원이 선조가 망명했다는 잘못된 소문을 듣고 8일간 단식 끝에 피를 토하고 죽었다.

선조가 정주를 지날 때 대사헌 이덕형李德馨을 명나라에 파병을 요청하는 청원사請援使로 보내면서 망명의 뜻을 밝히는 자문咨文(중국과 오가는 문서)을 보낸 적이 있었다.

'궁빈宮嬪을 이끌고 상국上國 : 明에 내부內附(망명)하고자 합니다.'

명나라로서는 원치 않는 일이었다. 선조는 일본군에 쫓겨 도망 오는 것으로 망명을 받아주면 일본군이 명나라로 쳐들어 올 구실을 주게 된다. 그렇게 되면 명나라 국토에 전화가 번지게 된다. 외교적으로 중대한 사건이었다. 명 조정은 논란 끝에 차라리 군사를 보내 조선 국토에서 싸우는 게 국익을 위해 유리하다는 결론을 맺게 된다. 명 조정은 만일 선조가 기어이 망명을 오겠다면 수행 인원을 100명으로 제한하고 관전보寬奠保 빈집에 수용하겠다고 했다. 굴욕적인 망명 교섭이었다.

선조가 비로소 망명 의사를 접고 의주에 피난 조정을 설치해 전쟁을 지도해 나가기로 했다. 6월 22일이었다. 선조는 그에 앞서 18일, 1,000여 명의 군사를 이끌고 압록강을 넘어온 명나라 요동 부총병 조승훈祖承訓을 곽산에서 만났다.

요동에 건너간 이덕형이 요동의 순무巡撫 학걸郝杰에 여섯 차례 글을 보내고 그의 집 마당에 엎드려 하루를 울며 출병을 청했다. 학걸이 조정의 승낙을 얻기도 전에 그의 휘하 군사 가운데 5,000명을 임시로 파견키로 하고 우선 선발대를 출발시켰던 것이다. 때마침 사은사謝恩使 신점申點이 명나라 수도 북경北京에 있다가 병부상서兵部尚書 석성石星을 움직여 이를 추인하게 했다. 조승훈의 명나라 군사는 후속 부대가 오기까지 의주에서 선조의 피난 조정 경계 임무를 맡았다. 이로써 조선과 일본의 전쟁은 드디어 명나라까지 참전하는 동양 3국의 국제 전쟁으로 확산되어 가고 있었다.

한편 일본군이 서울 점령에 이어 황해도 · 평안도와 함경도로 북진을 계속하고 조선 조정이 압록강 변 의주로 옮겨 명나라에 굴욕적인 망명 교섭과 청병외교를 벌이는 동안 조선 전역의 전황은 점차 조선에 유리한 국면으로 바뀌기 시작하고 있었다.

조선 수군 이순신 함대가 상승 항진을 계속해 남해 수로 제해권을 장악함으로써 일본 수군의 서해 진출을 차단하고 도요토미 히데요시의 수륙병진전략을 뿌리 채 뒤흔들었다. 일본군 선봉이 휩쓸고 지나간 경상도 일대에서는 조선 의병군이 봉기하여 일본군 보급로를 위협해 앞만 보고 짓쳐 올라간 일본 침공군의 후방이 교란되기 시작된 데다가 전라도 점령마저 실패해 점차 궁지로 몰리기 시작했다.

지방군의 전투 활동도 점차 활발해졌다. 강원도 조방장 원호元豪가 5월 어느 날 경기도 여주驪州 신륵사神勒寺를 털고 있던 일본군 소부대를 기습해 섬멸한 바 있었다. 조정이 그를 여주 목사 겸 강원도 방어사로 임명했다. 그 원호가 6월 10일쯤, 이번에는 여주 서북쪽 구미포龜尾浦(여주군 개군면 구미리) 마을에 침입하여 분탕질을 치고 있던 일본군 모리 요시나리의 제4군 소규모 부대 50여 명을 모두 베어 버렸다. 조정은 그를 다시 여주 목사 겸 경기 강원도 조방장으로 임명했다. 원호는 다시 15일쯤, 이천利川 부사 변응성邊應星과 합동작전으로 한강 중류 마탄馬灘에서 적의 보급로 경비대를 기습해 섬멸하는 전공을 세웠다.

원호와 변응성은 몇 척의 배를 민간 화물선으로 위장한 뒤 그 안에 활 잘 쏘는 군사들을 숨겨 마탄에 접근한 뒤 강변에서 보고 있던 일본군 병사들을 사살하고 민가에서 방심하고 있던 일본군 병사들을 남김없이 베어 이천, 여주, 양근楊根: 楊平 일대에서 용맹을 떨쳤다.

6월 19일, 원호가 아침 안개가 자욱한 틈을 타 기병 200명, 보병 300명, 모두 500여 명의 군사를 거느리고 강원도 금화金化의 요시나리 제4군 경비대를 기습하다 적의 매복에 걸려 전사했다.

일본군 함경·강원도에서 폭풍 같은 기동전

모리 요시나리의 일본군 제4군은 부산에 상륙한 뒤 구로다 나가마사의 제3군 꼬리를 물고 추풍령을 넘어 청주_진천_죽산_용인을 거쳐 5월 5일 서울에 들어와 머물러 있었다.

6월 1일, 제4군이 예정된 점령지 강원도를 향해 출발했다. 강원도 땅에 들어서 금화金化 금성金城을 지나고 5일에 선봉 4,000여 명이 회양성淮陽城을 포위했다. 회양성에는 부임한 지 열흘도 안 되는 부사 김연광金鍊光이 군사 수백 명과 함께 지키고 있었다. 성벽이 낡고 허물어진 곳도 많았으며 무기도 부족했다. 김연광이 급한 대로 보수를 하고 있던 중에 일본군이 들이닥친 것이다. 사력을 다했으나 역부족이었다. 곧 최후가 왔다. 김연광이 전복 대신 조복으로 갈아입고 인수印綬(임금이 준 관인을 몸에 차는 끈)를 손에 쥐고 칼을 빼든 채 덤비는 일본군 병사에 호통을 쳤다.

"네 이놈, 무엄하구나. 어디 함부로 덤비느냐."

뼈대 있는 조선 선비의 기개였다. 일본군 병사가 휘두른 칼날에 목이 떨어졌다. 그의 나이 69세였다. 조정은 뒷날 동래 부사 송상현, 임진강 전투의 맹장 유극량과 함께 개성의 숭례사崇禮祠에 그를 배향하고 충혼을 기렸다.

임진강에서 조선군 방어선을 돌파한 가토 키요마사의 제2군은 뒤따르는 제1군과 함께 개성을 지나 황해도 금천, 평산을 거쳐 안성에 이르러 서로 헤어져 제1군은 평안도로, 제2군은 함경도로 향했다. 여기서부터 제2군은 일대 기동전을 폈다. '하루 수백 리를 달리는데 그 형세가 폭풍우와 같이《징비록》' 강원도 이천伊川 땅을 휩쓸고 황해도 곡산谷山에 들어서 함경도와 경계를 이루는 태백산맥 북단의 노리령老里嶺을 단숨에 넘어 함경도로 쳐들어갔다.

함경도 감사 유영립柳永立이 함흥 감영에서 강원도에 침입한 적이 함경도로 넘어오려면 틀림없이 태백산맥의 연대봉連臺峯(1,267m) 기슭 철령鐵嶺(685m)을 지나리라 판단하고 남병사 이혼에게 정예 1,000여 명의 군사를 주어 지키게 했다. 이혼은 해유령 전투에서 승리한 뒤 신각과 헤어져 함경도로 돌아와 있었다.

12일, 이혼이 철령에서 내려다보니 적의 선봉대가 골짜기를 가득 메우며 올라오는데 기치와 창검이 하늘을 찔렀다. 겁을 먹은 군사들이 하나둘씩 도망을 치더니 이혼이 혼낼 겨를도 없이 한꺼번에 흩어져 달아나버렸다. 이혼도 할 수

없이 현장을 이탈했다. 일본군은 저항 없이 철령을 넘었고 소문이 퍼지자 감사 유영립을 비롯한 군현의 수령들이 다투어 성을 버렸다. 백성들도 산 속으로 들어가 숨었다.

가토 키요마사의 제2군과 모리 요시나리의 제4군이 함경도 안변부安邊府에서 합류한 뒤 제2군은 함흥으로 향했고 제4군은 군사를 되돌려 동해안을 따라 남하했다. 강원도 삼척三陟·묵호墨湖를 짓밟고 경상도 영덕盈德으로 들어서 예안禮安과 영해寧海로 진출했다. 일본군 가운데서도 제4군이 가장 잔학하여 회양 부사 김연광의 머리를 장대 끝에 매달고 다니며 가는 곳마다 백성들을 죽이고 약탈과 방화를 일삼았다.

6월 17일, 함흥으로 쳐들어간 제2군은 여기서 조선의 두 왕자가 북쪽으로 갔다는 정보를 입수하고 그 뒤를 맹렬히 쫓았다. 조정이 서울을 떠날 때 모병 활동을 위해 강원도로 갔던 순화군 일행이 도중에 강원도는 이미 적들에 점령되었다는 소식을 듣고 길을 바꾸어 함경도로 가 임해군 일행과 합류했던 것이다.

함경도 반민 두 왕자 잡아 일본군에 넘겨

함경도와 평안도 등 서북지방은 조선왕조 건국 이래 심한 지역차별로 조정에 대한 불만이 높았다. 태조 이성계는 함흥 출신이었고 이곳 무장들의 도움으로 나라를 세웠는데도 건국 후 '서북지방 사람들을 높이 쓰지 말라' 했다. 세조 때 일어난 이시애李施愛의 난으로 차별 정책은 더욱 강화됐다.

그로인해 서북지방에서는 높은 벼슬아치가 나지 못했고 문벌주의로 서울의 양반들과 혼인도 못해 마침내 서북지방은 사대부가 없는 고장이 되고 말았다. 서울에서 부임해 오는 벼슬아치들은 이곳 백성들을 무시했고 수탈을 일삼아 전쟁이 나자 도처에서 반란이 일어났다.

함경도 감사 유영립과 판관 유희진柳希津이 함흥이 떨어지자 산속으로 도망했는데 유희진은 함흥에서, 유영립은 북청北靑에서 백성들 밀고로 일본군에 포로가 됐다. 유영립은 북청 사람 김응전金應田이 감사의 종이라 말하고 일본군 병영으로 들어가 감시가 소홀한 틈을 타 업고 도망 나와 그 길로 조정으로 달려갔다. 철령 방어를 포기하고 달아났던 남병사 이혼은 갑산甲山까지 갔다가 백성들이 남병사인 줄 알고 잡으려 하자 밭 가운데 토굴 속에 숨었다가 격투 끝에 맞아죽었고 백성들이 목을 베어 일본군에 바쳤다.

7월 18일, 키요마사 제2군 선봉이 마천령摩天嶺을 넘었다. 마천령은 백두산으로부터 해발 2,000m가 넘는 높은 산들을 이끌고 내려와 함경도를 남북으로 나누며 동해까지 뻗은 마천령산맥이 동해쪽에서 해발 725m로 갑자기 푹 꺼져 남쪽의 단천端川과 북쪽의 성진城津 사이를 넘나들게 해주는 고갯길이다. 마천령산맥은 이름 그대로 하늘을 더듬을 수 있을 만큼 높은 산줄기다.

함경도 북병사 한극함韓克諴이 6진鎭 병사 1,000여 명을 모아 마천령을 막으려 출동했으나 일본군이 먼저 넘어 버려 북쪽 성진읍의 해정창海汀倉에서 일본군 부대와 맞닥트렸다. 첫날 전투에서 적군을 창倉내에 몰아붙여 유리한 듯 했으나 밤사이 적군의 역습에 걸려 궤멸되어 버렸다. 한극함이 목숨을 건져 두만강 너머로 달아났다가 되돌아와 경흥慶興에 들어갔으나 백성들에 붙잡혀 포로로 넘겨졌다. 후송 도중 양주楊州에서 탈출하여 피난 조정을 찾아갔으나 적과 내통했다는 혐의로 사약을 받고 죽었다.

함경도 지방에 반란이 번져 명천현明川縣의 사노私奴 정말수鄭末守가 반란을 일으켰고 종성鐘城 관노官奴 귀석貴石과 성인손成仁孫이 우후虞侯 이범李範을 잡아 일본군에 넘겼다. 서울에서 출장 나온 병조兵曹 좌랑佐郞 서성徐渻이 적에 잡혔다가 뇌물을 주고 빠져 나왔고 함경도 최북단 온성穩城 부원관府員官 강신姜信 등이 부사 이수李洙를 잡아 적에 투항했다. 종성 판관 이홍업李弘業이 적에 붙잡혔고 부인과 며느리가 자결했다.

23일, 일본군에 쫓겨 함경도 최북단 두만강 변 국경 도시 회령會寧까지 달아나 있던 임해군과 순화군 두 왕자와 그를 수행했던 조정 중신들까지 백성들에 붙잡혀 일본군에 넘겨짐으로써 반란이 절정에 달했다.

이날 회령의 토관진무土官鎭撫 국경인鞠景仁, 종성 관노 국세필鞠世弼 등이 두 왕자와 전 좌의정 영중추부사 김귀영, 전 병조판서 호소사號召使 황정욱, 전 우승지右承旨 호군護軍 황혁, 회령 부사 문몽헌文夢軒 등 조정 중신들을 모두 붙잡아 일본군에 넘겼다.

두 왕자를 사로잡는 전과를 올리고 함경도 주요 읍성을 석권한 키요마사는 국세필에 경성부鏡城府를, 국경인에 회령부를 지키도록 하고 제2군 주력을 길주吉州 이남에 배치한 뒤 그 자신은 두 왕자를 비롯한 포로들을 데리고 안변부로 철수했다.

광해군 분조分朝가 선조와 헤어진 뒤 함경도와 평안도 사이 낭림狼林산맥을 넘나들면서 일본군 점령지역 틈새를 누비고 다니며 군사를 모집하고 백성들을 격려했다.

분조가 영변을 떠나 운산雲山을 지나고 희천熙川으로 들어가 우의정 유홍과 좌찬성 최황崔滉을 만났다. 유홍과 최황은 왕비 일행을 수행하여 덕천德川까지 왔다가 왕비가 의주로 가는 선조를 따라가기 위해 되돌아가자 따로 떨어져 희천에 머무르고 있었다. 다시 장동長洞으로 가서 다음 날 평안도와 함경도의 경계를 이루는 낭림산맥을 넘어 함경도 개마고원蓋馬高原으로 들어서려 했다가 철령을 지키던 이혼의 함경도 군사가 모두 흩어졌다는 소식을 듣고 오던 길로 되돌아섰다.

개마고원은 백두산白頭山(2,744m) 남서쪽 일대 4만㎢에 걸쳐 해발 1~2,000m대 높이로 펼쳐진 한반도 최고 최대의 용암지대로 온통 원시림이 뒤덮인 태고 이래의 처녀 산악지대였다.

6월 22일, 고古영변에 도착했고 26일에는 맹산孟山, 29일 초산楚山, 7월 1일에는 양덕陽德, 5일에는 가토 키요마사의 제2군 진격로를 가로질러 곡산谷山을 거쳐 강원도 이천伊川에 들어가 머물렀다.

분조가 이천에 머물자 각지로 흩어졌던 조정 중신들이 소식을 듣고 모여들었다. 호조판서 한준韓準, 병조참판 정윤복丁胤福, 이조참의 홍혼洪渾 등이었다. 분조이나 조정의 모양세가 갖춰졌다. 7월 28일에 이천을 떠나 곡산으로 다시 들어갔다가 8월 4일에 성천成川으로 옮겼다.

4. 평양에서 정지된 일본군 진격

북진 일본군 고립무원에 빠져

고니시 유키나가의 제1군은 평양을 점령한 뒤 더 이상의 전진을 멈춘 채 꼼짝하지 않았다. 조선 조정이 의주에 있고 지척의 거리에 있는 순안順安과 영유永柔에서 패주하던 조선군이 재편성 중에 있는 것을 알고 있었을 것인데도 추격할 기미도 보이지 않았다.

패주하는 적군에 공격을 늦춰 적군이 재편성과 반격에 나설 수 있는 시간을 준다는 것은 공격군 작전에서 있을 수 없는 일이다. 소년시절부터 전장에서 잔뼈가 굵은 유키나가가 이 같은 기본적인 작전 원칙을 모를 리 없었다. 그런데도 그는 일체의 공격활동을 하지 않고 시간을 보내고 있었다.

조선군으로서는 흩어진 군사를 재편성하고 명나라 군사들의 도착을 기다렸다가 연합군을 편성하여 반격할 수 있는 황금 같은 시간을 얻고 있었다. 유성룡은 안주安州, 순찰사 이원익은 순안, 도원수 김명원은 숙천肅川에 머무르면서 흩어진 군사들을 수습하여 반격에 대비했고 명나라 군사를 맞을 준비도 해나갔다. 명나라 군사가 남하할 예정 도로 주변의 주요 지점에 미리 군량과 말먹이 콩, 밀 그리고 마초도 준비했고 청천강淸川江에는 부교浮橋(뜬 다리)를 만들어 두어 군사들이 건널 수 있게 했다. 정주定州 가산嘉山에 군량미가 2,000석이 넘었고 때마침 충청도 아산창牙山倉 세미 1,200석이 뱃길로 실려와 정주와 가산에 각각 200석씩 추가 배정하고 안주에 800석을 비축했다. 평양 북쪽 백성들도 점차 안정을 되찾아갔고 의주 조정의 전쟁 지도도 갈수록 질서를 찾았으며 활기를 더해가고 있었다.

고니시 유키나가 제1군이 평양에서 전진을 멈춘 까닭은 원래 평화주의자였던 그가 이 전쟁의 무모함을 잘 알고 있었을 뿐 아니라 더 이상의 진격으로 명나라를 자극해 전쟁이 확대되는 것보다 강화교섭을 통해 전쟁의 조기 종식을 바랐을 것이라는 추측이 가능하다.

그러나 그보다 더 확실한 것은 그가 남해와 서해를 돌아 대동강을 거슬러 올라오게 되어있는 일본으로부터의 증원군사를 기다리고 있었으리라는 것이었다. 도요토미 히데요시의 조선 침공 기본 전략은 수륙병진으로 이미 조선에 투입된 제9군까지의 158,700명 외에 제10군부터 제16군까지의 118,300명은 규슈 나고야 전진기지에 예비대로 대기시켜 언제든지 출동이 가능하도록 되어 있었다.

평양의 유키나가가 종군승 겐소玄蘇를 시켜 의주 조정의 선조에 글을 보내왔다.

'일본 수군 10만 명이 지금 서쪽 바다로 오는 중이오. 그렇게 되면 대왕의 행차는 장차 어디로 가시렵니까?' 《징비록》

순순히 항복하라는 협박편지였다. 유키나가 편지에는 그가 일본 증원군사 10만 명이 서해를 돌아올 것으로 믿고 있었음을 보여준다. 처음 히데요시가 조선 침공 작전을 짤 때 그가 선봉군으로 육로로 평양까지 진격하면 남 서해 수로로 10만 증원군사를 보내 평양에서 합류해 명나라로 진공해 들어가도록 계획되어 있었기 때문이었다.

그러나 그가 기다리고 있었고 그를 믿고 조선 조정에 항복하라고 협박까지 했던 증원군사 10만 명은 끝까지 오지 않았다. 올 수도 없었다. 이미 남해 수로는 조선 수군 전라좌수영 이순신 함대가 제해권을 장악하고 수로를 가로막고 있었다. 일본의 조선 침공군 예비대 10만 명은 나고야 전진기지에 발이 묶였고 그 중 상당수 병력은 그 뒤 계속해서 부산으로 증파되어 육전에 투입되고 있었다.

천재적인 군사전략가 히데요시도 강력한 조선 수군의 존재는 물론 조선 의병군의 봉기를 계산하지 못했다. 조선 의병군의 봉기로 일본군 점령지역은 물론 부산에서 평양까지 길게 뻗어 있는 보급로를 위협 당하고 있어 이를 지키기 위해서도 엄청난 규모의 경비 병력이 추가로 요구되고 있었다. 히데요시의 수륙병진전략은 이미 빗나가고 있었다.

유성룡은 《징비록》에 '우리 국가가 보존된 것은 오로지 남해 해전에서의 승리 때문이었다' 고 기술하고 있다.

5. 전라도 방어전 승리 군수 병력 수군기지로

경상도 의병 일본군 전라도 진격 막아

개전 이후, 일본군은 전격적인 기동작전으로 멀리 함경도 북방까지 조선 전역의 주요 읍성을 석권했으나 전쟁이 나고 3개월이 되도록 유일하게 전라도 땅에는 한 발도 들여놓지 못했다. 몇 가지 이유가 있었다.

하나는 일본군의 주공은 어디까지나 부산_서울_평양이었다. 조선의 수도 서울만 점령하면 조선은 무릎을 꿇을 것이고 평양을 점령한 뒤 서해를 돌아 해상으로 수송되는 증원군사 10만 명과 합류하여 항복한 조선군을 앞세워 명나라로 진격한다는 것이 도요토미 히데요시의 수륙병진 전략이었다. 일본 침공군 주력이 부산_서울_평양 진격로에 집중되었고 자연히 전라도는 주공에서 비껴 설 수 있었다.

다음은 조선 수군이 남해 제해권을 장악하고 있어 일본 수군이 남해를 돌아 서해로 진출할 수가 없었다. 남해 제해권을 빼앗기지 않았다면 일본군이 남·서해를 돌아 섬진강, 영산강, 금강 등으로 상륙해 전라도를 공략할 수가 있었을 것이다.

더욱 결정적인 것은 소백산맥이라는 천험의 장애물과 경상도 의병군에 의한 전라도 진공의 차단이었다.

소백산맥은 태백산맥에서 갈라져 나와 서쪽으로 달리며 충청도와 경상도 사이에만 천험의 장벽을 이뤄 놓고 있는 게 아니다. 추풍령秋風嶺(217m)에서 끊어지듯 내려앉아 남북으로 넘나드는 길을 열어 준 뒤 민주지산岷周之山(1,242m)에서 다시 솟구쳐 올라 남쪽으로 방향을 틀어잡아 대덕산大德山(1,290m)_덕유산德裕山(1,594m)_남덕유(南德裕山(1,508m)_장안산長安山(1,236m)_백운산白雲山(1,279m)으로 해발 1,000m 이상의 연봉을 이어간다. 지리산智異山에 이르러 천왕봉天王峰(1,915m)을 중심으로 반야봉般若峰(1,732m), 노고단老姑壇(1,507m) 등 한반도 최고의 영봉군靈峰群을 이루며 하늘을 떠받치고 여기서 또 다른 백운산白雲山(1,218m)으로 내달려 남해로 빠지면서 경상도와 전라도 사이에 쉽게 넘나들기 어려운 장벽을 쳐 놓고 있다.

부산에 상륙한 일본군이 소백산맥을 넘어 전라도로 진공하려면 세 갈래의 길이 있었다. 하나는 산청山淸_함양咸陽을 지나 지리산을 오른쪽으로 돌아 팔량치八良峙(513m)와 여원치女院峙(450m)로 소백산맥을 넘어 한반도 서남지역 전략 요충 남원南原으로 쳐들어간 뒤 전라감영이 있는 전주로 북상하고 광주光州 나주羅州로 남하는 길이다.

다른 하나는 산청이나 거창居昌에서 안의安義를 지나 육십령六十嶺(700m)으로 소백산맥을 넘어 전라도 장수長水, 장계長溪로 들어가 진안鎭安을 거쳐 웅치熊峙(곰치 427m)로 노령산맥蘆嶺山脈을 넘어 전주로 들이닥치는 길이다.

또 하나는 경상도에서 일단 추풍령으로 소백산맥을 넘어 충청도 영동永同으로 들어간 뒤 전라도 무주茂朱_장수_진안_전주로 향하거나 금산錦山으로 들어가 진산珍山을 거쳐 이치梨峙배재(350m)로 노령산맥을 넘어 전주로 쳐들어가는 길이다. 노령산맥은 추풍령에서 소백산맥과 갈라져 진안 운장산雲長山(1,126m)을 주봉으로 서남쪽으로 달리며 전라도의 남과 북을 갈라놓은 또 하나의 장벽이다.

전라도는 고바야카와 타카가게小早川隆景의 제6군 점령 예정 지역이었다. 사령관 타카가게는 본국에서 30만 석의 영주로 침공 당시 60세 노장이었다. 그래서인지 실제 전투 지휘는 부장部將 안고쿠지 에케에이安國寺惠瓊란 승장僧將이 맡았다. 에케에이는 일본 히로시마廣島현 지방 안국사라는 절의 주지였는데 참전 후 스스로 '전라감사'라 했다.

제6군 15,700명은 부산에 상륙한 뒤 주력은 경상도 성주星州, 선산善山, 금산金山 : 金泉 일대에 배치하고 별군別軍을 나누어 창원昌原에 주둔하고 있다가 소백산맥을 넘어 전라도로 진격하려 했다.

그러나 제6군의 전라도 진격은 낙동강 서안 경상우도 일내에서 일어난 경상도 의병군에 의해 철저하게 진로가 차단된다. 경상도 의병군은 일본군 침공 열흘 만에 일어난 곽재우郭再祐에 이어 김면金沔, 정인홍鄭仁弘 등이 수백 명에서 수천 명까지 의병군을 일으켜 5월 하순과 6월 초순부터 세계 전쟁사상 초유의 조직적이고 활발한 유격전을 전개했다.

곽재우는 의령宜寧에 거점을 두고 낙동강과 남강南江 일대에서, 김면은 거창에 거점을 두고 금산 일대에서, 정인홍은 성주에 거점을 두고 고령高寧과 합천陜川 일대에서 적의 진격을 가로막고 보급로를 교란하는 한편 점차 적이 점령하고 있는 읍성들을 공격해 탈환해 나가는 정규전까지 감행하기에 이른다.

일본군 제6군은 창원의 별군으로 하여금 팔량치를 넘어 남원으로 가게 했다가 산청, 함양으로 가는 길목의 의령 땅 정암진鼎巖津에서 곽재우 의병군에 걸려 격퇴되었다. 금산 주둔군으로 하여금 육십령을 넘어 진안으로 가게 했으나 이 역시 거창 안의로 가는 길목의 거창 땅 우척현牛脊峴에서 김면 의병군에 의해 차단당했다.

제6군은 할 수 없이 이미 일본군 점령 아래 있는 추풍령으로 소백산맥을 넘어 충청도 영동을 돌아 전라도 무주_금산으로 쳐들어갔다. 타카가게는 서울에 올라가 있다가 전라도 침공 작전이 시작되면서 현지로 내려와 작전을 지휘했다.

무주를 치고 6월 23일 금산錦山을 점령했다. 금산 군수 권종權悰이 성과 운명을 같이 했다.

웅치 · 이치에 전주성 방어선 구축

금산에 군사령부를 설치한 타카가게는 군사를 둘로 나누어 제1대는 안고쿠지 에케에이가 지휘하여 용담龍潭_진안을 거쳐 웅치熊峙를 넘어 동쪽에서 전주성을 공격케 하고 제2대는 자신이 직접 지휘하여 진산을 거치고 이치梨峙를 넘어 북쪽에서 전주성을 공격하기로 했다.

실제 전투 때 '용담_진안을 거쳐 웅치에 이른 왜적이 1만 명宣廟 中興誌 卷 一' 이었다는 기록으로 보아 제6군 총병력 15,700명 중 주력을 전주성에서 가까운 웅치를 넘는 제1대에 배치하여 주공으로 하고 사령부 경비 병력을 빼면 2~3천 명 정도 병력을 제2대에 배치해 조공으로 전주성을 협공함으로써 전주성 수비군을 분산시키려 한 작전이었다.

일본군의 무주_금산 점령은 전라도 전역을 긴장시켰다. 전라도 순찰사 이광은 적이 소백산맥을 넘어 남원이나 진안으로 침공해 올 것에 대비해 조방장 이유의李由義를 남원 팔량치에, 이계정李繼鄭을 장수 육십령에 배치하여 경계해 왔는데 엉뚱하게 영동을 돌아 무주_금산으로 쳐들어와 혼란이 일어났다.

전라도 군사들은 용인 패전의 충격이 아직 가시지 않고 있었다. 소문을 듣고 팔량치 이유 군사와 육십령 이계정 군사들 일부가 흩어지고 남원 부사 윤안성尹安性과 판관 노종령盧從齡이 사라졌다. 적의 침공이 없자 윤 부사는 돌아와 그 사이 관고를 턴 백성들 몇 명을 처단했고 노 판관은 순찰사 이광에 붙잡혀 볼기를 맞고 남원으로 되돌아갔다.

광주光州 목사 권율權慄이 정예 군사 1,500여 명을 이끌고 감영이 있는 전주성으로 들어오면서 혼란이 수습되었다. 권율은 용인 패전 뒤 군사를 흩어짐 없이 인솔하여 광주로 되돌아 간 뒤에도 해산하지 않고 훈련을 계속해 정예 부대로 유지하고 있었다. 화순和順의 동복同福 현감 황진黃進이 편장編將 위대기魏大奇, 공시억孔時億과 함께 일단의 군사를 이끌고 뒤따라 들어왔다.

황진은 전쟁 전, 조선통신사 황윤길의 수행 무관으로 일본에 다녀와 전쟁은 반드시 일어난다고 주장했던 인물이다. 용인 패전 때 수원水原 사교沙橋에 배치되었다가 역시 군사를 흩어짐 없이 이끌고 돌아왔다. 해남海南 현감 변응정邊應井, 나주羅州 판관 이복남李福男, 김제金堤 군수 정담鄭湛 등이 군사를 이끌고 속속 모여들었고 전주 의병장 황박黃璞이 참전했다. 황진과 정담 등은 신입 이일 등 휘하 장수로 북방 여진족 니탕개 토벌전투에 참전했던 역전의 무장들이었다.

전라감영에는 최고 사령관인 순찰사 이광에 육군 사령관인 병사兵使:兵馬節度使 최원崔遠이 있었으나, 최원은 5월 16일 나주에서 일으킨 김천일金千鎰 의병군 3,000여 명을 거느리고 수원과 강화도 일대에서 활동하고 있었다. 방어사는 곽영郭嶸이었고 조방장에 이유의 이계정 등이 있었으나 육십령과 팔량치를 지키고 있었다. 앞서 조방장 이지시와 백광언은 용인전투 때 전사했다. 이광이 광주 목사 권율을 임시 도절제사都節制使거진(巨鎭) 총지휘관로 삼아 방어전을 지휘하게 했다.

전라감영 방어사령부는 정담으로 하여금 일본군이 전주성 공격을 위해 반드시 넘어야 할 웅치를, 황진으로 하여금 이치를 막도록 하고 두 관문에 방어진지를 구축했다. 적이 올 수 있는 길목에 함정을 파고 기마병이 올 수 있는 곳에는 거마채拒馬砦(대창 등을 적 방향으로 꽂아 적의 말이 찔리도록 한 방어시설)를 설치하고 참호도 깊이 팠다. 녹채鹿砦(가시책)와 목책木柵도 겹겹으로 둘러쳤다. 활을 쏘는 데 장애가 되는 시계를 가리는 나무들은 모두 베었다.

두 고갯길 방어진지에 투입된 조선군 규모는 확실히 알려진 게 없다. 권율이 1,500명 규모의 병력을 인솔해 왔고 황진, 정담, 변응정, 이복남 등이 이끈 군현의 군사들에 약간의 의병군이 참전했다. 따라서 전주성 수비병 등을 감안하면 총 병력 7~8천 명에 두 곳 방어 진지에 각각 2~3천 명 규모의 병력이 배치된 것으로 보인다.

공격군 규모에 비해 방어군 병력이 너무 열세였다. 그러나 곧이어 시작된 전주성 방어전투 중에 방어사 곽영의 관군이 남하한 고경명高敬命 의병군과 함께 금산을 공격한 것으로 보아 사령부가 곽영을 보내 북상 중인 고경명에 군사를 되돌려 금산성을 배후에서 함께 공격하도록 했던 것으로 보인다.

김천일에 이어 담양潭陽에서 의병을 일으킨 고경명 의병군 7,000명이 근왕勤王을 위해 서울로 향하다가 일본군이 전라도를 침범할 무렵 군사를 돌려 금산성이 떨어지기 전날인 22일 여산礪山으로 남하했다. 고경명은 동래 부사로 있다가 정여립과 친하게 지냈다 하여 파직되었다. 고향인 장흥長興에 가 있다가 전쟁이 터지자 5월 29일에 의병 6,000명을 모집하여 근왕을 위해 북상하면서 전주에 들러 남원 의병 1,000명을 더해 북진 중이었다.

7월 2일, 금산의 일본군 제1대가 용담龍潭을 치고 일부는 장수로 들어가 남원으로 향하는 것처럼 보이게 하고 5일에 주력이 진안鎭安으로 들이닥쳐 향교를 불태우고 한바탕 분탕질을 치며 돌아다녔다.

7일 오후, 일본군 제1대가 웅치 골짜기를 가득 메우며 정담군의 방어선 전면에 나타났다. 웅치 방어진지 전면 제1 저지선에는 의병장 황박 군사, 산의 중복 제2 저지선에는 나주 판관 이복남 군사가 배치되고 제3 저지선 고개 마루에는 김제 군수 정담이 지켰다. 이날 늦게 일본군 공격이 있었으나 밤이 되자 물러났다.

다음 날 8일, 아침부터 공격이 재개되었다. 일본군의 맹렬한 공격으로 제1, 제2선이 차례로 무너지고 정오쯤에는 제3선이 위협받기에 이르렀다. 주변에서 후퇴를 권했으나 정담이 단호했다.

"적 1명을 죽이고 죽을지언정 1보를 물러나 살 수는 없다寧可殺一賊而死 不可退一步而生."

정담과 그의 종사관 이봉李葑, 비장裨將 강운姜運과 박형길朴亨吉이 전사했고 변응정이 중상을 입고 후송되는 가운데 이복남이 살아남은 자를 이끌고 전주성 근교 안덕원安德院으로 물러났다. 웅치가 돌파되어 제1대가 전주성 턱밑까지 진출했다. 전주성에는 이광이 군사의 반을 이끌고 '외곽에서 지원하겠다'고 나간 뒤 돌아오지 않아 전 전적典籍(성균관 정육품) 이정란李廷鸞이 지키고 있었다.

같은 날, 이치에서도 격전이 전개되고 있었다. 도절제사 권율과 황진의 정예 조선군이 용감하게 싸웠다. 권율은 진지를 종횡으로 누비다 비겁한 병사들 전립戰笠(병거지)에 칼로 표시를 해두었다가 전투가 소강상태가 되면 이들을 불러내 즉결처분함으로써 군령이 산과 같아 병사들이 물러서지 못했다. 황진은 일본에 갔을 때 사갖고 왔던 일본도 두 자루를 번갈아 휘두르며 싸우다 적탄에 이마를 맞고 후송됐다.

전투가 하루 종일 이어졌고 피가 흘러 길과 내와 골짜기를 덮고 피비린내가 가득했다血流被道川谷 焉之腥臭《白沙集》. 조선군은 이치 진지를 끝까지 지켰다.

저녁이 되면서 전주성 턱밑까지 진출했던 일본군 제1대와 이치에 투입됐던 제2대가 갑자기 공격을 멈추고 급하게 물러나기 시작했다. 바로 이날 고경명 의병군이 일본군 사령부가 있는 금산성에 바짝 접근해왔기 때문이었다. 일본군으로서는 금산성이 공격을 받아 함락되면 사령부가 위험해질 뿐 아니라 전방 공격작전 중인 제1, 2대가 퇴로를 잃고 조선군으로부터 정면과 배후에서 협공 당해 독안의 쥐가 될 처지에 빠지게 될 것 같아 황급히 철수를 명령했던 것이다.

전주성까지 진출했던 제1대 일본군이 철수하면서 웅치에 널려 있던 조선군 전사자들 시체를 모아 매장한 뒤 푯말을 세웠다. 적군이었으나 조선군의 충성심과 용맹성에 감복했던 것이다.

'조선국 충신의사의 영혼을 조상하노라弔朝鮮國 忠肝義膽.'

권율 휘하 전라도 육군이 전라감영 전주성 점령에 나선 일본군 제6군의 공격을 웅치와 이치 방어선에서 저지한 8일, 바로 이날 멀리 남해안에서 이순신이 이끄는 조선 수군이 역사상 길이 빛나는 한산도대첩으로 육지와 바다에서 모두 대승을 거둔다.

고경명 의병군 일본군 사령부 배후에서 기습

고경명 의병군은 6월 27일 여산을 떠나 은진恩津현으로 진출한 뒤 7월 1일 연산連山현으로 이동하여 금산성에 정찰활동을 펴는 한편 충청도 의병장 조헌趙憲과 연락해 금산성을 같이 치기로 했다. 그러나 조헌의 의병군 모집이 늦어져 고경명이 할 수 없이 웅치와 이치에서 격전이 벌어지고 있던 8일 연산을 떠나 9일 이치와 금산 사이의 진산珍山에 도착했다. 진산에서 방어사 곽영과 그 휘하 영암군수 김성헌金成憲이 거느린 관군과 합류한 뒤 이날 오후 이치에서 철수한 일본군 제2대 뒤를 밟으며 금산 외곽 눈벌眼坪까지 진출해 금산성을 에워쌌다.

성 밖 백성들 집에 불을 질러 연기로 조선군 행동을 가린 뒤 화약을 다룰 줄 아는 병사들 30명을 모아 성문을 폭파하려 했으나 실패하고 성안에 비격진천뢰飛擊震天雷를 쏘아 댔다. 성안의 창고와 가옥들이 불타오르고 사람과 말의 비명 소리가 성 밖까지 들렸다. 성은 토성이었으나 견고했고 일본군의 맹렬한 조총 사격으로 조선군이 성벽으로 접근할 수가 없었다.

성안의 일본군 병력은 1만여 명이었던 것으로 보인다. 원래 제6군 병력은 15,700명이었다. 이 가운데 창원 주둔 별군이 전라도로 진군하다가 의령 땅 정암진에서 곽재우 의병군으로부터 일격을 맞은 것 외에 별다른 병력 손실이 없었다.

제6군이 전라도 진공에 나섰을 때 경상도 금산金泉에 1,500명 정도가 남아 있었다. 이들은 전라도 금산을 점령한 주력부대가 고경명 의병군과 전투가 벌어진 10일에 전라도 장수로 진격하기 위해 육십령을 향해 주둔지를 떠났다. 행군 도중 지례知禮와 거창居昌 사이 우척현牛脊峴(거창군 능양면 우두령)에 이르렀다가 김면金沔 의병군 매복에 걸려 타격을 입고 주둔지로 퇴각했다.

따라서 전라도 침공 작전에 주력 13,000여 명의 병력이 동원됐을 것이다. 이 치로부터 금산성까지는 50여 리22km고 웅치로부터는 약 150여 리62km다. 이치 전투에 투입된 제2대는 8일 밤 안으로, 웅치 전투에 투입된 제1대는 9일 중으로

전주성으로 가는 요충지 금산에 주둔한 일본군 제6군을 공격, 퇴각시킨 고경명 의병장

금산성에 복귀했을 것이다. 이날 밤 조선군이 경계 중에 성밖에서 일본군을 발견하고 공격했다는 기록이 있다. 철수하던 제1대 병력이었던 것 같다. 소수 관군과 의병군 7,000여 명으로 성을 공격하기에는 전력 차이가 컸다.

10일, 여명부터 전투가 재개됐다. 고경명이 기마병 100여 기를 거느리고 서문을 공격하고 있는데 일본군이 성문을 열고 전군을 출동시켜 전투태세가 허술해 보이는 관군 쪽을 집중 공격하자 곽영과 김성현이 달아나고 관군이 모두 흩어졌다. 관군을 유린한 일본군이 의병군 쪽을 덮쳤다. 종사관 안영安瑛이 고경명에 피할 것을 권했으나 듣지 않았다. 백병전이 벌어진 가운데 고경명의 둘째 아들 인후因厚, 종사관 유팽노柳彭老 등이 전사하면서 의병군마저 무너지고 말았다. 큰 아들 종후從厚가 의병군을 수습하면서 아버지와 동생의 시체를 찾아내 가까운 산사로 옮겼다.

종후는 이 전투 이후 복수 의병군을 편성해 전국의 전장을 누비며 싸우다 다음해 진주성 2차 전투에서 그마저 전사하니 3부자 모두가 의병으로 순국했다. 고경명과 두 아들 모두 문과에 급제한 준재들로 종후는 현령, 인후는 정자正字로 있다가 아버지를 따라 참전했었다.

고바야카와 타카가게 제6군은 고경명 의병군의 공격으로부터 금산성을 지켜냈다. 그러나 곧이어 8월 17일 또 다시 조헌趙憲 충청도 의병군의 강공으로 큰 손실을 입어 전라감영 전주성 점령을 포기하고 9월 17일 경상도 성주 방면으로 철수한다.

일본 침공군으로서는 유일하게 제6군이 점령지역 장악에 실패한 것이다.

이로써 전라도는 조선 팔도 가운데 일본군 침공을 막아낸 유일한 도道가 되어 이후 조선군의 군수기지 병력기지 수군기지로 조선국 중흥의 발판이 된다.

조선왕조실록 보전되다

조정은 전라도 방어전 승리의 공훈을 권율에 주었다. 이광은 전주성 방어전 때 성을 이탈했던 죄를 물어 파직시켜 백의종군에 처해지고 권율이 관찰사로 임명되었다.

피난 조정의 병조판서를 역임한 이항복李恒福이 그의 백사집白沙集에 '적이 다시는 호남을 엿보지 못하게 했고 여기를 근본으로 삼아 수년간 나라를 지탱했다. 동서로 군수를 보냄에 있어 한 번도 부족하거나 끊어지지 않았으니 이 모두가 공의 힘이었다賊再不能窺湖南 用爲根本爲國保障數年之間 東西飛輓 以供軍儲未賞乏絶 公之力也'라 기술하고 있다.

권율은 그 뒤 전라도 군사 1만 명을 이끌고 북상하여 이 전쟁 3대 승리 중의 하나인 행주대첩幸州大捷을 거두고 서울 탈환전 선봉에 서며 조선군 총사령관인 도원수가 되어 전쟁을 최후 승리로 이끈다.

이 전쟁에서 수전의 영웅은 이순신이고 육전의 영웅은 권율이었다. 황진은 이치 전투 후 부상이 완치되어 익산益山군수 겸 상도上道 조방장이 되었다가 충청도 조방장, 다시 충청도 병마절도사로 승진했으며 2차 진주성 전투에서 순국한다.

전라도 방어전 승리는 단순히 한 지역의 향토방위에 그 의의가 그치지 않는다. 그 뒤 조선군 병력 충원과 군수 조달은 물론 조·명朝·明 연합군 군수기지로서 그리고 이순신 함대 수군기지로서 이 전쟁에서 조선의 최후 승리를 뒷받침하는 전략적 의의가 크다.

전라도 방어전 승리로 조선왕조 최고의 문화재 조선왕조실록朝鮮王朝實錄과 태조 이성계의 영정影幀 : 晬容 : 御眞이 보존됐다. 전쟁 중에 전주사고 보관 실록과 영정 외에는 모두 불타버렸다. 실록은 4부씩 만들어 서울의 춘추관春秋館, 충주사고忠州史庫, 성주星州사고, 전주全州사고에 각 1부씩 보관했다. 전쟁이 터질 때 명종실록까지 13대 175년간의 실록이 제작되었고 전쟁 직전 1591년에 점검된 바로 전주 경기전慶基殿 사각史閣에 825권 830책과 고려사절요高麗史節要 등 귀중한 역사자료 25종 538책이 함께 보관되어 있었다.

태조 영정은 함경도 영흥永興, 평안도 평양平壤, 경기도 개성開城, 경상도 경주慶州, 전라도 전주全州의 경기전慶基殿 등 5전殿에 보관되어 있다. 왕조실록과 태조 영정은 이광이 일본군의 전주성 공격에 앞서 정읍井邑 내장산內藏山 깊숙이 은적암隱寂庵과 용굴암龍窟庵, 비래암飛來庵 등으로 옮겨 군사 100여 명을 배치하고 아들 이정李精, 무관 김홍무金弘武, 수박 한춘韓春, 선비 안의安義와 손홍록係弘祿 등이 지키게 했다. 실록과 영정은 1593년 7월에 평안도 묘향산妙香山으로 옮겨져 전쟁 뒤 1603년 전주사고 본을 바탕으로 4부를 다시 만들어 원본은 강화도江華島 마니산摩尼山에, 복사본은 서울 춘추관春秋館과 태백산太白山, 오대산五臺山, 무주茂朱 적상산赤裳山에 각 1부씩 보관했다.

6. 무적함대

파직 세 차례 백의종군 두 차례

이순신은 1545년인종(仁宗) 원년 3월 8일양력 4월 28일, 서울의 양반골 건천동乾川洞(인현동)에서 병조참의를 지낸 덕수德水 이李씨 거居의 증손으로 태어났다. 할아버지 이백록李百祿이 기묘사화己卯士禍 때 희생되어 아버지 정貞이 벼슬길에 나가지 않아 양반 가정이나 형편이 어려웠다. 유성룡도 건천동에서 태어나 이순신과는 죽마고우다.

그가 태어나 자라날 무렵에는 어머니 초계草溪 변卞씨가 삯바느질로 생계를 꾸릴 만큼 어려워 외가가 있는 충청도 아산牙山 백암리白巖里(현 현충사 위치)로 이사하여 그곳에서 살았다. 전라도 보성寶城 군수를 지낸 방진方震의 딸 상주尙州 방方씨와 결혼 후 그는 군인의 길을 걷기로 결심하고 28세가 되어서야 과거 무과에 응시했다가 말에서 떨어져 실패했다. 32세 때 2월에 급제했으나 그해 12월에야 함경도 최북단 동구비보童仇非堡 권관權官이 된다.

그 무렵, 조선의 조정은 이미 부패되어 실력자에 청탁하지 않으면 과거에 급제해도 좀처럼 발령을 내주지 않았다. 늦게야 마지못해 국경선 근처 작은 토성土城:堡의 파견대장으로 발령낸 것이었다.

35세가 되어 서울에 있는 훈련원 봉사奉事(종8품)로 승진 이동되었다. 무과고시를 치르고 병사들을 조련하는 곳이었다. 어느 날, 그는 직속상관 병조兵曹 정랑正郎 서익徐益의 원칙에서 벗어난 인사 지시를 거절한다. 이 소문이 병조판서 김귀영金貴榮의 귀에 들어갔는데, 김귀영은 이순신이 마음에 들었다. 그래서 자기 소실의 딸을 소실로 주려 했으나 이순신이 실력자의 딸이라는 이유로 이 또한 거절한다. 더욱 마음에 든 김귀영이 다음 해 그를 잠시 충청병사 군관軍官(참모)으로 전근시켰다가 그 해 전라도 발포진鉢浦鎭 수군만호萬戶(종4품)로 승진시키는데, 이로써 이순신은 전라도 수군과 인연을 맺게 된다.

만호란 한 진영의 책임 무관이다. 이때 그는 복잡한 남해안의 지리를 익히고 해전에 대한 병서를 탐독해 뒷날 수군 명장의 기초를 다진다.

37세 때, 직속상관인 전라좌수사 성박成鎛이 발포진 뜰의 오동나무를 베어 오라며 병사들을 보내왔다. 거문고를 만들겠다는 것이었다. 이순신이 나라의 재물이라며 거절했다. 괘씸하게 생각한 성박이 후임 이용李庸에 '상관을 우습게 아는 사람'으로 인계했다. 이용이 그의 근무평점을 하下로 매겨 파직시키려 했으나 이순신을 잘 아는 전라감영 도사都事 조헌趙憲이 해명해 위기를 면했다.

그러나 38세 때 1월, 서익이 군기경차관軍器敬差官(검열관)으로 와 생트집을 잡아 이순신을 파직시켰다. 훈련원 때의 앙심 때문이었다. 그의 생애 첫 파직이었다. 그 해 5월, 3년 전의 직책인 훈련원 봉사로 복직되고 39세 때 7월, 함경도 남병사가 된 이용이 그를 군관으로 기용했으나 그 해 10월 건원보乾原堡 권관으로 좌천된다. 7년 전 임관 때 벼슬로 주저앉은 것이었다. 건원보 권관 한 달 만에 악명 높은 여진족 추장 울지내鬱只乃를 사로잡았다. 그런데 그의 전공을 시기한 상사가 명령 없이 독자적인 작전을 폈다는 이유로 처벌을 상신해 자칫 또다시 파직될 위기에 처했다. 조정이 공도, 죄도 아닌 것으로 처리했다.

42세 때 1월, 아버지 3년 상으로 군직을 떠났던 이순신이 사복시司僕侍 주부主簿(종6품)가 된다. 사복시란 궁중의 가마나 말을 관리하는 곳이다. 곧이어 함경도 조산造山 만호가 되어 4년 전 벼슬로 다시 올라간 그가 43세 때 8월, 두만강의 외로운 섬 녹둔도鹿屯島 둔전관屯田官을 겸하고 있을 때 여진족이 쳐들어와 재물을 약탈하고 백성들 60여 명을 잡아갔다. 이순신이 즉시 반격에 나서 적장 4명을 죽이고 재물과 백성들을 되찾아 왔으나 군사 10여 명이 전사하고 수십 명이 부상했다. 이순신도 허벅다리에 화살을 맞았다.

북병사 이일李鎰이 경비를 소홀히 하여 사고가 났다며 이순신을 참斬하려 했다. 이순신이 그간 여러 차례 녹둔도 병력 보충을 요청했는데도 이일이 이를 들어주지 않았던 잘못이 드러날까 두려워 그에 책임을 씌워 제거하려 했던 것이다. 이순신이 여진족 기습은 이일이 병력을 충원해 주지 않았기 때문이라며 결연히 맞섰다. 조정이 판정을 내려 이순신에 파직과 백의종군을 명했다. 그의 생애 두 번째 파직이었고 첫 번째 백의종군이었다. 졸병이 된 이순신이 그 해 겨울 시전時錢 전투에서 공을 세워 사면되고 군직을 회복했다.

45세 때 2월, 전라도 관찰사 이광李洸의 군관이 되고 그를 아낀 이광이 그를 부장副將격인 조방장까지 겸직시켰다가 12월에 문관직인 정읍井邑 현감으로 발령냈다.

그의 일대기가 말해주듯 그의 군대생활은 평탄치가 않았다. 영전과 좌천이 거듭되었고 뒷날 원균의 모함으로 인한 것까지 20여 년 군대생활에 세 차례 파직과 두 차례 백의종군을 한 경력을 가졌다.

그의 강직한 성품 때문이었다. 윗사람의 지시라도 부당하면 듣지 않았고 때로는 매섭게 반발했다. 어떤 직책이든 주어진 임무에 혼신의 정열을 다할 뿐, 실력자 근처에는 얼씬도 않았다. 덕수 이씨 집안 율곡栗谷 이이李珥가 이조판서로 있을 때 유성룡을 통해 한 번 만나 보기를 청했으나 율곡이 인사권을 갖고 있는 동안은 만날 수 없다고 사양했다. 서익 사건으로 화제가 되어 김귀영이 딸을 준다고 했을 때도 '벼슬길에 갓 나온 내가 어찌 권세 있는 가문에 발을 들여놓으랴'며 거절했다.

상사가 오해를 해도 찾아가 해명하지 않았다. 미움 받고 쫓겨 다니기 알맞았다. 좌천을 당해도 그대로 가서 직무에 충실했고 부당하게 파면되어도 말없이 집에 가 쉬었다. 복직 운동 따위는 일체 않고 누구를 탓하거나 반감을 겉으로 드러내지도 않았다.

서익에 의해 파직되어 서울 집에서 쉴 때도 활터에 나가 무예를 닦는 일을 게을리 않았다. 활터에서 정승 유전柳㙉을 자주 만났다. 이순신의 화살통箭筒을 탐낸 유전이 줄 수 없느냐 물었다. '전통 하나로 대감과 저의 이름을 더럽히고 싶지 않다'며 정중히 거절했다. 복직운동을 할 수 있는 절호의 기회인데도 그는 그럴 생각도 하지 않았다.

'나라가 나를 쓰면 목숨을 바쳐 일할 것이고 쓰지 않으면 농사나 짓는다.'

그의 좌우명이었다. 좌우명대로 타협 없이 살았다. 결벽증에 가까울 만큼 청렴했다. 대가를 지불하지 않고는 짚신 한 켤레도 받지 않았고 근친覲親 등 사사로이 집에 다녀오면 날짜만큼 급료를 반납했다.

상사나 동료들에 공명정대하고 부하들에 준엄했다. 그의 《난중일기亂中日記》에는 자신을 비롯한 장병들의 활쏘기 등 군사훈련, 일선순찰, 임금에 대한 충성과 어머니에 대한 효성, 부정한 상사나 동료에 대한 개탄과 혐오, 근무태만 부하들을 엄하게 다스리는 이야기가 자주 나온다. 전쟁이 터지던 해 1월 16일에 이웃집 개를 잡아먹어 민폐를 끼친 박몽세라는 병사에게 곤장 80대의 중벌을 내렸다.

전쟁 4년째 을미乙未년 11월 1일자에 '원흉元兇이 보낸 답장이 지극히 흉악하고 거짓되어 입으로는 말할 수 없었다. 천지간에 원흉처럼 흉패하고 망령된 이가 없을 것이다'고 썼다. '원흉'은 경상우수사 원균元均을 지칭한 것이다. 이순신이 그를 얼마나 혐오했는지를 드러내는 기록이다. 근엄하고 과묵하여 농담도 잘 하지 않아 친구가 적었고 언제나 언행이 당당했다.

역사상 모반으로 알려진 정여립 사건 때 이순신은 정읍 현감으로 있었다. 보성寶城 기생과의 이별이 슬퍼 울었다가 누군가 여립의 죽음을 슬퍼했다고 모함하는 바람에 역적으로 몰려 의금부義禁府에 끌려가 맞아 죽은 전 전라도 도사都事 조대중曹大中의 집을 수색하다 이순신의 편지가 발견되었다. 조대중과 주고받은 단순한 안부 편지였다.

그러나 그때는 역적 혐의자와 안부 편지만 주고받았어도 연루자라 해서 잡아 죽이는 판국이었다. 이순신을 아낀 의금부 도사수사관가 편지 발견 사실을 보고하지 않겠다고 호의를 베풀었으나 이순신이 그대로 보고하도록 했다. 별 탈 없었으나 크게 다칠 뻔했다.

역시 정여립 사건으로 살벌할 때였다. 우의정 정언신鄭彦信이 여립을 이해하는 발언을 했다가 그를 비호했다하여 옥에 갇혀 죽음을 앞두고 있었다. 행여 연루자로 몰릴까 보아 아무도 그를 찾아보지 않았다. 정읍 현감 이순신이 공무로 출장 갔다가 정언신을 면회했다. 그가 건원 권관으로 있을 때 순시 차 함경도에 온 정언신이 이순신의 아버지 부음을 듣고 문상을 한 일이 있었는데 그 고마움을 잊지 않았던 것이다. 면회를 마치고 나오던 이순신이 의금부 관헌들이 술을 마시고 노래 부르는 것을 보고 크게 꾸짖었다. 그들이 보고하면 곤욕을 치를 수도 있었다.

무예 연마는 물론 각종 병서를 탐독하여 군사 지식이 풍부했고 학문 또한 해박했다. 발포 만호로 있을 때 누군가가 이순신이 무식하다고 무함했다. 전라도 관찰사 손식孫軾이 순시 차 와서 그를 시험했다.

"진서陳書(중국 진나라 사서 : 본기 6권 열전 30권) 본기를 읽어보게."

이순신이 거침없이 읽어갔다.

"학진도鶴陣圖(수군 전투대형의 하나)를 그려보게."

이순신이 정교하게 그려냈다.

"어허, 나라의 동량을 해칠 뻔했네."

손식이 감탄했다.

그의 강직한 성품과 풍부한 학문으로 그를 아는 사람들은 그를 매우 좋아하고 아꼈다. 영의정 이원익, 우의정 정탁鄭琢, 수사 이용, 관찰사 이광, 관찰사 손식, 도사 조헌, 죽마고우 유성룡 등이었다. 모두 문관 출신들이다. 그렇지 못한 사람들은 그를 몹시 미워하고 모함했다. 경차관 서익, 수사 성박, 병사 이일, 수사 원균 등이었다. 모두 무관 출신들이다. 그가 영전과 좌천, 파직과 복직, 백의종군과 특사가 거듭된 까닭이 여기에 있었고 동서 당쟁이 그 배경을 이뤘다.

이순신에 영웅의 조건 있었다

일본 천하 통일과 이 전쟁을 통해 일본인들에 불세출의 일본국 전쟁영웅으로 길이 추앙 받고 있는 도요토미 히데요시豊臣秀吉가 철저히 시대를 창조해 나갔던 것과는 달리 이 전쟁을 통해 한국인들에 불멸의 조선국 전쟁영웅으로 길이 추앙 받고 있는 충무공 이순신은 철저히 시대에 순응해 나갔다.

히데요시가 시대를 만든 영웅이라면 이순신은 시대가 만든 영웅이었다. 이순신의 전라좌수사 발탁은 그에게는 영웅의 길, 조선에는 구국의 길, 일본에는 패전의 길이 된다. 그러나 그가 아무리 훌륭한 장재將材였다 할지라도 그것만으로 그가 영웅의 길을 걸을 수 있는 것은 아니었다. 그에게는 영웅의 조건이 있었다.

도요토미 히데요시의 조선 침략과 수륙병진전략이 그에게 기회를 주었고, 그가 상승 신화의 무대로 삼았던 조선 남해 연안 다도해의 특수한 지형 조건 그리고 전통적으로 바다의 용병들이었던 전라도 수병들과 강력한 조선 수군 포함砲艦 등의 무기체계로 그가 영웅의 길, 구국의 길을 걷게 된다.

조선 침공군 가운데 일본에 예비대로 대기하고 있었고 평양까지 쳐들어간 고니시 유키나가가 목이 빠지게 기다리고 있었던 증원군사 10만이 서해를 돌아 북상하기 위해 반드시 지나야 할 조선의 남해 바다는 일명 다도해多島海라 부른다. 섬이 많아 붙여진 이름인데 많아도 웬만큼 많은 게 아니다. 전라도 해안 쪽에 1,891개, 경상도 해안 쪽에 419개로 무려 2,310개의 섬 무리群가 동쪽의 대마도, 서쪽의 흑산도黑山島, 남쪽의 제주도濟州道 등 큰 섬 사이 75,000㎢의 넓지도 않은 바다 안에 밀집되어 있다. 제주도와 흑산도 외에 큰 섬으로 거제도巨濟島, 남해도南海島, 완도莞島, 진도珍島 등이 있고 섬들에는 산도 높아 제주도의 한라산漢拏山(1,950m) 외에 거제도의 옥녀봉玉女峰(555m), 완도의 상황산象凰山(644m), 남해도의 망운산望雲山(786m) 등이 있다. 이들 섬들의 해안선을 모두 합하면 4,654km, 무려 11,630리里에 이른다.

육지의 해안선 또한 세계적인 리아스식 해안으로 굴곡이 몹시 심해 동쪽 경상도 부산에서 서쪽 전라도 남해갑南海岬까지 직선거리가 255km, 640여 리인데 비해 같은 구간의 해안선 길이는 무려 2,251km, 5,630여 리에 이르러 지절률地節率이 8.8이다. 한반도 전체 길이가 전라도 해남 땅 끝에서 함경도 온성穩城의 두만강 끝까지 1,020km, 2,550여 리인 데 비하면 직선거리는 4분의 1밖에 안 되나 해안선 길이는 그 2배에 이른다.

해안선이 크고 작은 반도半島와 만灣으로 크게 굴곡을 이루며 이어지는데, 큰 것만 전라도 쪽 해남반도와 보성만寶城灣 득량得糧만, 고흥高興반도와 순천順天만, 여수麗水반도와 광양光陽만 그리고 경상도 쪽 통영統營반도와 진해鎭海만 등이다.

다도해와 바다의 용병

섬의 밀집도와 해안선의 지절률에서 그 유례가 드물어 세계 지리학계는 한반도 남해안을 특별히 '한국식 해안Korean coast' 이라 부른다.

바다 깊이는 평균 100m, 깊은 곳은 210m로 서해보다 깊으나 대부분 섬들이 육지의 산맥이 바다 밑으로 이어져 다시 솟아오른 것들로 바다 밑은 대륙붕大陸棚을 이룬다. 따라서 섬들과 육지 사이 바다 밑에는 하나의 턱梁을 이루고 있고 대표적인 곳이 노량露梁과 명량鳴梁(울돌목)이다. 일본 규슈 남쪽에서 북상하는 쿠루시오해류가 제주도에서 서해와 동해로 갈라지며 평균 2kn 내지 3kn로 흐르는데 섬과 섬 사이 또는 섬과 육지 사이의 좁은 수로로 이들 '턱' 을 넘을 때는 급류로 흐르며 소용돌이치게 된다.

명량은 평균 7.5kn, 최고 11.5kn의 맹렬한 유속으로 흐른다. 조수 간만의 차는 툭 터진 부산 쪽은 1~3m이나 중국 대륙 발해만으로 막힌 여수와 해남 등 서남해안 쪽은 5m나 된다.

남해안 일대는 해양성 기후로 연평균 기온이 13℃내지 14℃로 따뜻한 편이나 태풍이 많고 연간 강수량이 육지 1,200mm에 비해 1,400mm 내지 1,600mm로 많다. 이순신의 난중일기에 비가 왔다는 기록이 유난히 많은 것도 이 때문이다. 남해 해로는 바로 이 같은 다도해의 미로를 헤치며 다니는 뱃길이다. 방어하는 조선 수군에는 천험의 바다 요새고 공격하는 일본 수군에는 마의 미로였다.

이순신은 다도해의 복잡한 해로를 손바닥 보듯 하며 지리에 어두운 일본 수군을 유인해 포위 공격하는 전법으로 조선 수군함대가 일본 수군함대에 비해 수적으로 열세인데도 번번이 승리를 거두었다.

전라도 사람들은 역사적으로 해상활동에 강했다. 특히 전라의 남도, 여수지방 사람들은 전통적으로 바다의 용병들이었다. 통일신라 흥덕왕興德王 때 장보고張保皐(?~846)가 서 남해안 완도莞島에 청해진淸海鎭을 설치하고 동남아시아 해상교역의 패자로 군림하고 있었을 때 그를 지탱해 준 강력한 해군력의 중심세력은 바로 완도 일대 여수지방 뱃사람들이었다.

장보고는 완도 호족豪族 출신으로 20대에 당唐나라로 건너가 무령군武寧軍의 장군이 되었다. 흥덕왕 3년에 신라로 돌아온 그가 당나라와 일본 해적들로부터 신라인 보호를 위해 한·중·일 3국 교역의 요충인 완도에 청해淸海, 즉 해적 소탕을 위한 진영의 설치와 군사 1만 명을 동원할 수 있는 권한을 조정으로부터 얻어내고 청해진대사大使가 되어 해상을 지배했다. 이들 1만 명의 여수지방 수병들이야말로 '바다 일海事에 능能'하고 다도해를 비롯한 한반도에서 서남해안과 중국 연안까지 해상 지리에 밝은 바다의 용병들이었다.

고려 말 1383년우왕(禑王) 9년, 경상도를 휩쓸고 전라도를 향하던 120여 척의 왜

소속 전함 47척의 승무원들도 이들 전라도 수병들이었다.

장보고의 한을 남긴 지 746년, 여수지방 바다의 용병들이 명장 이순신을 만나 다시 한 번 해병으로서의 용맹을 떨치게 된 것이다.

최강의 포함_ 판옥선과 거북선

명장 이순신에게는 또 하나 영웅의 조건이 있었다. 일본군을 압도하는 무기체계였다.

조선군, 특히 조선 수군은 강력한 전함에 중화기로 무장했다. 오늘의 대포와 박격포, 기관총과 로켓포 및 다연장 로켓포는 물론 수류탄까지 보유하고 있었다. 구조나 정밀도 그리고 성능 등에서 오늘의 중화기와 달랐을 따름이었다. 당시로서는 최강의 전함인 판옥선에 10문 이상씩의 대포를, 거북선에는 24문을 장착하여 막강한 화력으로 적을 공격할 수 있었다.

판옥선 정원 164명 가운데 100여 명이 격군格軍 : 櫓軍(노 젓는 군사)으로 격格 4명, 장長 1명 모두 5명 1조가 되어 2명씩 서로 마주 보며 노를 젓는데, 양쪽 16개 노를 80명이 젓고 20명이 교대 대기했다. 나머지는 포수砲手 24명, 화포장火砲匠 10명, 사부射夫(활 쏘는 군사) 18명이었다. 사부가 18명인데 포수와 화포장이 34명이나 돼 판옥선이 포함임을 말해준다.

이순신과 함께 전설적인 전투함으로 전해 내려오는 거북선龜船은 생긴 모양이 거북처럼 생겼다 해서 붙여진 이름이다. 조선 수군 전함의 강점을 극대화시킨 강력한 포함으로 함대 선봉으로 적진에 돌입하여 충파전衝破戰을 감행하는 막강한 돌격함이었다.

거북선은 판옥선 위에 거북등 모양의 뚜껑을 다시 씌우고 그 위에 두께 2~3mm정도의 철갑鐵甲을 덮었고 거기에 칼 송곳刀錐을 촘촘히 꽂아 전함 위로 적병이 기어오르지 못하게 만들었다. 판옥선이 보통 10문 정도의 대포를 장치한 데 비해 거북선은 14문에서 최고 24문까지 장착해 전후좌우 4면으로 발사할 수 있어 적의 선단 속으로 돌진해 들어가 사방으로 공격할 수 있게 되어 있었다.

그 특이한 생김새와 막강한 공격력으로 흔히 거북선이 조선 수군의 주력 전함이었던 것으로 전해오고 있으나 실제 이 전쟁에 참전한 것으로 확인되는 거북선은 3척이었다. 거북선의 크기는 판옥선과 비슷했고 정원은 148~158명이었다.

판옥선과 거북선은 통나무 골조에 두꺼운 판재로 지어 견후장대堅厚長大했다. 통나무는 목질이 질기고 강한 소나무였으며 보통 목선의 판재 두께가 7cm인데 비해 이들 전함 판재는 13cm가 넘었다. 판재를 이어 붙일 때는 사개맞춤이라 해서 홈이나 구멍을 파고 깍지를 끼워 맞추었고 약한 듯한 곳은 꺽쇠로 단단히 조였다. 뱃머리에는 적선을 들이받는 데 쓰는 쇠뿔鐵角이나 참나무를 깎아 만든 귀신대가리鬼頭를 붙여 놓았다. 각목 골조에 얇은 판재로 못질을 해서 지은 일본 수군 전선과 맞부딪치면 조선군 전함은 끄떡도 없는데 일본군 전선은 와지끈 부서졌다.

일본군 전함에 비해 조선군 전함이 강력해 이 전쟁 전 과정에서 이순신 함대에 번번이 전멸의 화를 입었는데도 일본은 왜 끝내 조선군 전함을 본뜨지 않았을까? 이에 대해 1595년선조 28년 이순신은 조정에 보낸 장계에서 이렇게 설명하고 있다.

> '왜적이 (그간 전투에서 연전연패한 것은) 수전에 능숙하지 못해서가 아니라 단지 멀리서 오느라 배가 견후장대할 수가 없었고 배에 대포를 안치할 수가 없었기 때문이었다大抵倭賊 非不慣水戰也 只以其船遠來 其制不能堅厚長大 故無以安砲於其上而.'

전쟁이 끝난 뒤 1606년선조 33년 이항복李恒福도 그 까닭을 선조에 이렇게 설명하고 있다.

> '왜인들이 (조선의 판옥선을) 좋아했으나 느리고 육중한 것이 싫어 본뜨지 않

앗다倭人好其制度而 厭其遲重 不爲作之.'

조선군 전함은 튼튼한 데 반해 느리고 둔했다. 일본군 전선은 약했으나 빠르고 날렵했다. 조선 수군은 연안해군으로 가까운 바다에서 침입해 오는 적함을 맞아 싸우면 되었으나 일본 수군은 원양해군으로 먼 바다에 나가 노략질을 하다 불리하면 재빨리 도망가야 했다.

조선군 전함이 통나무 골조로 구조가 강해 대포를 발사할 때의 반동에 끄떡도 하지 않았으나 일본군 전선은 각목 골조로 구조가 약해 반동을 견디지 못해 포를 장착할 수 없었던 것이다.

일본군 전함으로는 세키부네關船와 아다케安宅船 및 고바야小早 등이 있었다. 세키부네는 조선 수군의 판옥대선, 아다케는 판옥선, 고바야는 협선의 크기와 구조 및 용도가 비슷했다. 세키부네는 주로 사령관이 탔으며 조선의 판옥선과 같이 주력 전함은 아다케였다. 다만 견고함에서 조선 수군 판옥선의 적수가 되지 못했다.

조선군 전함의 또 다른 강점은 노櫓에 있었다. 보통 노라면 서양식 '오어oar'를 생각한다. 끝 부분이 넓적한 쭉 곧은 목봉을 노수櫓手(oar-man)가 진행 방향과 반대로 앉아서 거의 수평으로 앞으로 당기며 수면을 젓는다. 그러나 조선의 노는 다르다. 구부러진 목봉을 노수가 선 채로 거의 수직으로 물 속에 꽂아 넣고 밀고 당기며 휘저어 배를 앞으로 나가게 하는 것이다. 따라서 '오어'는 배들이 접근하면 서로 걸려 움직일 수 없지만 조선식 노는 서로 접근해도 걸리지 않고 움직여 나갈 수 있다. 배가 회전하려면 '오어'는 한쪽만 저으면서 상당한 회전 반경을 필요로 하지만 조선식 노는 제자리에서 360도를 회전시킬 수 있다.

판옥선과 거북선이 적 선단에 돌입하여 자유자재로 움직이며 사방의 적을 포격하거나 들이받아 충파전衝破戰을 벌일 수 있었던 것은 바로 조선식 노의 특징 때문이기도 했다.

이밖에 협선狹船 또는 사후선伺候船 등 정원 5명 정도의 소형선이 있었으며 연락과 정찰 등의 임무에 사용되었다.

조선 수군 이순신 함대의 연전연승은 사령관으로서 이순신의 탁월한 작전 지휘에 해전의 주 무대가 된 남해 다도해의 특수한 지리적 조건 그리고 중화기로 무장된 강력한 전함의 보유와 바다의 용병 전라도 수병이 어우러져 만들어 낸 불멸의 신화였다.

무적함대 남해 제해권을 장악하다

전쟁이 일어난 4월 13일과 14일, 이순신은 동헌東軒에 나가 공무를 본 뒤 평소와 다름없이 활을 쏘았다. 그에게 전쟁이 터진 사실이 알려진 것은 15일 저녁 무렵이었다. 원균으로부터 '적선 90여 척이 절영도에 침입했다'는 통첩이 왔고 거의 같은 시간에 박홍으로부터 '적선 350여 척이 부산포에 나타났다'고 왔다. 뒤따라 경상도 관찰사 김수로부터도 통첩이 왔다. 즉시 조정과 전라도 순찰사 이광에 통첩을 받았다고 보고하고 전라도 우수사 이억기李億祺에도 통첩을 보내고 관할 수군에 비상 대기령을 내렸다.

16일, 원균으로부터 부산진성 함락 통첩이 왔고 17일, 경상도 우병사로 현지에 내려간 김성일로부터도 통첩이 왔다. 이날 비가 내렸다. 이순신은 《난중일기》에 그날의 날씨를 꼬박꼬박 기록해 놓았다. 날씨에 영향을 크게 받는 해군사령관으로서는 당연한 일이었다.

수십만 명의 무고한 인명이 무참하게 살상되는 이 비극적인 전쟁의 발발을 하늘도 슬퍼했음이었을까? 비가 많은 다도해이긴 하나 이해에는 유난히도 비가 왔다는 기록이 많다.

18일, 원균으로부터 다시 동래성이 함락되었다는 통첩이 왔고 20일, 김수로부터 경상도 전역의 방어선이 걷잡을 수 없이 붕괴되고 있음을 알리는 통첩에 '적을 당해낼 도리가 없다'면서 '전선을 정비하여 후원해 달라'고 요청해 왔다.

김수는 18일 원균에게 출동 명령을 내림과 동시에 조정에 전라좌수영함대의 응원 출동을 요청하는 한편 이 사실을 이순신에 통보해 온 것이다.

이순신이 출전 준비를 서두르는 한편 김수의 응원 출동 요청을 조정에 보고하고 명령을 기다렸다. 그 사이 원균이 경상도 소비포所非浦 권관 이영남李英男을 보내 응원 출동을 거듭 요청해 왔다. 그러나 조정의 명령 없이 사령관 혼자서 관할구역을 벗어나 출동할 수 없는 일이었다. 이영남이 5~6차례나 왔다가 거절 당하고 돌아갈 때마다 원균이 뱃머리에서 통곡을 했다.

27일, 조정으로부터 선전관 조명趙銘이 와서 유서諭書(임금의 명령서)를 전했다. 23일자로 작성된 명령서였다. 이일이 상주에서 패전하기 2일 전이었다. '경상도 우수사 원균이 바다로 나가 적을 치려 한다니 그대는 휘하 전함을 이끌고 급히 나가 원균과 합세하여 적을 격멸하라'였다. 원균이 바다로 나가 적을 치기는커녕 육지에서 몸을 피해 있으면서 조정에 전라도 수군의 출동을 요청했던 것이다.

출전 명령을 받은 이순신은 즉시 휘하 전 지휘관들에 전함을 이끌고 29일까지 여수 수영 앞바다에 집결하도록 명령했다. 출전 일자는 4월 30일 새벽 4시. 원균에 통첩을 보내 서로 만날 장소를 정해 회신하도록 하고 전라도 순찰사 이광에 우수영 이억기 함대의 합류를 요청했다.

원균으로부터 당포唐浦(경남 통영군 산양면 삼덕리)에서 만나자는 통첩이 왔고 이억기로부터도 우수영(해남군 문내면 우수영리)을 출발하겠다는 통첩이 왔다. 좌수영 전함들이 속속 여수 앞바다에 모여들었다.

이순신이 이억기 함대가 도착할 때까지 출동을 연기하고 군관 송한련宋漢連을 남해도南海島로 급파했다. 앞서 수영의 진무鎭撫(하사관) 이언호李彦浩를 보내 남해 현령 기효근奇孝謹에 공문을 전달하려 했는데 이언호가 돌아와 보고하기를 남해도는 현령과 첨사 등 모두가 도망가고 섬이 텅 비어 있었다고 했다. 군관을 보내 확인하도록 한 것이었다.

5월 2일, 송한련이 돌아와 '기효근은 물론 미조항彌助項 첨사 김승룡金勝龍, 평산포平山浦 만호 김축金軸 등 모두가 도망가고 무기 등도 모두 흩어져 남은 것이 없다'고 했다. 이순신이 경악을 금치 못했다.

3일, 이억기 함대를 기다리며 이순신이 휘하 장수들과 함께 바다가 내려다보이는 진해루鎭海樓 : 鎭南館에 모여 앉아 작전을 협의하고 출전 여부를 논의했다. 아침부터 가랑비가 내렸다. 녹도鹿島 만호 정운鄭運이 즉각 출동을 주장했다.

"왜적이 한성漢城에 가깝게 가고 있는데 기회를 놓치면 소용이 없다."

"영남도 우리나라 땅이고 호남도 우리나라 땅이다. 지금 공격해야 영남을 돕는 것이 되고 호남을 지키는 것이 된다."

이 때는 일본군이 이미 한성서울에 입성해 있었다.

이순신이 결단을 내렸다.

"4일 새벽 2시丑時에 출전한다."

조정에 출전 장계를 띄우고 우수영함대가 오면 뒤따라오도록 했다. 전투서열은 다음과 같이 했다.

주장主將	전라좌수영 수사		이순신李舜臣
중위장中衛將	방답防踏	첨사	이순신李純信
좌부장左部將	낙안樂安	군수	신호申浩
우부장右部將	보성寶城	군수	김득광金得光
전부장前部將	흥양興陽	현감	배흥립裵興立
중부장中部將	광양光陽	현감	어영담魚泳潭
좌척후장左斥候將	여도呂島	권관	김인영金仁英
우척후장右斥候將	사도蛇島	첨사	김완金浣
후부장後部將	녹도鹿島	만호	정운鄭運
좌부기전통장左部騎戰統將	순천대장順天代將		유섭兪濰

우부기전통장右部騎戰統將	진군관보인鎭軍官保人	이춘李春
한후장捍後將	군관급제軍官及第	최대성崔大成
참퇴장斬退將	군관급제軍官及第	배응록裵應祿
돌격장突擊將	군관軍官	이언량李彦良
유격장遊擊將	발포가장鉢浦假將	나대용羅大用
유수장留守將	이몽귀李夢龜	

함대는 판옥선 24척병력 약 3,000명, 정원 환산, 협선 15척약 75명, 정원 환산, 포작선鮑作船 46척이었다. 포작선은 민간 어선이다. 이순신은 전함이 24척으로 함대 규모가 작아 민간으로부터 어선을 징발해 참전케 함으로써 함대의 위용을 보강하려 했다. 경상도 수역의 물길 안내는 어영담이 맡았다. 그는 함안咸安 출신으로 무과 급제 후 남해 각지에서만 복무했기 때문에 남해 해역 일대 지리에 밝았다.

이날, 출전을 앞두고 여도呂島(고흥군 점암면 여호리) 권관 황옥천黃玉千이 탈영했다. 군사를 그의 집으로 보내 잡아다 목을 베 전군에 효시하고 좌척후장에 김인영이 대신 임명됐다. 이순신의 군령이 서릿발 같았다.

1차 출동 세 차례 해전 적선 42척 격파

5월 4일 새벽 2시. 조선 수군 전라좌수영 이순신 함대가 여수 수영을 뒤로하고 첫 출전의 닻을 올렸다. 어둠을 헤치며 조용히 앞으로 나가 넓은 바다에 이르자 기함을 중심으로 대형을 정비한 뒤 일로 동쪽으로 항진해 나갔다.

아침 5시. 멀리 수평선에 어둠이 걷히기 시작하더니 곧 붉은 해가 바다 위로 솟구쳐 오르면서 눈부신 아침 햇살을 함대에 쏟아 부었다. 하늘도 맑고 바람도 평온하여 바다도 잔잔했다.

이순신은 경상도 우수영 관할 수역인 남해도 남단 미조항彌助項에 이르러 함대를 둘로 나누어 김인영, 김득광, 어영담, 정운 등의 전함은 그대로 동쪽으로

충무공 해전도 ⓒ현충사

나가 개이도介伊島(추도), 사량도蛇梁島 등을 수색하면서 소비포所非浦(경상도 고성군 하일면 춘암리)로 향하게 하고 나머지 함대는 자신이 인솔하여 남해도 일대를 샅샅이 수색한 뒤 소비포로 가서 합류해 이날 밤을 지냈다. 이순신은 좌수영 함대가 당포까지 전진했을 때, 만에 하나라도 후방에 침투한 일본 수군이 뒤를 덮쳐오거나 여수 수영을 기습할 것을 미리 염려하여 이 같이 철저한 수색전을 벌인 것이었다.

5일, 고성固城 해역 일대를 수색하며 한낮에 미륵도彌勒島(경상도 통영군 산양면) 서남쪽의 당포에 도착했으나 원균은 나타나지 않았다. 사방으로 협선을 띄워 찾았으나 어디에 있는지 알 수가 없었다.

6일, 아침 일찍 원균이 판옥선 1척에 타고 나타났다. 뒤따라 달아났던 기효근, 김승룡, 김축 등이 판옥선 3척과 협선 2척을 타고 합류해 원균 휘하 경상우수영 함대가 판옥선 4척, 협선 2척, 병력 650명정원 환산이 되었다. 전라 좌수영 함대보다 배나 컸던 경상 우수영 함대가 초라하기 그지없는 모양이 됐다. 경상 우수영 함대의 판옥선 3척과 협선 2척이 공격에 가담해 조선 수군 전라경상 연합함대가 판옥선 27척, 협선 17척에 병력 3,700여 명이 되었다.

이날 오후, 당포를 출발한 조선 수군 연합함대는 부근 해역을 수색하며 거제도巨濟島 남단을 돌아 동남쪽 송미포松未浦(경상도 거제군 동부면 갈곶리)에 도착해 그곳에서 숙영을 했다. 이날 밤, 거제도 동북쪽 가덕도加德島(경상도 창원군 천가면 성북리)에 적의 함대가 있다는 정보가 들어왔다.

7일 새벽 4시, 전군이 출동했다. 마침내 조선과 일본 두 나라 수군의 개전 이래 첫 해전의 날이 밝았다. 척후선을 앞세워 거제도 해안을 끼고 가덕도를 향해 북상해 가는데 점심 때쯤이 되어 옥포玉浦(경상도 거제군 일운면 옥포리) 앞바다까지 진출한 척후선에서 신기전神機箭이 화염 꼬리를 달고 하늘로 솟아올랐다. 적 발견 신호였다. 전군이 아연 긴장했다.

조선 수군으로서는 처음 겪게 되는 실전이었고 말로만 듣던 일본군과의 첫

대전이었다.

"명령 없이 망동하지 말라. 정중하기를 태산같이 하라勿令妄動 靜重如山."

이순신의 군령이 전군을 압도했다. 전함들을 전투대형으로 전개시킨 뒤 전속력으로 항진해 나가 포구 안으로 일제히 공격해 들어갔다. 적선은 30여 척이었다. 적병들이 전선들을 선창에 묶어 두고 포구 마을에 들어가 마음 놓고 분탕질을 치고 있었다. 마을 여기저기 불을 질러 집집마다 불길이 치솟았다.

조선 수군의 갑작스런 기습에 놀란 적병들이 황급히 전선으로 돌아와 조총을 난사하며 대항했으나 미처 전투태세를 갖추기도 전에 돌격해 들어간 조선 수군 전함의 일제 포격에 적선들이 하나둘씩 깨지고 불타올랐다.

27척의 판옥선에 10문씩 장착된 270문의 대포들이 불을 토할 때마다 천지가 진동하듯 요란한 포성이 옥포만에 메아리치면서 일본군 전선들이 차례로 박살이 났다. 신기전이 불꼬리를 달고 날아가 박히면서 적선들이 불길에 휩싸였다. 처음에 겁먹었던 조선군 수병들이 점차 용기가 솟아 자신을 갖게 되자 판옥선을 몰고 들어가 적선에 부딪쳐 충파를 감행했다. 그 때마다 적선들은 와지끈 부서져 나갔다.

포격과 충파 2시간여, 포구에 있던 적의 대선 16척, 중선 8척, 소선 2척 모두 26척이 깨지고 불탔으며 나머지는 죽을힘을 다해 도주했다. 일본군 전선의 정원은 대선 200명, 중선 100명, 소선 40여 명인 것으로 미루어 4,000여 명의 적 수군이 궤멸됐다.

깨진 일본 수군 전선들의 잔해와 적군 병사 시체들이 널린 채 떠다니는 옥포만에 조선 수군 병사들의 승리의 함성이 메아리쳤다. 조선 수군은 단 1척의 전함 손실은 물론 단 1명의 전사자도 없었으며 1명의 부상자順天 射夫 李先枝가 있었을 따름이었다. 불의의 기습이었고 일방적인 공격이었으며 완벽한 승리였다.

조선 수군의 첫 옥포해전이었다.

첫 해전에서 대승을 거둔 조선 수군이 옥포만에서 빠져 나와 거제도 북방 영등포永登浦(거제군 장목면 구영리)까지 진출해 거기서 숙영을 준비하고 있는데 오후 4시쯤, 척후선에서 적선 5척을 발견했다는 보고가 들어왔다. 전군이 추격에 나서자 적선들이 필사적으로 도주하여 웅천熊川 땅 합포合浦 : 鎭海 깊숙이 들어가 적병들이 배를 버리고 뭍으로 도망했다. 포구 안으로 쳐들어가 단숨에 적선 대선 4척, 소선 1척 모두 5척을 깨고 부수고 불태웠다. 합포해전이었다. 합포만을 빠져 나온 조선 수군 함대는 이날 밤을 창원昌原 땅 남포藍浦(창원군 귀산면 남포리) 앞바다에 정박하고 이날의 승전을 자축하고 있었다.

그런데 전라도 도사 최철견崔鐵堅이 함대를 찾아와 조정이 서울을 포기하고 평양으로 이동한 사실을 알렸다. 승리에 도취해 있던 전군이 통곡을 하며 복수를 다짐했다. 이날, 뭍에서는 선조와 조정 대신들이 평양에 도착했다.

8일, 아침 일찍 척후장으로부터 적선들이 진해鎭海(창원군 진동면 진동리) 땅 고리량高里梁에 있다는 정찰 보고가 날아들었다. 전군이 출동하여 저도猪島를 지나고 적진포赤珍浦(통영군 광도면 적덕동)에 이르자 포구에 적선 13척이 선창에 정박한 채 적병들은 육지에 올라가 분탕질이 한창이었다. 이들 일본군들은 아직 조선 수군 함대의 출현과 옥포만의 참담한 패멸 소식을 듣지 못했던 것 같았다. 일제히 공격해 들어가 그중 대선 9척, 중선 2척 모두 11척을 격파했고 2척은 필사적으로 도주했다. 적진포해전이었다.

조선 수군은 1차 출동 5월 4일부터 9일까지 6일 동안 옥포, 합포, 적진포 3차례 해전에서 일본군 전선 42척을 격파하고 수병 6,000여 명을 궤멸시키는 전승을 거뒀다. 아군 전함 손실 없이 9일 원균의 경상도 함대는 고성으로, 이순신의 전라도 함대는 여수로 각각 개선했다. 1차 출동 때 궤멸된 일본 수군은 토도 타카도라藤堂高虎 휘하 수군인 것으로 알려져 있다. 여수 수영으로 개선한 이순신은 10일 조정에 옥포파왜병장玉浦破倭兵狀을 올려 최초의 승전보를 띄웠다.

2차 출동 네 차례 해전 적선 72척 격멸

수군의 남해 해전 승전보는 침체했던 조선 전역에 아연 활기를 불어넣어 주었다.

평양의 피난 조정은 개전 이후 육전의 패보만 잇달다가 처음 받아 보는 통쾌한 승전보였다. 5월 23일, 이순신의 품계品階를 정3품에서 종2품 가선대부嘉善大夫로 올렸다.

조선 수군의 승전 소식은 백성들 사이에서도 요원의 불길처럼 번져 나갔다. 참전 수병들이 돌아와 가족과 이웃에 알렸고 해전이 벌어진 포구 마을 백성들이 숲속에 숨어 이 장쾌한 승전의 현장을 눈으로 본 이야기를 숨이 차게 퍼트렸다. 마을에서 마을로, 경상도와 전라도에서 충청도와 경기도로, 다시 황해도와 평안도 그리고 함경도로 조선 전역으로 퍼져 나갔다.

"공포의 일본군도 별게 아니라더라."

"나는 새도 떨어뜨린다는 조총도 우리 수군 대포 앞에서는 말 그대로 새총이라더라."

겁먹고 성을 버리고 달아났던 수령들이 제자리로 돌아오고 흩어졌던 군사들도 임무에 복귀하기 시작했다. 일본군에 대한 두려움이 사라지면서 싸워 이길 수 있다는 자신감이 회복되고 전의가 드높아지며 개전 초기의 패전의식으로부터 벗어나기 시작했다.

함안咸安 군수 유숭인柳崇仁이 돌아와 1,100명의 기병대를 편성했다. 전쟁이 일어난 지 열흘 만에 의병군을 편성한 경상도 의령의 곽재우에 이어 거창의 김면, 합천의 정인홍이 의병군을 일으킨 데 이어 6월 16일 전라도 나주에서 김천일金千鎰, 29일 담양에서 고경명 의병군이 일어났다. 수군의 승리는 단순히 해전의 승리에 그치지 않고 육전에서의 승리로 확산되어 나갔다.

수영으로 돌아온 이순신은 장병들의 전공을 치하한 뒤 2차 출동 준비에 전력을 기울였다. 전함을 수리하고 화포를 정비하며 화약의 제조와 군량 조달에 만전을 다해 나갔다. 활쏘기와 각종 화포 발사 훈련도 강화하여 강병으로 조련했다.

이순신은 6월 4일을 2차 출동의 날로 잡고 우수영에 연락하여 3일까지 여수에서 합류하도록 했다. 그런데 27일 원균으로부터 급보가 날아들었다. '적선 10여 척이 사천泗川 곤양昆陽까지 쳐들어와 경상우수영을 남해 땅 노량露梁(설천면 노량리)으로 옮겼다'는 통첩이었다. 사천 곤양이라면 좌수영 관할 수역과 접경지역이나 다름없었다. 일본 수군이 전라좌수영 인근 해역까지 침범해 들어오고 있다는 것이 된다.

이순신이 출동을 앞당기기로 했다. 전주성全州城 전라감영에 파견 나가 있던 순천 부사 권준權俊이 돌아와 1차 출동 때의 전투서열을 일부 바꿔 장수들에 임무를 부여했다.

중위장	순천 부사	권 준
전부장	방답 첨사	이순신李純信
후부장	흥양 현감	배흥립
좌척후장	녹도 만호	정 운
돌격장	군관	이언량
	급제	이기남
한후장	군관	가안책賈安策
참퇴장	전 첨사	이응화李應華
좌별도장	우후虞侯	이몽귀

다른 장수들은 1차 출동 때와 같았다. 출동 후 여수 수영을 지키는 유수장에는 이몽귀 대신 군관 윤사공尹思恭이 임명됐고, 조방장 정걸丁傑에 판옥선 1척을 주어 흥양興陽: 高興을 지키도록 했다.

5월 29일 새벽, 우수영 이억기 함대가 오면 뒤따라오도록 하고 판옥선 23척,

협선 15척으로 편성된 좌수영 이순신 함대가 여수 수영을 빠져나가 동북쪽으로 노량을 향해 항진해 나갔다. 2차 출동 때 거북선이 사상 최초로 참전했다. 넓은 바다에 나서자 돛을 올려 바람을 타고 전진을 계속했다. 판옥선과 거북선에는 각각 2개씩의 돛이 있었다. 안전 해역에서는 돛을 올려 격군이 쉬도록 했고 전투 해역에 들어서면 돛을 내려 적의 화공으로부터 불타지 않도록 했다. 노량으로 향하는데 도중에 경상도 우수영 함대 소속 판옥선 3척이 섬진강蟾津江 하구 쪽의 하동河東(하동군 고전면 선소리)에서 나와 합류했다.

노량을 지나 사천泗川으로 향할 때 일본군 전선 1척이 걸려들었다. 전부장 이순신과 남해 현령 기효근이 달려가 일격에 부셔버렸다. 곧이어 사천만 입구에 도달했다. 멀리 사천선창에 적선 12척이 보였다. 육지에 수백 명의 적병들이 올라가 있었고 기치와 창검이 가득한 가운데 장수용 군막도 보였다. 가까이 접근했으나 때마침 썰물로 물이 빠져 있어 수심이 얕고 선창이 좁아 판옥선과 같은 대형 전함의 활동이 어려웠다. 이순신이 함대를 뒤로 물렸으나 적선들은 반격해 오지 않고 전선에서 조총만 난사했다. 밀물이 밀려들면서 다시 공격해 들어갔다.

거북선이 함대 선봉으로 먼저 돌격해 들어가고 다른 전함들이 뒤를 따랐다. 거북선의 위력이 드러났다. 육중한 선체로 일본군 전선의 뱃전에 바짝 붙어 밀어붙이며 스쳐지나가는 접현전接舷戰에 적선 옆구리가 터졌고 뱃머리 용두龍頭 아래 귀신대가리鬼頭로 정면으로 받으면 박살났다. 적병들이 조총을 집중사격했으나 거북등 철갑을 뚫기는커녕 그대로 튕겨나가고 용감한 일본군 수병들이 거북선 등으로 뛰어오르다 칼 송곳刀錐에 찔려 죽었다.

적병들은 거북선 안을 들여다볼 수가 없었다. 뱃머리 용두에서 염초와 유황을 태운 고약한 연기를 내뿜어 시야를 가리는 데다가 사방에 대포 구멍砲眼 : 砲穴 외에는 모두 막혔고 철갑 거북등 지붕까지 씌어 있어 거북선 안에서 누가 무엇을 하는지 볼 수가 없었다.

일본군 병사들은 거북선을 '메꾸라 부네盲船'라 불렀다. '눈먼 배'다. 안에서도 밖이 보이지 않을 것 같았다. 그러나 거북선은 볼 것은 다 보았다. 사방에 낸 창窓 덮개를 열고 밖을 내다보며 적선 사이를 헤집고 다녔고 대포 구멍으로 밖을 보며 조준 사격을 했다. 사방 14문의 대포가 불을 토할 때마다 대형 쇠 작살鐵軍箭이 날아가 적선 배에 구멍을 내 침몰시키거나 200여 개 새알탄鳥卵彈이 갑판 위 적병들에 우박처럼 쏟아졌다.

판옥선에서도 일본군 전선을 내려다보며 260여 문의 대포가 교대로 불을 뿜었다. 부서진 전선에서 뛰어내려 물에 빠져 허우적대는 적병들은 판옥선 뱃전 방패 뒤에 나란히 서서 번갈아 가며 활을 쏘아 대는 조선군 병사들의 화살 밥이 되었다.

'나는 모든 장수들을 독전하며 한꺼번에 달려들어 빗발치듯 화살을 퍼붓고 각종 총통들을 바람과 우뢰같이 쏘아 보내니 적들은 겁에 질려 물러나는데 화살을 맞은 왜적의 수효가 몇백 명인지 헤아리기 힘들었고 머리를 벤 왜적도 많았다.'

—《난중일기》 5월 29일자

'군관 나대용이 탄환에 맞았고 나도 왼쪽 어깨 위를 탄환이 뚫고 나갔으나 중상은 아니었다. 활군과 격군 중에도 탄환을 맞은 숫자가 많았다.'

—《난중일기》 같은 날짜

일본군 저항이 의외로 강해 이날 전투가 격렬했음을 말해 준다. 이순신이 중상은 아니라 썼으나 그는 이날 부상으로 그 뒤 큰 고통을 겪는다. 일본군 전선 13척을 모두 깨고 불태웠다. 사천해전이었다. 날이 저물어 사천만 입구 모자랑포毛自郎浦(사천군 읍남면 주문리)로 빠져 나와 숙영을 했다.

6월 1일, 정오쯤에 사랑도蛇梁島(통영군 원량면 양지리)로 함대를 이동시켜 적정을 살피는 한편 병사들을 쉬게 했다. 밤사이 적선 20여 척이 당포唐浦에 있다는 척후 보고가 들어왔다.

2일 아침, 전 함대가 출동하여 상오 10시쯤 당포에 도착했다. 선창에 대선 9척, 중·소선 12척 모두 21척의 적선이 정박해 있었고 일본군 300여 명이 뭍에 올라 일부는 성안으로 들어가 노략질이 한창이었다. 조선 수군이 출현하자 적선에서 조총을 쏘며 대항해 왔다.

거북선을 앞세워 일제히 돌격해 들어갔다. 적선들 가운데 조선 수군의 판옥대선 크기에 두 길이 넘는 누각까지 있는 전함이 있는데, 누각 주변에 붉은색 휘장에 황금색 글자가 쓰여 있는 깃발이 요란하게 세워져 있었다. 누각 안에 적장인 듯한 사나이가 꼼짝도 않고 앉아서 적병들을 지휘하고 있었다.

거북선이 휘젓고 기어들어가 천자총통으로 대장군전을 쏘아 적함에 구멍을 뚫었고 이어 귀신대가리로 들이받았다. 적함이 기우뚱하는 사이 중위장 권준이 활을 쏘아 적장을 맞혔고 바다에 거꾸로 떨어진 그의 목을 우척후장 김완과 군관 진무성陳武星이 달려들어 베어 올렸다.

> '흩어지는 적군에 우리 군사들이 모여들어 활을 비 오듯 쏘아대니 화살에 맞아 쓰러지는 자가 얼마나 되는지 알 수 없을 지경이었다. 남김없이 섬멸했다.'
>
> —《난중일기》 6월 2일자

적선 21척을 모조리 깨뜨리고 불태웠다. 이순신이 전장을 수습하고 있는데 잠시 후 척후선으로부터 적선 20여 척이 이쪽으로 오고 있다는 급보가 들어왔다. 급히 넓은 바다로 나와 적선들을 맞을 준비를 하고 있는데 오던 적선들이 조선 수군 함대를 보더니 전속력으로 달아나 버렸다. 이순신은 추격을 하지 않았다. 어차피 느려빠진 조선 전함으로 날렵한 적선을 뒤쫓기는 어려웠다. 당포

해전이었다.

날이 어두워 진주晋州 땅 창선도昌善島로 물러나 숙영했다. 3일 아침 일찍이 출항하여 개이도介伊島 : 楸島(통영군 산양면) 일대를 뒤졌으나 어제의 적선들을 찾아내지 못했다. 고성 땅 고둔포古屯浦에서 밤을 보냈다.

4일, 함대를 다시 당포 앞바다로 이동시켜 놓고 사방에 척후선을 띄워 달아난 적을 찾고 있는데 정오쯤에 수평선 멀리 돛을 높이 올린 일단의 전함들이 위용을 과시하며 나타났다. 가까이 보니 전라우수영 이억기 함대였다.

'진중 장병들이 너무 기쁜 나머지 춤을 추고 날뛰었다.'

-《난중일기》 6월 4일자

우수영 함대는 판옥선만 25척이었다. 전라좌수영 23척, 우수영 25척, 경상도 우수영 3척으로 판옥선만 모두 51척 규모의 연합함대로 편성됐다. 통합 지휘는 이순신이 맡았다. 수병들 사기가 충천했다. 수사 3명이 작전을 협의하며 밤을 착량포鑿梁浦(통영군 산양면 당동리)에서 보냈다.

5일, 아침 안개가 바다 가득히 깔려 있다가 늦게 걷혔다. 일본인으로 조선에 귀화해 거제도에 사는 김모金毛 등 백성 78명이 작은 배를 타고 와서 '당포에서 달아난 적선들이 거제도를 지나 당항포唐項浦(회화면 당정리)에 있다'고 알려 왔다. 전군을 전진시켜 거제도와 고성군 사이 넓은 바다에 이르러 멀리 진해 쪽을 바라보니 육지에 일단의 기병대가 진을 치고 있는데 위세가 당당했다.

멀리서 보아도 일본군이 아닌 조선군이었다. 척후선을 보내 알아보니 함안 군수 유숭인 기병대였다. 기병이 1,100여 명이나 됐다. 유숭인이 진주성을 향해 오는데 때마침 일본군 수병 800여 명이 진주성에 들어가 분탕질을 치고 있는 것을 발견했다. 이들을 기습하자 일본군 수병들이 황급히 성을 빠져 나와 진해만에 정박시켜 두었던 대선 4척, 소선 2척에 타고 막 바다로 나오고 있었다. 연합함대에 제대로 걸려들었다.

선두에 섰던 좌척후장 정운 등이 달려가 일거에 격멸했다. 육지에서 내몰고 바다에서 격멸해 버린 육해 합동작전이 된 셈이었다. 진해 앞바다 해전이었다.

당항포는 진해 앞바다에서 고성固城군의 회화會華와 동해東海 그리고 마암馬巖과 거류巨流 4개 면 사이를 무려 40여 리나 서쪽으로 내륙 깊숙이 뱃길을 열고 들어간 길고 협소한 만灣의 20리쯤 되는 회화면 쪽에 있는 포구였다.

뱀처럼 길게 이어지는 수로가 되어 백성들은 아예 '소소강召所江'이라 불렀다. 수로 양쪽에는 산들이 있어 복병이 배치될 수도 있는 지형이었다. 척후선을 먼저 들여보내 적정을 살피도록 했다. 잠시 후, 척후선에서 쏘아 올린 신기전이 불꼬리를 달고 하늘 높이 솟아올라 포물선을 그으며 날았다. 적을 발견했으니 따라 들어오라는 신호였다.

만일을 위해 판옥선 5척을 만의 입구에 포진시켜 구원하러 달려오는 적선들을 막도록 하고 거북선을 앞세워 꼬리를 물고 만 안으로 쳐들어갔다. 포구에 판옥선 크기의 대선 9척, 중선 4척 그리고 소선 13척 등 모두 26척의 적선들이 정박하고 있었다. 그 가운데 가장 큰 적선은 3층 누각이 있었고 흡사 불전佛殿같이 단청을 했는데 검은 휘장 안에 장수인 듯한 자가 앉아서 지휘하고 있었고 주위에는 수많은 적병들이 도열해 서 있었다.

연합함대가 포구를 둘러싸고 포위망을 좁혀가면서 공격을 시작하자 적선에서도 필사적으로 대항해 왔다. 일본군으로서는 퇴로가 없어 전멸을 각오하고 반격하는 것 외에 달리 길이 없었다. 그런데 만灣이어서 조선 수군 함대가 진용을 운용하는 데는 아무래도 좁아 불편했다. 이순신이 명령을 내려 아군 전함들을 뒤로 물리면서 두 편으로 갈라 세워 포위망 한 모퉁이를 열어주자 적선들이 빠른 속력으로 탈출하려는 듯 일제히 포구에서 빠져 나왔다. 그 순간에 이순신이 다시 명령을 내려 적선들을 복판에 몰아넣고 빙 둘러 에워쌌다. 일본군이 독 안의 쥐 꼴이 됐다.

거북선이 적선들 사이를 헤집고 들어가 대장선에 천자총통으로 대장군전을 쏘아 관통시킨 뒤 용두 밑의 현자총통을 쏘아 철탄자 벼락을 안겼다. 판옥선에서 신기전들이 무더기로 날아가 대장선이 불길에 휩싸이면서 적장이 화살에 맞고 바다에 떨어졌다. 460여 문의 대포가 퍼붓는 엄청난 화력에 적선들이 차례로 부서져 나갔고 화살들이 억수처럼 쏟아져 들어갔다.

> '우리 수군이 한꺼번에 무찌르면서 비처럼 화살을 쏘아대니 화살에 맞아 죽은 왜적이 얼마인지 헤아릴 수 없었다.'
> '왜장의 머리를 7개나 베었다.'
> '우리 군사의 기세는 하늘을 찌를 듯이 높이 솟았다.'
>
> –《난중일기》 6월 5일자

치고 부수고 쏘고 베다 보니 날이 어두워졌다. 적선 1척이 남아 있었으나 이순신이 그대로 둔 채 철수 명령을 내렸다. 넓은 바다로 빠져 나와 군사들을 쉬게 하고 밤을 보내면서 전부장 이순신李純信은 만 입구 기슭에 은밀히 잠복하고 있다가 남은 적선 1척이 나오면 요격하도록 했다.

6일 새벽, 어둠 속을 더듬으며 적선 1척이 숨을 죽여 빠져 나오고 있었다. 전부장 이순신의 전함이 다가가 사조구四爪鉤(쇠갈퀴에 밧줄을 묶어 적함에 던져 끌어당기는 전투용구)를 던져 달아나지 못하게 한 뒤 포격으로 부서버렸다. 배에 20대 젊은 장수 하나가 타고 있다가 사살되었고 100여 명이 넘는 일본군 수병들이 수장됐다.

이순신은 처음 선창에 정박한 적선들을 그대로 격멸해 버리려 했다가 적병들이 육지로 달아나면 백성들에 피해를 줄 것 같아 일단 바다로 끌어내 전멸시킨 것으로 보인다. 이날 해전에서의 일본군 전사자들은 정원 환산 2,700여 명으로 추정해 볼 수 있다. 이 날짜《난중일기》에는 '(당포해전 후) 남은 왜병들이 육지로 달아났으나 그 수효는 많지 않았다'고 쓰고 있다. 마지막 격파된 일본군 전선 1척에 타고 있는 일본군 수병들에 아마도 달아났던 '많지 않은 왜병'들이 포함되어 있었을 것 같다. 당항포해전이었다.

해전 때마다 이순신이 분전하는 동안 원균은 죽은 왜병들 목을 잘라 전공을 훔치는 데 여념이 없어 군사들의 비난을 샀다. 이순신이 이에 개의치 않는데 뒷날 원균이 적의 머릿수를 근거로 이순신을 모함해 통제사에서 파직케 하고 대신 통제사가 되었다. 이날 적정을 살피며 지나다가 서녘이 되어 고성 땅 정을우장丁乙牛場(동해면 우두포)으로 옮겨 숙영했다.

7일, 사방에 척후선을 띄워 적정을 살피는데 함대가 거제 북단의 영등포 앞바다에 이르렀을 때 일본군 대선 5척, 중선 1척이 율포栗浦(동부면 율포리)에서 나와 부산으로 향하는 게 발견됐다. 정운, 김완, 이몽귀, 어영담, 이영남, 김인영 등이 전함을 이끌고 전속으로 달려 뒤쫓자 적선들이 노략질한 물건들을 바다에 버리면서 사력을 다해 도주했으나 대선 3척이 조선군에 통째로 나포되고 대선 2척과 중선 1척이 격파됐다.

일본 측 기록에 일본군 수군 장수 구루시마 미치히사來島通久가 이 해전에서 패하자 뭍으로 올라가 배를 갈라 자결했다고 되어 있으나 실제는 당항포 해전 때 3층 누각 전선이 격파되면서 불에 타 죽은 것으로 보인다. 율포해전이었다.

이날은 거제도 북단의 송진포松津浦(장목면 송진포리)에서 숙영하고 8일에 부근 일대를 수색했다. 9일 가덕도加德島의 천성天城 가덕加德까지 수색했으나 적을 발견하지 못해 이날은 당포에서 숙영하고 10일 새벽에 미조항에 돌아와 각각의 수영으로 개선했다.

조선 수군 연합함대는 2차 출동 5월 29일부터 6월 10일까지 12일 동안 사천, 당포, 진해, 당항포, 율포의 5차례 해전에서 일본군 전선 72척을 격파하고 수병 1만여 명의 추정 손실을 안겨 주는 전과를 거두었다. 조선군은 전함 손실이 없었으나 전사 11명, 부상 47명 모두 58명의 사상자를 냈다.

14일, 이순신이 조정에 당포파왜병장唐浦破倭兵狀을 올려 두 번째 승전보를 띄웠다. 이 무렵, 선조와 조정은 앞서 11일 평양을 출발해 안주安州를 거쳐 13일 영변에 도착했다. 여기서 선조가 명나라 망명의 뜻을 밝히고 세자에 분조分朝를 설치케 함으로써 조선 조정 최대의 위기를 맞고 있었다. 15일에는 제2수도 평양이 떨어졌다. 남과 북, 해전과 육전에서 승리와 패배가 교차하면서 전선은 점차 일진일퇴가 거듭되는 교착상태로 들어가고 있었다.

해전과 육전에서 대승한 조선군 최고의 날

조선 수군의 1, 2차 출동으로 8차례 해전이 벌어진 가운데 일본 수군은 무려 114척의 대소 전선을 잃었고 수병 손실이 16,000여 명에 이를 것으로 추정됐다.

개전 이래 육전에서 승승장구, 거의 무패의 전황에 도취되어 있던 일본군으로서는 엄청난 충격이 아닐 수 없었을 것이다. 아마도 서울의 일본군 사령부는 물론 일본 나고야 기지의 히데요시도 믿기가 어려웠을 것이다. 부산에 상륙할 때 조선 수군으로부터 이렇다 할 저항을 받아 본 일도 없었고 상륙 후 조선 수군이 스스로 전함들을 침몰시키고 자멸했음도 알았을 것이다. 조선 수군쯤은 적수로 생각하지도 않았을 것이고 존재조차 무시했을 것이다.

일본 수군은 부산을 점령하고 육군이 쾌속의 북진을 계속하는 동안 서쪽으로 남해안을 따라 경상도 우수영 관할 수역의 포구들을 차례로 침공하면서 화살 한 대의 저항도 받아 본 일이 없었다. 포구가 있는 곳이면 제집 마당인 양 들어가 선창에 안심하고 전선들을 밀집 대형으로 정박시켜 놓고 경비선 한 척 배치해 두지 않은 채 육지에 올라가 마음 놓고 분탕질을 쳤다. 그러다 난데없이 나타난 조선 수군 함대의 벼락 치듯 하는 기습공격을 받고 번번이 전멸의 화를 입었다.

이순신은 명장이었다. 전투에 앞서 반드시 적에 관한 정보를 최대한으로 입수하여 적정을 파악했다. 현지 주민들로부터는 물론 미리 일본군 점령 지역에 침투시켜 둔 정탐꾼으로부터도 적의 동향에 관한 정보를 수집했다. 전투가 시작되기 전에 척후선을 사방으로 띄워 적정을 판단했고 확실한 판단이 서야 주력 함대가 움직였다. 일단 전투가 시작되면 폭풍처럼 공격해 들어가 속전속결로 해치우고 재빨리 안전지대로 옮겨 군사들을 쉬게 했다. 이순신의 탁월한 지휘 능력과 조선 수군의 막강한 화력이 마침내 화산처럼 폭발하는 대해전의 날이 다가오고 있었다.

조선 수군을 아예 무시했던 탓인지 일본 수군의 맹장 와키자카 야스하루脇坂安治는 부산에 전군이 상륙을 완료한 뒤 서울까지 올라가 육전에 참여하고 있었다. 그는 휘하 수병 1,600여 명으로 서울과 용인 사이의 경비 임무를 맡고 있다가 북진해 온 전라·충청·경상도 지방군 5만여 명을 용인 광교산에서 일거에 패퇴시켜 버린 바 있었다.

그해 나이 39세, 본국에서 53,000여 석을 받는 영주이기도 했다. 처음 남해에서 일본 수군의 연전연패 소식을 믿기 어려워 하다가 점차 사태가 심상치 않자 급거 부산으로 내려와 6월 19일 무렵, 웅포熊浦(창원군 웅천면 남문리)에 휘하 전선들을 집결시키기 시작했다.

6월 28일, 일본 수군의 연패 소식에 대경실색한 히데요시가 와키자카 야스하루, 구키 요시다카九鬼嘉隆, 가토 요시아키加藤嘉明 등 일본 수군 장수들에 일본 전함들을 총동원해 조선 수군 이순신 함대를 격멸하라고 불호령을 내렸다. 일본 수군의 해상활동이 갑자기 활발해졌고 그에 관한 첩보가 이순신에 속속 수집되었다.

그 무렵, 육지의 전황은 결정적인 고비를 맞고 있었다. 일본군 제1군은 평양을 점령한 뒤 서해로 돌아와 합류할 증원군사 10만을 기다리고 있었고 제2군은 함경도 함흥을 점령한 뒤 조선의 두 왕자를 맹렬히 뒤쫓고 있었으며 제3군은 황해도로 내려가 점령지를 확대하고 있었다. 강원도로 들어간 제4군은 동해안을 따라 남하하면서 잔학행위를 저지르고 있었고 전라도로 진공하기로 되어 있는 제6군은 금산성을 점령하고 전주성 공격 준비를 하고 있었다.

압록강 변 국경 도시 의주로 간 조정은 한때 선조가 명나라 망명을 꾀했으나 포기하고 그곳에 피난조정行在所을 설치하고 점차 냉정을 회복하여 명나라에 청병외교를 펴는 한편 조선 전역의 관군과 의병군에 대한 전쟁지도에 박차를 가하고 있었다.

이순신이 3차 출동을 결심하고 전라우수영 이억기, 경상우수영 원균 수사에 통첩을 보냈다. 7월 4일, 우수영 이억기 함대가 여수에 도착해 5일 하루 동안 작전 협의를 마치고 6일 여수를 출항하여 노량진에서 원균 함대와 합류했다.

3차 출동 때의 조선군 연합함대 전함 명세는 전해지지 않는다. 2차 때까지의 출동 전함에 비추어 전라좌수영 24척, 우수영 25척, 경상우수영 7척으로 판옥선 총 56척에 전라좌수영 거북선 3척으로 보인다. 경상우수영이 파손된 판옥선을 수리하여 7척으로 늘어났고 방답防踏 거북선 1척이 더 참전하여 거북선이 3척으로 늘었다. 비슷한 수의 사후선이나 협선이 참전했을 것이다. 이순신 함대의 전투서열 역시 거북선 돌격장 1명이 늘어나고 일부가 임무 교체되었을 것이나 큰 변동은 없었을 것이다.

이날, 조선 수군 연합함대는 진주 땅 창선도昌善島에서 숙영한 뒤 7일 오후 고성 땅 당포로 이동했다. 현지 백성 김천손金千孫이 달려와 견내량見乃梁(거제군 사등면 덕호리)에 적선 70척의 대규모 함대가 집결 중이라고 알려왔다.

야스하루는 당초 히데요시가 요시다카, 요시아키와 함께 조선 수군을 치라고 명령했는데도 용인에서의 승전 경험으로 자만에 빠져 공명심에 마음이 급했던지 이들 수군의 합류를 기다리지 않고 6일 독자적으로 웅포를 출항해 이날 오후 2시쯤 견내량까지 진출해 있었다.

와키자카 야스하루의 일본군 함대는 대선 36척, 중선 24척, 소선 13척 모두 73척이었다. 김천손의 정보 보고가 정확했다. 견내량은 통영반도와 거제도 사이 폭 300~400m, 길이 약 4km정도의 긴 협수로다. 판옥선과 같은 대형 전함으로 편성된 대규모 함대가 해전을 펼치기에는 너무 좁았다. 이순신은 적 함대를 유인해 한산도閑山島 앞 넓은 바다에서 포위 섬멸하기로 했다.

7월 8일, 이 날은 조선과 일본의 7년 전쟁 중 1차 전쟁의 대세를 판가름 낸 역사적인 날이었다. 바다와 육지에서 개전 이래 최대 규모의 해전과 육전이 벌어졌고 조선군이 두 전투 모두 통쾌한 승리를 거둠으로써 대세를 반전시켰고 이 전쟁의 주도권을 장악하게 되었다. 마침내 반격에 나서 평양까지 북상한 적을 남해안으로 내몰아 최후 승리를 거두게 되는 조선군 최고의 날이었다. 이 날, 육지에서는 권율 휘하 전라도 육군이 금산에 사령부를 두고 두 길로 전주성 전라감영을 공격한 일본 육군 고바야카와 다카가게 제6군을 전주 근교 노령산맥 웅치熊峙와 이치梨峙 방어선에서 저지하는 한편 고경명 의병군을 뒤로 돌려 금산성 일본군 사령부를 배후에서 기습해 일본군의 전라도 점령을 좌절시켰다. 바로 이 날, 바다에서는 조선 수군 이순신 연합함대가 이 전쟁 3대 승리의 하나인 한산도閑山島대첩을 거두고 남해 제해권을 완전 장악했다. 그때까지 해전에서 조선군 최고의 승리였다.

이로써 도요토미 히데요시의 수륙병진 전략에 따른 증원군사 10만의 남서해 진공은 차단됐고 평양의 일본군을 고립무원으로 몰아넣었다.

3차 출동 적선 79척 섬멸한 한산도대첩

아침 일찍 조선 수군 전 함대가 견내량을 향해 발진했다. 한산도와 미륵도彌勒島 사이의 바다로 진입하는데 멀리서 일본군 척후선이 조선 수군의 동정을 살피다 도망가고 있었다. 이순신이 어영담을 불러 판옥선 5척을 이끌고 견내량으로 들어가 적 함대를 유인해 내도록 했다. 어영담이 적의 척후선을 뒤쫓아 견내량으로 공격해 들어갔다. 이순신은 전 함대를 좀 더 전진시켜 통영반도와 거제도 사이 견내량 입구 넓은 바다에 마치 학鶴이 좌우 날개를 펴듯 커다랗게 원을 그리며 전함들을 전투대형으로 전개시켜 나갔다. 이순신이 즐겨 쓰는 유명한 학익진법鶴翼陣法이었다.

잠시 후 견내량 입구 가까이에서 신기전이 하늘로 솟아올랐다. 적의 유인에 성공했다는 신호였다. 곧이어 어영담이 그를 뒤쫓는 적선들을 꼬리에 단 채 모습을 드러냈고 일본군 함대가 어영담 전함들을 쫓아 전 속력으로 따라와 이순신의 학익진 날개 안으로 고스란히 들어왔다.

이순신의 기함에서 신호가 오르고 넓게 전개되어 있던 조선군 전함들이 학이 날개를 접듯 좁아지면서 적 함대를 완전히 포위망 안으로 몰아넣었다. 기함에서 포성이 울리자 이를 신호로 조선군의 거북선 3척과 판옥선 56척의 함포 600여 문이 일제히 불을 토하기 시작했다. 70여 척의 대소 적선들이 포위망 안에 밀집되어 있어 조선군 함포들의 포격이 맹위를 떨쳤다. 대장군전, 장군전, 차대전이 바람을 가르며 날아가 적선들에 명중할 때마다 여기저기에 구멍이 뚫렸고 포성이 진동하면서 수백 수천 개의 철환들이 우박처럼 쏟아져 적병들을 무더기로 살상했다. 머리에 폭발물이 장치된 신기전들이 불꼬리를 달고 날아가 적선에 박혀 폭발하면서 적 선단 이곳저곳에서 불길이 치솟아 올랐다. 거북선이 안으로 돌격해 들어가 사방으로 포를 쏘고 좌충우돌로 적선들을 수없이 깨뜨렸다.

일본군 수병들도 포위망 안에서 조총을 쏘며 필사적으로 대항해 왔으나 저들끼리 배가 뒤엉켜 노가 걸리고 뱃머리가 부딪쳐 제대로 움직이지도 못했다. 한바탕 포격을 끝낸 조선 수군 전함들이 적선들과 거리를 바짝 좁히면서 일제히 달려들어 충파전을 감행하기 시작했다. 들이받아 부수고 물러났다 다시 받아 적선들을 기어이 박살냈다.

여러 차례 실전 경험과 연전연승으로 사기가 충천한 조선군 수병들은 그동안 일당백의 용사들이 되어 있었다. 판옥선 뱃전에 늘어서서 화살을 쏘아 대다 적선이 달아나려 하면 사조구를 던져 끌어당긴 뒤 칼을 뽑아 들고 적선에 뛰어들어 순식간에 적병 몇 명씩은 거뜬히 해치웠다.

유군일령장遊軍一領將 손윤문孫允文과 휘하 수병들이 적의 소선 2척이 포위망을 빠져나가 섬으로 달아나자 뒤쫓아 가 배에 불을 지르고 따라 올라가 백병전으로 적병들을 모두 해치웠다.

전투가 한창일 때 일본군 수병 400여 명이 배가 깨지고 바다에 떨어지자 헤엄쳐 한산도로 도망쳤다. 해전이 끝난 뒤 원균에 지키라 했으나 원균이 그대로 돌아가 버려 이들은 그 뒤 뗏목을 타고 거제도로 달아나 살아 돌아갔다.

이날 하루 종일 한산도 앞바다는 불타는 일본군 전선에서 솟아오르는 불길과 연기 그리고 깨진 일본군 선체 조각들과 일본군 수병들 시체로 뒤덮여 지옥의 참상을 빚어냈다. 이날 해전에서 일본군 전선 59척이 격파되거나 조선 수군에 나포되었고 일본군 수병 9,000여 명이 수장되거나 도주한 것으로 보인다. 살아서 부산으로 돌아간 일본군 전선은 14척이었다. 전사자 가운데는 일본군 장수 마나베 사마노조眞鍋左馬允, 와키자카 사요에脇坂左兵衛, 와타나베 시치우에몬渡邊七右衛門 등이 있었다. 역사에 길이 빛나는 한산도대첩이었다.

조선 수군 전함은 단 1척의 피해도 없었고 조선군 수병의 희생은 뒤이어 벌어진 안골포安骨浦해전 희생까지 포함해 전사 19명, 부상 119명으로 믿기 어려울 정도였다. 이순신은 희생자 명단을 졸병 한 사람의 이름까지 기록으로 남겨 전하고 있다.

승패는 병가상사兵家常事라 했던가. 총사령관 와키자카 야스하루는 노가 많고 큰 전선에 타고 있었기 때문에 살아서 김해金海로 달아났다. 1,000여 명의 일본군 돌격대를 지휘하여 전라·충청·경상 3도 지방군 5만 대군을 일거에 궤멸시킨 야스하루가 이날 조선 수군에 대패한 뒤 다시 일본 수군을 재건해 1597년 2차 전쟁丁酉再亂때 칠천량해전에서 원균 휘하 조선 수군 함대를 전멸시킨다.

한편 히데요시의 출동명령을 함께 받았던 요시다카와 요시아키는 야스하루가 먼저 출전해 버린 것이 몹시 마음에 걸렸다. 서둘러 대소 전선 40여 척을 모아 거느리고 7일 부산을 떠나 8일 가덕도에서 하루를 보냈다. 이날, 한산도에서 야스하루의 수군이 전멸의 화를 입고 있었던 사실을 뒤늦게라도 알았지만 감히 구원 출동도 하지 못했다. 9일에는 안골포安骨浦로 옮겨 다시 하루를 보냈다.

한산도 앞바다 해전에서 대승을 거둔 조선 수군 연합함대는 그날 밤을 견내량 입구 바다에서 보내고 9일 가덕도로 진출했다. 여기서 적선 40여 척이 안골포로 갔음을 알았다. 그러나 이날 역풍이 강하게 불고 풍랑이 심해 더 이상 진공하지 못하고 거제도 북단 온천도溫川島 외줄포에서 숙영했다.

　　10일 새벽, 이억기 함대를 가덕도 주변에 배치해 전투가 커지면 응원토록 하고 원균 함대를 뒤따라오도록 하게 한 뒤 좌수영 함대만 안골포로 돌진해 들어갔다. 안골포에 3층 누각이 있는 대선 1척과 2층 누각이 있는 대선 2척을 포함하여 대선 21척, 중선 15척, 소선 6척 모두 42척의 일본군 전선들이 선창 깊숙이 정박해 있었다. 안골포는 포구가 좁고 수심이 얕은 데다가 물길마저 좁아 판옥선과 같은 대형 전함이 진입하기가 어려웠다. 일본 수군이 조선 수군과 일전을 준비한 게 아니라 안전지대에 대피하고 있었다.

　　이순신이 넓은 바다로 유인해 보았으나 일본군은 꿈쩍도 않았다. 사태가 불리해지면 전선을 버리고 육지로 도망갈 작정들이었다. 어쩔 수 없이 함포 사격 거리까지 접근하여 포격을 시작했다. 흡사 사격 훈련하듯 교대로 다가가 포격을 가했으며 우수영 이억기 함대까지 따라 들어와 종일 포격으로도 적선 20척을 깨는 데 그쳤다. 날이 어두워져 함대를 물려 넓은 바다에서 밤을 보낸 뒤 11일 새벽 다시 공격해 들어갔으나 적선들은 이미 사라진 뒤였다. 포구 12곳에 전사자 시체를 모아 놓고 화장을 하다 도망쳐 타다 남은 시체들만 그대로 쌓여 있었고 냄새가 포구 안에 가득했다. 안골포해전이었다.

적전에서 기상천외의 대규모 함대시위

　　이순신이 함대를 가덕도로 이동시켰다. 여기서 이순신은 부산 몰운대沒雲臺까지 기상천외의 대규모 적전 무력시위를 벌인다. 적의 상륙기지가 되어 있는 부산이 가까이 있기 때문에 해안선 육지에는 도처에 일본군이 진지를 구축하고 방어선을 치고 있었다. 이들 일본군이 보는 앞에서 조선 수군 연합함대가 거북선 3척을 앞세워 이순신, 이억기, 원균의 기함을 중심으로 판옥선 56척과 비슷한 수의 사후선과 협선 등 100여 척의 전함들이 질서 정연하게 대형을 갖춰 항진해 나갔다. 전함들에는 군사들이 도열해 서 있었고 오색의 군기가 펄럭이는 가운데 북 치고 나발喇叭(나팔) 불며 육지를 향해 차례로 함포를 발사했다. 육지의 일본군들은 이 난데없는 장관에 넋을 잃었고 조선 수군 연합함대의 이 장쾌하고 대담한 무력시위에 혼이 빠져나갔을 것이다.

연합함대는 무력시위가 끝난 뒤 함대를 가덕도로 철수시켰다가 사정이 되자 어둠을 타고 소리 없이 한산도로 이동했으며 여기서 12일 하루를 쉬고 13일 각각 수영으로 개선했다. 조선 수군은 3차 출동 7월 6일부터 13일까지 7일 동안 한산도 안골포 2차례 해전에서 일본군 전선 79척을 격파하고 수병 13,000여 명의 손실을 입혔다. 조선 수군은 전함 손실은 없었으나 수병 사상자가 138명이었다. 조선 수군 연합함대는 3차 출동까지 10차례 해전을 벌여 적선 193척을 격멸하고 적의 수병 29,000여 명을 궤멸시켰다.

유성룡은 《징비록》에 한산도해전의 승리에 대해 '원래 적들이 수륙 양면으로 군사를 합세하여 서쪽으로 치려했으나 순신의 이 싸움으로 그들의 위세가 크게 꺾였다. 고니시 유키나가小西行長가 평양을 얻었으나 형세가 외로워 더 진격하지 못했다. 우리나라가 보존된 것은 오로지 이 때문이었다. 이에 전라·충청도로부터 황해·평안 각 도 연안에 군량을 준비시키고 중흥을 도모했다'고 전략적 의의를 평가했다.

승전보를 받은 의주의 조선 조정은 이순신을 정헌대부正憲大夫(정2품), 이억기와 원균을 각각 가선대부嘉善大夫로 품계를 올렸다. 패전보를 받은 도요토미 히데요시는 아연실색하여 야스하루 등을 크게 꾸짖었으나 처벌하지 않았다. 히데요시는 그 동안의 해전으로 일본군 수군이 사실상 궤멸된 것이나 다름없어 부산의 일본군으로 하여금 서남해 진출을 포기하고 부산기지 방비를 더욱 강화하게 하는 한편 화력의 중요성을 깨달아 대통大筒(일본군 총통) 300문을 급히 만들어 조선 침공 일본군에 공급했다. 그러나 그 뒤에도 일본군의 중화기가 위력을 발휘했다는 어떤 흔적도 찾아볼 수 없다. 당시 일본의 과학기술 수준으로 우수한 성능의 대포를 생산하지 못했거나 수군의 경우는 전선에 대포를 끝내 장착할 수가 없었기 때문이었을 것이다.

7. 의병전투

일본군 10만 명 후방경비로 묶다

《손자병법》작전 편에 '군사 10만이 움직이려면擧兵十萬 하루 전비戰費가 천금日費千金이 든다' 고 해 함부로 동병動兵하지 말라고 가르치면서 그 까닭을 이렇게 설명해 놓고 있다.

'10만의 군사가 천리 밖 적국에 가서 싸우려면 이들 군사들이 먹고 자고 입는 데 필요한 각종 물품과 화살, 탄약, 무기 등 전투용품 등의 군수물자가 말 4마리가 끄는 수레 1,000대가 있어야 실어 나를 수 있을 만큼 필요하다.'

'수레들을 이동하는 데는 수레 1대마다 병사 25명씩이 따라야 하기 때문에 25,000명이 군수물자 수송에 배치되어 실제 전투에 투입되는 군사는 75,000명에 불과하다.'

《손자병법》대로 조선 침공 일본군을 배치해 보면 총 158,700명의 침공군이 싸울 수 있는 군수물자 수송에 매일 1,587대의 수레가 필요하고 군사 4만 명을 수송대에 배치해야 한다. 약 12만 명만을 전투에 투입할 수 있게 된다.

그 무렵, 조선의 도로는 발달되어 있지 못했다. 주요 읍성들 간의 간선 도로라 해야 도로 폭이 기껏 2m六尺 정도였다. 소 한 마리가 끄는 달구지가 다닐 정도였고 도로에서 서로 만나면 한 대는 한쪽으로 비껴서 있어야 했다. 말 네 마리가 끄는 대형 수레가 다닐 수 없었고 따라서 말 한 마리가 끄는 6,400대의 수레가 부지런히 오가며 군수물자를 실어 날라야 했다.

히데요시는 침공 직전까지 규슈 나고야 출진 기지에 48만 명의 1년 치 식량과 말먹이 등을 비축했다. 이들 군수물자를 부산까지는 2,000척의 배로 실어 나를 수 있었다. 여기서부터는 두 가지 수송 방법이 있을 수 있다.

하나는 수운水運이다. 배에 싣고 남해를 돌아 서해로 나가 한반도 특유의 지형인 강들을 이용해 내륙으로 날라 침공군에 공급해 주는 방법이다. 남서해만 돌면 한반도에는 낙동강, 섬진강, 영산강, 금강, 한강, 대동강, 청천강 등 수운이 편리한 강들이 얼마든지 있었다. 히데요시는 당초 이 방법을 생각했을 것이다. 그러나 개전 초기부터 조선 수군에 제해권을 빼앗겨 수운은 불가능해졌다.

다른 하나는 육운陸運이다. 부산까지 배로 실어 보낸 뒤 양륙하여 사람이 지게나 수레에 싣고 육로로 날라 전투부대에 공급하는 방법이다. 조선에는 '지게'라는 편리한 운송 수단이 있었다. 조선 백성들을 징발하여 지고 나르게 하는 것이다. 그러나 백성들이 모두 피난을 가 버리거나 의병군에 가담하여 쉽지가 않았다. 전투요원들을 빼내서라도 일본군 수송대가 수레로 실어 나르는 방법밖에 없게 됐다.

개전 초기에 일본군은 군수 보급에 큰 어려움 없이 전투에 전념할 수 있었다. 군수물자 가운데 가장 중요한 식량이 조선 도처에 쌓여 있었다. 전격전으로 몰아붙인 바람에 조선군은 미처 군량창고를 불태우거나 운반하지 못한 채 후퇴하기 일쑤였다. 민가에도 식량은 많았다. 아무데나 뒤져 찾아 먹으면 그만이었다.

손자도 작전편에 '무기 등 전투용품은 자기나라 것을 가져다 쓰고取用於國 군량은 적의 것을 빼앗아 먹어야因糧於敵 군대의 식량이 넉넉할 수 있다故軍食可足也'고 가르치고 '뛰어난 장수는 적의 것을 빼앗아 먹기에 힘쓴다故智將務食於敵' 면서 그 까닭을 '적의 식량 1종鍾(6석4두)은 이편의 20종과 맞먹고食敵一鍾 當吾二十鍾 적의 기간문秆(말먹이 : 콩깍지와 볏짚) 1석120근은 이편의 20석과 맞먹는다문秆一石 當吾二十

다'고 했다. 적의 것을 빼앗아 먹으면 운반할 필요가 없기 때문이다. 군수물자 수송이 얼마나 어렵고 힘든 것인가를 설명하고 있다.

까막눈 히데요시가 《손자병법》을 읽었는지 알 수 없으나 타고난 군사 전략가이고 평생을 전쟁터에서 산 그가 이런 이치를 모를 리 없었다. 침공 전 밀정들을 침투시켜 조선 전역의 식량 창고들을 샅샅이 알아두었다.

경상도 70군郡	280만 석	전라도 58군	226만 석
충청도 56군	99만 석	경기도 39군	77만 석
강원도 26군	40만 석	평안도 24군	180만 석
황해도 42군	73만 석	함경도 24군	200만 석

총 1천여만 석에 달했다. 과장된 수량이었던 것 같다.

6월 8일, 그때까지 경상도 창원에 머무르고 있던 일본군 제6군 부장 안고쿠지 에케에이는 일본에 있는 히데요시에 편지를 보내 각 성에는 쌀이 보통 4~5천여 석씩 쌓여있고 잡곡은 헤아릴 수 없이 많다고 보고했다. 평양성을 점령한 고니시 유키나가는 조선군이 버리고 간 쌀이 10만 석이나 창고에 쌓여있는 것을 보고 무릎을 쳤다. 11월에 구로다 나가마사가 황해도 일대에서 2만 석의 군량을 모으자 히데요시가 칭찬했다.

그러나 7월에 접어들면서 조선군의 저항이 드세어지고 조선 전역에서 일어난 의병들의 활동이 활발해지며 도처에서 보급로가 끊기기 시작했다. 군수물자 현지 조달은 물론 본국으로부터의 수송도 갈수록 어려워져 일본군을 궁핍으로 몰아넣기 시작했다. 일본군 전력이 약화될 수밖에 없었다. 조선 수군 때문에 남서해를 도는 해상 수송은 어림도 없었고 곡창 전라도 점령에도 실패했다. 점차 점령지역 확대보다도 기왕에 점령한 지역의 안전 확보와 보급로 경비에 급급하게 됐다.

일본군의 진격은 간선도로를 따라 연결된 주요 읍성을 점령한 뒤 수비병을 남겨두고 주력은 전진하는 징검다리 뛰듯 하는 그런 것이었다. 자연히 읍성과 읍성 사이 보급로는 조선 의병들의 공격으로부터 취약할 수밖에 없었다.

부산에서 서울까지 1,100리453km, 다시 평양까지 600리232km로 총 1,700여 리 685km에 걸쳐 길게 뻗친 일본군 보급로를 조선 의병군들이 밤낮없이 습격해 차단했다. 평양까지 깊숙이 쳐들어간 일본군은 점차 고립무원에 빠져들고 있었다.

일본군은 10리 또는 50~60리 거리를 두고 험한 곳을 골라 보급로 경비를 위한 영책嶺柵을 세워 경비 병력을 고정 배치하고 밤이면 불을 켜 저희들끼리 서로 통했다. 그러나 의병 활동이 본격화되면서 이들 영책들도 편안할 수 없었다. 수시로 기습을 당했고 일본군 수송대도 번번이 조선 의병들의 밥이 되었다. 이해 겨울쯤에는 비각飛脚(연락병) 1명만 보내려 해도 기병 30~40기 또는 보병弓矢鳥銃兵 100~200명씩 릴레이식 호위를 붙여야 움직일 수 있었다.

8월 무렵부터 다음 해 봄에 부산으로 전면 퇴각할 때까지 일본군은 부산과 서울 그리고 평양까지의 주보급로 경비에만 6만여 명의 병력을 배치해 두었던 것으로 되어 있다.

부산·동래 :	하시바 히데카쓰羽柴秀勝	8천
양산 :	다니 모리토모谷衛友	1천
밀양 :	벳쇼 요시하루別所吉治	5백
대구 :	이나바 덴쓰稻葉貞通	5천6백
인동 :	기노시다 시게다카木下重賢	2천3백
선산 :	미야베 나가히로宮部長熙	1천4백
상주 :	토다 가쓰다카戶田勝隆	3천9백
문경 :	조소가베 모도시카長會我部元親	3천
충주 :	하치스가 이에마사蜂須賀家政	7천2백

음성 :	이코마 지카마사生駒親正	5천5백
죽산 :	후쿠시마 마사노리福島正則	4천8백
양지 :	나카가와 히데마사中川秀政	3천
우봉 :	고바야카와 히데케아네小早川秀包	4천
봉산·황주 :	오토모 요시무네大友吉統	6천
평산·용천·백천 :	구로다 나가마사黑田長政	5천

여기에 서울 · 개성 등과 강원도 · 함경도 방면의 경비 병력까지 합하면 거의 10만 명 가까운 병력이 주요 읍성 및 보급로 경비에 묶이고 말았다. 158,700여 명 가운데 공격 전투에 투입할 수 있는 병력은 겨우 5만여 명 정도에 불과하여 공격은커녕 방어에도 몰리기 시작했다. 일본으로부터 증원군사 10만 명이 합류하지 않으면 평양의 유키나가 제1군이 더 이상 진격할 수 없음이 명백해진다.

수만 의병이 적을 교란하다

이 전쟁에서 조선 의병군은 역사에 길이 빛나고 있다. 특히 의병을 일으킨 의병장들은 구국의 영웅으로, 겨레의 수호신으로 영원히 추앙받고 있다.

그러나 이 전쟁의 모든 영웅들에 대해 그러하듯 의병장들에도 그 창의倡義를 높이 산 나머지 정작 그들의 전투 활동에 대한 군사적 조명은 소홀한 채 전공이 침소봉대되거나 지나치게 미화되어 전설적으로 승화되어 버리고 심지어는 민간신앙 속의 주술呪術적 인물로 사람들 정서 속에 자리 잡기도 했다.

이 전쟁에서의 조선 의병군은 군사학의 시각으로는 정부군官軍에 대비한 민병民兵 또는 농민군 성격으로 보아야 할 것이다. 정규 편제를 유지하며 조정의 명령에 따라 작전을 펼치는 정규군에 비해 편리한 대로 편성하여 스스로 전투 목표를 선택하여 싸우는 비정규군이라 할 것이다.

조선 의병군은 기병起兵 동기에서 두 가지로 구별된다. 하나는 적군의 침공으로부터 내 가족 내 고장을 지키기 위한 자기방어 동기다. 현대의 향토예비군과 같이 지역방위가 목적이었다. 경상도 의병군을 비롯 일본군 점령지역 내의 의병군이 그러했다. 곽재우 · 김면 · 정인홍 의병군이다. 다른 하나는 임금과 나라를 지키기 위한 국가방어勤王 동기다. 일본군의 점령 아래 들어가지 않았던 전라도 · 충청도 의병군이 이 경우다. 김천일 · 고경명 · 조헌 · 최경회 의병군이 그러했다.

이들을 군사적 시각에서 민병 또는 농민군이나 유격대라 부르지 않고 오늘에 이르기까지 특별히 '의병義兵'이라 부르는 것은 이들의 기병 정신, 즉 야만적인 일본군 침공으로부터 조선의 정의를 지키기 위해 분연히 일어났다거나 신하와 백성 된 도리로서 임금과 나라에 충의를 다 한다는 '창의倡義' 정신을 높이 사기 때문이라 할 것이다.

그러나 실제 관군과 의병군의 구별은 모호한 점이 많았다. 편성 당시 지휘관이 현직 관리면 관군이 되었고 전직 관리였다면 의병군이 되는 정도였다. 군사들은 어차피 모병으로 충원했는데 병농일치제兵農一致制 아래서 평소 농사를 짓다가 현직 관리에 의해 징집되어 가면 관군 병사가 되고 전직 관리 모병에 응해 가면 의병군이 되었다. 관군이거나 의병군이거나 전투가 끝나면 해산해서 집에서 농사를 짓는 것은 마찬가지였다.

의병군을 일으키면 조정에서 지휘관에 벼슬을 내려주어 그마저 구별이 모호했다. 전직 동래 부사였던 고경명이 의병을 일으킨 뒤 조정이 초토사招討使란 벼슬을 내렸으나 받기 전에 전사했다. 과거에 급제만 했다가 유생으로 묻혀있던 곽재우는 기병 후 병마절도사 벼슬을 받았고 훈련원 봉사였던 권응수權應銖도 기병 후 병마절도사에 임명되었다. 함경도 의병장 정문부鄭文孚는 현직 북도병마평사北道兵馬評事로 있다가 관군이 무너진 뒤 흩어진 관군 병사들을 모아 의병장으로 활약했다.

모병 과정에서 현직 수령들과 의병장들 사이에 경쟁도 있었다. 고을 수령들이 의병으로 나간 집에 관군으로 나오지 않았다 해서 부모처자를 잡아 가두는 일도 있었다. 실제 전투 때도 관군과 의병의 합동작전이 많았고 지휘도 관록에 따라 의병장이 지휘하기도 했고 관군 장수가 지휘하기도 했다. 관군의 현직 군관이 의병장의 참모로 배속되기도 했다. 의병장들 대부분은 낙향해 있던 전직 관료들로 명망이 높은 지방 명문거족들이었다. 튼튼한 재력을 갖고 많은 가솔들을 거느리고 있어 가솔들 중심으로 주변 마을 장정들을 손쉽게 군사로 모을 수 있었던 공통점이 있다.

기병 동기에 따라 의병군들의 전투도 크게 둘로 나눠 볼 수가 있다. 하나는 관군과 다름없이 정규전을 수행했다. 전라도의 고경명, 충청도의 조헌·영규靈圭 의병군의 금산성 탈환전, 경상도 권응수 의병군의 영천성 탈환전 등이다. 다른 하나는 의병군 본래의 비정규전, 즉 유격전이었다. 경상도 곽재우 의병군의 기강岐江 및 정암진鼎巖津 전투, 김면 의병군의 우척현 전투 등이었다.

주목되는 의병군의 역할은 유격전 활동이었다.

전쟁이 터진 첫해와 다음 해 여름 무렵까지 조선 전역에서 벌떼처럼 일어난 의병 부대들은 적게는 수십 명에서 많게는 수천 명까지 백수십 개 부대에 이르렀다. 역사에 그 이름과 전공이 길이 전하고 있는 의병군도 많지만 이름도 전공도 남기지 않은 채 싸우다 사라져 간 의병군도 적지 않았다. 이들은 일본군 점령 지역 전역에서 일본군 진지 및 보급로 기습으로 일본군을 궁지로 몰아넣었고 일본군 전력 약화에 매우 중요한 역할을 했다.

1593년 선조 26년 1월, 명나라 군에 통보된 조선 의병군은 22,600명이었다. 이 전쟁 7년 전 기간 중 의병전투는 첫해와 다음 해 여름까지 1년여에 걸쳐 전개되었다. 일본군이 부산으로 퇴각하고 조선 거의 전역이 수복된 1593년 여름 무렵에 의병군은 공식적으로 소멸되었다. 적군의 퇴각으로 의병군 활동의 필요성도 사라졌거니와 조정이 의병 활동을 억제해 해산시키거나 관군에 편입시킨 데 따른 것이었다. 초기와는 달리 의병 활동의 폐해도 적지 않았던 것이다.

홍의장군 곽재우 사상 최초의 유격전

곽재우郭再祐는 1552년명종 7년 황해도 관찰사를 지낸 월越의 아들로 경상도 의령宜寧군 유곡柳谷면 세우世干리에서 태어나 34세가 되어서야 과거에 2등으로 합격했다. 그러나 뒤늦게 답안 내용이 선조의 평소 뜻에 어긋난다는 이유로 합격이 취소돼 호를 망우당忘憂堂이라 하고 초야에 묻혀 살았다.

41세가 되던 해 전쟁이 터지고 10일 만인 4월 24일 가솔 50명을 중심으로 의병을 일으켰다. 그가 살아온 의령 땅은 낙동강과 남강이 만나는 곳으로 강이 깊고 수량이 풍부하여 큰 짐을 실어 나르는 배들이 자유롭게 왕래하는 수운의 요충이었다.

일본군은 낙동강 하구 김해 칠성포七星浦에서 군수물자와 병력을 싣고 강을 따라 북으로 영산靈山·창녕昌寧·현풍玄風·고령高寧·성주星州·왜관倭館·구미龜尾·금산金山：金泉·상주尙州까지 내륙 깊숙이 오르내렸다. 서쪽으로는 남강으로 의령 땅을 지나 진주晋州까지 드나들었다.

예나 지금이나 열악한 무기와 소수 병력으로 우수한 무기로 무장한 다수의 적군 병력을 상대로 싸우는 유격전의 기본 전술은 치고 내빼는 '기습과 도주'다. 곽재우는 군사들에 매복과 기습, 재빠른 도주 등 유격전 훈련을 실시하고 낙동강 요소에 감시병을 배치하여 일본군 동태를 파악했다.

5월 어느 날, 수십 척으로 편성된 일본군 수송선단이 강을 타고 내려오고 있었다. 곽재우는 기강岐江 주변 강여울 부근 숲 속에 군사들을 매복시켰다. 여울 물속에는 이미 수십 개의 말뚝을 박아 두었다. 여울이란 강이 흐르다가 폭이 좁고 경사진 곳에서 수심이 낮아지며 급류로 흐르는 곳을 말한다. 조그만 장애물이 있어도 배가 걸려 뒤집히기 쉽다.

기강은 낙동강과 남강이 합류하는 지점으로 곽재우는 이곳의 물 흐름을 누구보다 잘 알고 있었다. 일본군 수송선단이 내려오다 여울에 이르러 배 밑이 말뚝에 걸리면서 뒤집히거나 오도 가도 못하면 숲 속에 매복해 있던 군사들이 일제히 활을 쏘아 적을 섬멸했다. 목을 벤 것만 60여 명이었다. 첫 유격전투의 큰 승리였다. 군사들이 말로 듣던 무서운 일본군이라는 게 별것 아니구나 하는 자신감과 용기를 갖게 되었다.

낙동강에만 10여 군데 여울이 있었다. 점차 늘어난 곽재우 의병군들이 말뚝을 박아 놓고 수시로 기습을 하고 사라지는 바람에 강을 이용한 일본군의 이동과 군수물자 수송이 갈수록 어려워졌다.

의령읍의 정암진鼎巖津은 부산이나 마산에서 전라도로 가기 위해서는 반드시 건너야 하는 나루터였다. 정암은 강 가운데 가마솥 같은 바위가 있어 붙여진 이름으로 주변 일대에 늪지대가 많았다. 여기를 건너야 산청 함양을 지나 지리산 팔량치八良峙를 넘어 전라도 남원南原으로 들어가거나, 안의安義를 지나 육십령六十嶺을 넘어 전라도 장수長水로 들어가 전라감영이 있는 전주성으로 가게 된다.

홍의장군 곽재우 선생 동상

6월 어느 날, 전라도 점령을 맡은 일본군 제6군 고바야카와 타카가게의 부장 안고쿠지 에케에이의 일본군 2,000여 명이 그간 주둔해 있던 창원昌原을 출발하여 저녁 무렵 정암진 나루 건너편 함안咸安 땅에 도착했다. 일본군은 늪지대를 피해 마른 길에 방향 표지를 해두고 뗏목을 만들어 강을 건널 준비를 했다. 밤사이, 곽재우가 군사를 시켜 방향 표지를 늪지대로 돌려 놓고 늪지대 숲 속과 정암진 언덕 숲 속에 복병을 매복시켰다.

곽재우는 전투 때마다 붉은 옷

에 당상관堂上官 3품 벼슬아치가 쓰는 갓을 쓰고 '천강홍의장군天降紅衣將軍'이라는 깃발을 들고 다녔는데 몸이 빠른 군사 10여 명도 같은 붉은 옷과 깃발을 들고 다니게 했다. 마치 그가 동에 번쩍 서에 번쩍하며 날아다닌 것처럼 보이게 해 일본군 사이에 '무서운 홍의장군'으로 널리 알려졌다.

날이 밝아 일본군의 도강이 시작됐으나 늦지대로 잘못 들어가 허우적거리다 매복 중인 의병군 화살 세례를 받고 몰사 죽음을 당했다. 뗏목을 타고 강을 건너려던 일본군 역시 언덕 숲에 매복 중이던 의병군 화살받이가 되고 말았다. 궤멸적인 타격을 입은 일본군 제6군 별군은 더 이상 이 길로 나가는 전라도 진공을 포기하고 말았다.

곽재우 의병군이 연승을 거두자 경상우도 초유사招諭使로 와 있던 김성일이 의령과 삼가三嘉 두 현의 군사를 곽재우 지휘 아래 넣어 군사가 1,000여 명이 됐고 목사 벼슬을 한 바 있는 오운吳雲과 학유學諭 박사제朴思齊의 3,000여 의병군까지 합세해 왔다. 의병군 규모가 일약 4,000여 명이 넘었고 김성일이 민간양곡 통제권까지 주어 군량 등 군수 조달 염려 없이 싸울 수 있게 됐다.

곽재우 의병군 전투가 소문으로 퍼지자 경상도 도처에서 의병군 봉기가 이어졌다. 의병장 김면金沔이 거창居昌에서, 정인홍鄭仁弘이 합천陜川에서 일어났고 단성丹城에서 권세춘權世春이 의병 500명, 진주에서 허국주許國柱가 700명을 모았고 김치원金致遠·이대기李大期 의병군이 황강黃江의 일본군을 몰아냈다. 의병군 활동이 흩어진 관군들을 다시 규합시키기도 했다. 개전 초기, 산으로 피했던 함안군수 유숭인柳崇仁이 산에서 내려와 복귀했다.

그 무렵, 하시바 히데카쓰羽柴秀勝의 일본군 제9군 11,300명은 낙동강 동쪽 현풍玄風·창녕昌寧·영산성靈山城 등에 나눠 주둔하면서 낙동강을 오르내리는 수송 선단 경비임무를 맡고 있었다.

7월 들어 곽재우 의병군이 현풍성 공격에 나섰다. 몇 차례 공격을 해보았으나 일본군 수비는 완강했다. 곽재우가 포위를 풀고 의병군을 비파산琵琶山과 성

뒷산에 올려 보내 횃불을 밝힌 채 총통들을 장치하고 성안으로 포를 쏘았다. 밤 사이 일본군이 성을 버리고 창녕성으로 도주하더니 곧바로 창녕성마저 버리고 영산성으로 퇴각했다. 2개 읍성을 한꺼번에 수복했다.

곽재우 의병군이 승세를 타고 영산성으로 달려들었다. 영산성에는 현풍 창녕 성에서 물러난 일본군까지 모여 있어 대군이었다. 곽재우가 김성일에 요청해 의령·초계草溪·고령高靈 등 군현의 군사들까지 모두 출동시켜 영산성을 에워싸 고 밤낮없이 공격을 퍼부었다. 3일간의 공방전 끝에 드디어 일본군이 선니지 못 하고 성을 버리고 나가 성주星州성으로 물러났다. 곽재우 의병군의 영산성 공격 이 한창일 때 전 거제 현령 김준민金俊民 의병군이 무계茂溪성을 공격했으나 성을 탈환하지 못했다.

이로써 곽재우 의병군은 낙동강 서쪽 경상우도 지역 대부분을 일본군 점령으 로부터 수복하고 이를 장악했다. 이로 인해 일본군 제6군의 경상우도를 통과하 는 전라도 점령 작전계획은 끝내 불가능해지고 말았다.

김면·정인홍 전라도 진공 일본군 덮쳐

송암松菴 김면金沔은 1541년중종 36년 고령에서 경원慶原 부사 세민世民의 아들로 태어나 유학의 거두 퇴계退溪 이황李滉, 남명南冥 조식曺植의 문하에서 성리학을 공 부했다. 벼슬이 공조工曹 좌랑佐郎에 올랐으나 사퇴하고 고향에서 후진을 가르치 다 전쟁을 만나 곽재우를 뒤따라 5월 11일 의병군을 일으켰다. 나이 51세로 만 석꾼이었던 그 역시 가솔들을 중심으로 700여 명의 군사를 모아 같은 조식의 문 하생으로 합천陜川에 살고 있던 전 사헌부司憲府 장령掌令 내암萊菴 정인홍鄭仁泓과 뜻을 같이 했다.

정인홍은 1535년중종 30년에 태어나 김면보다 7살 위로 58세였다. 이들 의병군 에 무과 출신 가덕진加德鎭 첨절제사僉節制使 손인갑孫仁甲이 참여했다.

5월 19일, 일본군 제7군 모리 테루모토毛利輝元의 부장 무라카미 가게지카村上景

親군이 현풍 서쪽 낙동강 변 무계戊溪에 진주하여 보루堡壘를 쌓은 뒤 병력을 주둔시켜 부근 주요 나루터를 장악하고 낙동강을 오르내리는 일본군 수송선단을 경비하고 있었다.

김면·정인홍 의병군이 무계 보루의 일본군을 첫 공격 목표로 삼았다. 6월 3일, 밤에 김면·정인홍·손인갑이 의병 300명을 이끌고 보루에 야습을 감행했다. 보루를 에워싼 뒤 손인갑이 결사대 50명과 함께 초소로 뛰어들어 도끼와 창, 칼로 순식간에 30여 명을 찍었다. 아수라장이 된 보루의 일본군이 조총을 난사했으나 조준 없는 한밤 사격으로 총소리만 요란했다. 결사대원이 보루에 불을 지르고 보루 밖의 의병군들이 일제히 뛰어들어 백병전을 벌이는 가운데 적병 100여 명을 도살했다. 혼전 중에 적의 부장 가게지카가 화살 10여 대를 맞고 중상을 입었다. 얼떨결에 당한 적이 정신을 차리고 반격을 취하려 할 때 손인갑이 꽹과리를 울려 군사를 거두고 재빨리 철수했다. 치고 빠진 것이다.

손인갑이 6월 어느 날, 낙동강과 황강 합류 지점 아래쪽 마진馬津 나루터에서 일본군 수송 선단을 기습하다 전사했다. 손인갑이 의병을 2진으로 나누어 강가 숲 속에 매복해 두었다가 적 수송선단이 1진 앞을 지나자 일제히 활을 쏘아 뱃머리의 적장부터 쓰러뜨렸다. 적이 1진 앞을 통과하여 2진 앞에 다다르면 2진이 공격을 하는 사이 1진이 내려와 다시 공격을 하는 식으로 공격을 반복했다. 수송선 한 척이 여울에 걸려 전복하자 손인갑이 칼을 빼들고 강으로 뛰어들었다가 익사하고 만 것이었다. 손인갑 의병군은 그 뒤 김준민 의병군에 편입되어 무계 보루 공격에 나섰다.

7월 중, 곽재우가 영산성을 공격하고 있을 무렵에 의병장 김준민이 무계 보루를 습격하여 초소와 취사장, 창고 등을 불태우고 빠져 나왔다. 의병군의 간단없는 기습에도 무계 보루의 일본군 수비대가 8월까지 버티며 낙동강 수송선단을 경비했으나 9월 11일 더 이상 견디지 못하고 스스로 보루를 불태운 뒤 성주성으로 철수했다.

일본군 제6군 고바야카와 타카가게의 전라도 침공군이 전라도 금산성에서 고경명 의병군과 사투를 벌이고 있던 7월 10일, 경상도 금산金泉에 주둔하고 있던 별동대 1,500여 명이 전라도를 향해 출발했다. 소백산맥 남쪽 기슭을 따라 이동하여 거창과 안의를 지나 육십령을 넘어 전라도 장수로 진격하기 위해 금산과 거창 중간 지점인 지례知禮 우척현牛脊峴 고개에 이르렀다.

고갯마루 양쪽 산기슭 숲 속에 김면 의병군 2,000여 명이 매복하고 숨을 죽인 채 이들을 기다리고 있었다. 김면 의병군에는 김성일의 명령에 따라 현직 만호萬戶 황응남黃應男, 판관 이형李亨 등 관군 장수가 배속되어 있었고 거창 일대에 사는 산척山尺 수십 명이 참전했다. 산척이란 산에서 약초를 캐고 사냥을 주업으로 사는 백성들이었다.

적의 선두가 고갯마루에 이르고 부대의 대부분이 포위망 안으로 들어오자 김면의 명령이 떨어지고 삼면 숲 속에서 화살이 비 오듯 쏟아졌다. 기습을 당한 일본군은 대열이 흩어지면서 전사자들 시체를 그대로 버려둔 채 모두 달아나고 말았다. 이날 전투에서 판관 이형이 전사했다.

김면 의병군이 우척현 전투에서 큰 승리를 거두고 거창에 주둔했다. 김성일이 김면에 거창과 안음安陰현 민가 식량 통제권을 주어 군량 걱정 없이 싸울 수있게 해주고 거창·함양·산청·합천지방 군사들을 모아 주어 병력이 3,000여 명이나 되었다. 전쟁 초기 성을 버리고 달아났던 김해 부사 서예원徐禮元과 금산 의병장 성균관 박사 여대노呂大老가 합세했고 진주 목사 직무 대행 중이었던 젊은 판관 김시민金時敏이 군사 1,000여 명을 이끌고 와 합류했다.

8월 3일, 타카가게의 일본군 제6군 별군이 지난번 패전을 복수하고자 했던지 우척현을 넘어 거창까지 쳐들어와 김면 의병군과 사랑암沙郞巖에서 다시 맞닥뜨렸으나 김면의 독전과 김시민의 용전으로 격퇴되어 이날 우척현을 넘어 지례현으로 도주했다.

김시민이 김면 의병군을 도와 거창에 머무르고 있는데 김성일로부터 급보가 날아들었다. 창원과 진해에서 출동한 일본군이 사천泗川을 거쳐 진양晉陽까지 진출했으며 진주성을 향하고 있으니 김시민은 즉시 진주로 복귀하라는 것이었다. 김성일은 곤양昆陽 군수 이광악李光岳 등에도 진주성을 응원하도록 하고 자신도 진주성으로 내달렸다. 진주성에는 곽재우 의병군도 입성해 있었다.

곧이어 남강南江 건너에 일본군이 나타났다. 김시민·곽재우 군이 성문을 열고 나가 강을 건너 공격하자 조선군 위세에 눌렸는지 적은 곧 물러나기 시작했다. 퇴각하는 적을 추격하여 그대로 사천·진해·고성固城까지 수복했다. 이날의 전공으로 김시민이 종5품 판관에서 일약 정3품 목사로 승진됐다.

'나라 있는 줄은 알았는데 이 한 몸 있는 줄은 몰랐네'

8월 21일, 김면·정인홍 의병군이 성주성을 공격했다.

성주성은 낙동강 상부 유역 대구_구미_선산_상주_문경_조령으로, 대구_구미_금산김천_추풍령으로 이어지는 일본군 주 보급로를 지키는 군사적 요충이었다. 대군이 지키고 있었다.

성주성은 원래 하시바 히데카쓰의 제9군이 지키고 있다가 8월 11일 모리 데루모토의 제7군 부장 가쓰라 모토쓰나桂元網 1만 병력과 교대했다. 거기다가 7월 들어 경상도 의병군에 몰려 점령지를 빼앗긴 경상우도 일대 일본군들이 대부분 성주성에 모여들어 있었다. 일본군 병력이 2만여 명에 가까웠다.

김성일이 공격에 앞서 때마침 도체찰사都體察使가 되어 전라도에 내려와 있던 정철에 응원을 요청하여 전라도 구례求禮 현감 이원춘李元春의 관군 5,000여 명의 지원을 받았다. 때맞춰 전라도 화순和順에서 기병한 최경회崔慶會 의병군과 함께 싸운 임계영任啓英 의병군이 전라도 무주 장수에 있다가 일본군이 성주와 개령開寧 방면으로 철수하자 뒤를 쫓아 경상도로 넘어와 거창에서 합류했다.

조선 공격군의 병력도 2만여 명에 이르렀다. 조선의 관군과 의병군이 합천 해인사海印寺에서 작전회의를 갖고 고령으로 진출해 이날 오후 4시쯤 성주성을 남쪽으로부터 에워싸기 시작했다. 그러나 미처 포위망이 구축되기도 전에 일본군 응원군이 달려와 조선군의 뒷덜미를 공격했다. 조선군의 공격을 눈치 챈 모리 데루모토가 부장 요시미 모토요리吉見元頼로 하여금 긴급 응원에 나서게 했던 것이다. 조선군이 혼란에 빠져 포위를 풀고 황급히 퇴각해 제1차 성주성 공격은 실패로 끝나고 말았다.

2차 공격은 9월 11일에 감행됐다. 1차 공격전에 실패한 김면·정인홍은 부아가 난 나머지 김성일에 보고도 하지 않고 공격에 들어갔다. 김성일은 초유사招諭使에서 경상우도 감사監司로 바뀌어 있었다. 합천 군수 배설裵楔과 무계 보루 공격전 이후 합천 가장假將(임시 발령직)이 된 김준민이 참전했다. 배설은 뒷날 2차 전쟁丁酉再亂때 경상우수사로 있다가 원균 휘하 조선 수군이 칠천량해전에서 전멸할 때 유일하게 전함 12척을 이끌고 탈출해 통제사로 복직한 이순신에 의해 명량대첩을 이끌게 한다.

성주성 5리 밖 가평可坪에 지휘 본부를 두고 이날 하루 종일 성을 공격했으나 일본군이 성안에서 조총을 난사할 뿐 대항하지 않고 버텼다. 이날 밤, 김면이 아무래도 일본군 응원군이 올 것 같아 배설을 불러 적이 올 것으로 예상되는 개령현 쪽 부상현扶桑峴에 복병을 배치하도록 했다. 그러나 배설이 '서생 따위의 지시를 받아 심부름이나 하다니' 라며 배치하지 않았다.

김면·정인홍이 다음 날 11일 아침 일찍 운제雲梯(구름사다리), 비루飛樓(곧은 나무로 성보다 높게 짜 올려 위에서 활을 쏘게 하는 전투 용구), 충차衝車(거목에 바퀴를 달아 밀고 들어가 성문을 부수는 전투 용구)들을 챙겨 공격 준비를 하는데 부상현 쪽에서 일본군 응원군이 폭풍우처럼 달려들었다. 때를 맞춰 성안 일본군이 성문을 열고 쏟아져 나와 조선군을 앞뒤에서 협공했다. 2차 공격도 희생자만 내고 실패로 끝났다. 혼전 중에 정인홍의 별장 손승의孫承義가 조총에 맞아 전사했다.

3차 성주성 공격은 그로부터 3개월이 지난 12월 7일부터 시작됐다. 12월이 되면서 조선 전역의 전황이 결정적으로 뒤바뀌고 있었다. 그간 교착상태에 빠져

들어 있었던 전세가 갈수록 조선군에 유리해지고 일본군이 몰리며 반전되어 가고 있었다. 이 때는 이미 서울이남 일본군 점령지역에서 권응수 의병군에 영천永川성이, 조헌 · 영규 의병군에 의해 청주淸州성이, 그리고 박진朴晉 관군에 의해 경주慶州성이 수복되어 있었다. 조선 수군 함대가 남해 제해권을 장악한 데 이어 일본군의 상륙기지 부산까지 쳐들어가 한바탕 들쑤셔 놓은 뒤였다. 북쪽에서는 조 · 명 연합군이 편성되어 평양을 압박하고 있었다. 일본군 전력이 약화되고 사기가 땅에 떨어져 갔다.

3차 공격 때는 조정으로부터 김면이 경상도 의병 도대장都大將, 정인홍이 의병 대장으로 임명되어 있었다. 그간에도 전라도 우右의병장으로 임명된 최경회. 좌左의병장으로 임명된 임계영에 응원을 요청해 수시로 성주성 일본군을 괴롭혀 왔다.

이날, 성주성에 도착한 경상 · 전라 연합 의병군은 그로부터 7일 동안 밤낮없이 성주성에 공격을 퍼부어 댔다. 성안의 일본군이 성문을 열고 나와 야전에서 한바탕 전투를 벌여 쌍방 200여 명의 사상자를 냈다. 이번 공격에서는 전라도 의병 부장 장윤張潤을 미리 개령으로 보내 일본군에 선제공격을 가했다. 장윤 의병군이 개령에 도착해 성주성으로 출동하던 적병을 매복 기습하여 200명을 몰살시키고 조선인 남자 포로 400명을 구출했다. 장윤 의병군의 차단으로 개령 일본군은 끝내 성주성 구원 출동을 하지 못했다.

14일, 조선 의병연합군이 최후의 공격을 가했으나 성을 함락시키지 못했고 의병군 쪽 희생자도 늘어 공격을 포기하고 철수했다.

성주성 일본군은 꼼짝 않고 성만 지키다가 이듬해 1953년 1월 15일 밤, 조용히 성문을 열고 개령으로 철수했다가 모리 데루모토 본진 그리고 금산金泉의 일본군과 함께 모두 선산 방면으로 철수하면서 조선 의병군이 무혈 수복했다.

이로써 경상우도 낙동강 서쪽 지역이 모두 수복되었다.

일본군은 부산_밀양_청도淸道_대구_인동_선산_문경_조령_충주_용인_서울을 잇는 외길 육로 보급선에 의존한 채 조선 의병군의 간단없는 기습 공격에 전전 긍긍하는 처지로 몰렸다.

의병장 김면은 의병군을 일으킨 뒤 한 번도 갑옷을 벗은 일 없이 큰 전투만 10여 차례, 침입해 온 적을 물리치기 30여 차례를 거듭했다. 그 동안 만석꾼 가산은 탕진되고 처자가 문전걸식하는데도 이를 돌보지 않고 전장에서만 보냈다. 김면은 성주성 공격전 뒤 전장의 피로로 병을 얻어 1593년 3월 11일 금릉金陵군 하리賀里 한 병영의 막사에서 숨지며 오직 나라만을 위해 싸우다 죽어가는 대장부 최후의 통절한 심회를 여덟 자 유언시로 남겼다.

> '지금까지 나라가 있는 줄은 알았지만 이 한 몸이 있는 줄은 몰랐네只知有國 不知有身.'

낙동강 서쪽 경상우도 수복전투에 참전한 전라우도 의병장 최경회崔慶會 (1532~1593)는 영해寧海군수를 지냈고 전라도 화순和順에서 기병하여 고경명 휘하 의병군으로 금산전투에 참전했다. 그의 나이 61세였다. 고경명이 전사한 뒤 화순 출신 의병들 추대로 의병장이 되어 남원·장수·무주 등에서 활동하다가 경상도로 넘어와 줄곧 경상도 의병전투에 참전했다. 1593년 경상우도 병마절도사가 되어 이해 6월, 2차 진주성 전투에서 전사한다.

그가 순국한 뒤 8월에 둘째형 경장慶長이 의병장이 되었고 1597년 정유년 2차 전쟁이 발발하자 큰형 경운慶雲도 의병장으로 화순 집 뒷산 오성산성烏城山城에서 일본군과 싸우다 전사했다. 3형제 의병장 중 2형제가 순국했다.

전라좌도 의병장으로 보성寶城에서 기병한 삼도三島 임계영任啓英(1528~1597) 또한 이해 나이 65세로 보성 현감을 지냈고 최경회와 함께 남원과 장수 등에서 활동하다가 경상도로 넘어와 제3차 성주성 전투에 참전한 뒤 줄곧 경상도를 전전하며 의병전투를 벌였다. 뒤에 양주楊州·정주定州·해주海州 목사를 지냈다.

전라도 의병장으로 나주羅州에서 기병한 건재健齋 김천일金川鎰(1537~1593)은 이 해 나이 56세로 전라도 임실任實 현감을 지냈고 근왕을 위해 북상하여 수원의 독성산성禿城山城에 진을 치고 유격전을 벌였다. 거점을 강화江華로 옮긴 뒤 주로 평양 조정과 전라도 사이의 연락임무를 맡았다. 조정으로부터 판결사判決事로 임명되고 창의사倡義使 칭호를 받은 그는 서울에 결사대를 투입해 군자금 모금과 적정에 대한 정보 수집 등 비전투 임무를 수행했다. 다음 해 1593년 4월 퇴각하는 일본군의 뒤를 따라 경상도로 진출해 2차 진주성 전투에서 아들 상건象乾과 함께 부자가 전사했다.

권응수 의병군 좌도 요충 영천성 탈환

경상도 곽재우 · 김면 · 정인홍 의병군과 응원 출동한 전라도 최경회 · 임계영 의병군들이 일본군 보급로 습격과 차단에 이어 읍성 탈환전을 벌여 낙동강 서쪽 경상우도 거의 전역을 수복하는 동안 낙동강 동쪽 경상좌도는 7월 들어서야 움직이기 시작했다.

초유사 김성일이 훈련원 봉사奉事를 지낸 권응수權應銖를 의병대장으로 삼아 좌도 의병군을 지휘하도록 했다.

백운제白雲齊 권응수는 1546년명종 원년 신녕新寧현 추곡楸谷(영천군 화산면 개상동)에서 태어나 39세에 과거 무과에 급제했고 전쟁 때 나이 46세로 경상좌수영의 평범한 장수였다. 권응수가 의병을 일으키자 추곡마을 일대 안동安東 권權씨 문중 28인이 참여했다. 하양河陽, 청송靑松, 의흥義興 등 여러 읍의 장정들이 모여들었고 군수 김윤국金閏國도 군사를 이끌고 왔다. 김윤국은 개전 초, 일본군이 쳐들어오자 경주로 달려가 태조 이성계의 영정만을 안고 산 속으로 들어갔던 인물이다. 이때 모인 의병수가 3,560명이었다고 기록이 전한다.

권응수는 김윤국을 별장別將으로 정대임鄭大任, 정세아鄭世雅, 신해申海 등을 의병장으로 하여 영천성을 공격하기로 했다. 그 무렵, 좌도 일대 일본군은 영천성을 중심으로 신녕 · 의흥 · 의성 · 안동 일대에 분산해 주둔하고 있었다.

7월 초, 권응수 의병군이 훈련을 쌓고 군기를 바로 잡은 뒤 14일에 박연朴淵(화산면 석촌동)에서, 22일에 소계召溪와 사천에서 적의 소부대를 기습해 군사들에 실전 경험을 쌓게 하면서 영천성으로 접근해 24일 추평楸坪에 진을 치고 공격에 들어갔다. 영천성 남쪽에는 절벽 밑으로 남천이 흐르고 북쪽에는 마현산馬峴山이 성을 굽어보고 있으며 동쪽과 서쪽은 골짜기로 둘러쳐져 있었다.

권응수는 마현산 기슭 성 주변에 마른풀과 나뭇잎 디미를 쌓아 화공을 준비하는 한편 이날 밤 남천 숲 속에 복병 400여 명을 배치해 두었다가 다음 날 25일 새벽 물을 길러 성을 나온 적병을 습격했다. 그 뒤부터 적은 물을 길러 나오지 못하고 마른밥을 먹었다. 이날 경주에서 권사악權士諤이 의병 수백 명을 이끌고 왔다. 이날 하루 종일 성 안팎에서 사격전을 교환했고 서로 포를 쏘기도 했다.

26일 밤, 권응수가 동생 권응평權應平으로 하여금 결사대 500명을 이끌고 성 밑으로 바짝 다가서게 하자 적군이 성문을 열고 나와 한밤 백병전을 벌이다 희생자가 늘자 성안으로 들어가 버렸다.

27일 아침, 그간의 교전으로 군사들 사기가 오르고 자신감이 넘치자 권응수가 총공격을 감행했다. 마현산 기슭에 쌓아둔 나뭇더미에 불을 지르자 때마침의 강풍을 타고 연기와 불똥 재들이 성안으로 몰려들어 적군의 시야를 가렸다. 연막전이었다. 때를 놓치지 않고 의병군이 사다리 등을 타고 성벽을 넘어 들어갔고 뒤이어 성문을 깨고 물밀듯이 쏟아져 들어가 백병전이 벌어졌다.

여기저기 건물에서 불길이 치솟고 일본군 화약고에 불이 옮겨 붙어 폭발하면서 천지를 진동시켰다. 쫓기는 일본군들이 급한 대로 남천에 뛰어들었다가 수없이 빠져 죽었다. 피비린내가 10리에 풍겼다. 일본군 사상자는 전하지 않으나 의병군 피해가 전사 83명, 부상 238명이었다. 적의 군마 노획이 200마리, 조총 · 창검 등 노획이 900여 점이었고 조선 백성 남녀 1,090명이 구출됐다.

이로써 경상좌도의 전략 요충 영천성이 적 치하 95일 만에 수복되고 인근 신

녕·의흥·의성·안동 일대가 차례로 수복되면서 일본군이 모두 경주로 퇴각
했다. 조정은 권응수를 통정대부通政大夫 방어사로, 정대임을 예천醴泉 군수로 각
각 임명했다.

영천성을 잃으면서 일본군은 제2군 가토 키요마사가 부산을 출발하여 북상
했던 경상도 경주_영천_안동_영주_죽령을 넘어 충청도 단양_충주에서 서울로
이어지는 좌로左路 보급선이 끊겼다.

조헌·영규 청주 탈환 일본군 보급선 차단

충청도 의병장 조헌趙憲은 전라도 황진과 함께 일본에 대해 대표적인 강경파
였다. 그는 1544년중종 39년 김포金浦 교생校生 응지應祉의 아들로 태어나 호를 중봉
重峯이라 했다. 예조禮曹 좌랑佐郞과 통진通津 현감 등을 지냈고 율곡 이이에게서 성
리학을 배워 충의정신이 투철했다.

전쟁이 터지기 전 해, 일본은 반드시 쳐들어온다고 주장하며 때마침 일본 사
신이 온 것을 알고 흰옷에 도끼를 들고 대궐 앞에 엎드려 사신들 목을 베고 전
쟁준비에 나서라고 울부짖는가 하면 만언소萬言疏를 올려 조정의 잘못을 따졌다.
선조가 그를 길주吉州로 유배시켰는데 전라도 선비 양산숙梁山璹이 상소를 올려
풀어주었다.

전쟁이 터지고 일본군이 휩쓸고 지나간 뒤 한 달쯤 되는 5월 21일, 청주淸州 주
변 마을에 격문을 띄워 의병을 모집했으나 실패했다. 백성들이 겁을 먹고 우왕
좌왕할 뿐이었고 그에게는 경상·전라 의병장들처럼 스스로 군량미를 조달할
힘이 없었다.

조헌이 전 참봉參奉 조광윤趙光輪, 선비 장덕익張德益, 신난수申蘭秀, 고경우高擎宇
등의 도움으로 1,100여 명의 의병군을 모은 것은 7월이 되어서였다. 공주에서
기병한 최초의 의승군장義僧軍將 기허騎虛 영규靈圭의 승군僧軍 1,000여 명이 합세했
고 전쟁 초기 청주를 버렸던 충청도 방어사 이옥李沃이 충청도 순찰사 윤선각의

명령으로 군사 500여 명을 이끌고 참여했다. 조헌은 문관이었으나 무예를 닦았으며 문하에는 이우李瑀, 이봉李逢, 김경백金敬白 등 문무에 능한 인물들이 많았다.

조헌·영규가 청주성을 공격하기로 하고 7월 하순, 순찰사 윤선각과 방어사 이옥의 관군은 연기燕岐현에서, 영규의 승군은 안심사安心寺에서, 조헌 의병군은 옥천沃川에서 각각 출동하여 청주성 근교에 집결했다. 청주성은 제5군 후쿠시마 마사노리福島正則 휘하 하치스가 이에마사蜂須賀家政 7,000여 군사 중 일부가 지키고 있었다.

8월 1일, 청주성에 대한 일제 공격이 시작됐다. 성을 빙 둘러 에워싸고 사방에서 공격하는 대형을 취하여 성내 일본군으로 하여금 병력을 분산시키게 한 뒤 주공은 서문에 두어 집중 공격을 퍼부었다. 갑옷 입은 관군, 승복 입은 승군, 한복 입은 의병군이 뒤섞여 복장도 가지가지에다 창칼과 활 외에 승병과 의병 군은 풀 베는 낫과 조선도끼 등으로 무장하여 무기도 제각각이었다. 공격군을 우습게보았던지 일단의 일본군이 성문을 열고 쏟아져 나왔다. 한여름 무더운 날씨로 일본군 병사들이 '훈도시국부만 가리는 일본인 특유의 수건 비슷한 것' 만 차고 나체로 나와 일본도를 휘두르며 덤벼들었다.

조선군이 일제히 화살을 날려 앞선 일본군을 쓸어버린 뒤 백병전이 벌어졌다. 무더위 탓으로 조선군 병사들도 저고리는 벗어버리고 바지만 꿰찬 채 알몸에 낫을 들고 대들었다.

'가죽 갑옷 위에 옷을 입어라.'

조헌이 소리치자 조선군 병사들이 웃으며 함성을 질렀다. 목숨을 건 전투 마당에서도 여유가 생긴 것이다. 승군들의 도끼와 조선낫이 뜻밖에 위력을 발휘했다. ㄱ자로 꺾여진 조선낫이 적군을 찌르거나 목을 치는 데 안성맞춤이었다. 이 전쟁 중 봉기한 승군의 주무기는 도끼와 조선낫이었다고 전해진다. 산속 절에서 나무와 풀을 베던 익숙한 솜씨로 적과 싸웠다. 마침내 적군이 밀려 성안으로 쫓겨 들어가고 뒤따라 성 밑까지 달라붙은 조선군 병사들이 장제長梯(긴 사다

리)와 승제繩梯(새끼줄로 엮은 사다리)를 성벽에 걸
치고 뛰어오르기 시작했다.

조헌 영정. 칠백의총 소장

그때였다. 갑자기 검은 구름이 몰려들어 하
늘을 뒤덮고 번개와 천둥을 치며 소낙비가 억
수로 쏟아져 앞을 가릴 수 없을 지경이 되었다.
조헌이 장탄식을 하며 '승패는 역시 하늘의
뜻'이라며 꽹과리를 울려 군사들을 물렀다.

이날 밤, 조선군 공격을 막지 못할 것으로
판단했는지 일본군이 전사자 시체들을 불태운
뒤 밤사이 성을 버리고 사라졌다. 다음 날 아
침, 조헌 의병군이 청주성에 입성했다. 이날 청
주성 공격전에서 관군들이 싸움은 피하면서 의
병군 전공만 시샘한 데 대해 강직한 조헌이 분개했다. 조정에 장계를 올려 '순
찰사 윤선각, 방어사 이옥 이하 장령들이 서로 바라보기만 하고 진격하지 않아
금산전투 때의 고경명과 같이 될 뻔했다'며 문책을 요구했으나 조정은 아무런
조치도 없었다.

청주성을 잃으면서 일본군은 제3군 구로다 나가마사가 김해를 출발하여 북
상했던 경상도 창녕_금산김천_추풍령을 넘어 충청도 영동_청주_경기도 용인을
잇는 우로右路 보급선도 끊겼다.

개전 3개월여 만에 좌우 보급로가 끊기면서 일본군은 대군의 군수물자 보급
을 부산_대구_상주_문경_조령을 넘어 충청도 충주_경기도 용인을 잇는 중로中路
외길에 의존하는 궁박한 형세로 몰렸다. 청주성을 수복한 조헌·영규는 곧바로
의병군을 해산했다. 군량이 모자랐기 때문이었으나 곧이어 1,000여 명의 의병
군을 모아 근왕 차 온양溫陽으로 갔다.

윤선각이 당황했다. 강직한 조헌이 근왕을 하게 되면 청주성 전투 때 관군의

태만을 다시 시비할지도 모를 일이었다. 윤선각이 조헌 휘하 장덕익을 불러 '전라도 금산錦山의 적부터 쳐서 양호兩湖(전라도와 충청도)를 보전한 뒤 근왕을 해도 늦지 않다'고 설득했다. 장덕익이 조헌에 전했고 조헌이 옳다고 판단해 군사를 공주로 돌려 금산성으로 향했다.

조헌 1천 의병군 금산에서 결사전 전원 옥쇄

조헌은 제1차 금산성 전투 때 부자가 순국한 고경명과 했던 약속을 늗내 잊지 못했다. 금산성 공격에 앞서 고경명이 조헌에 글을 보내 함께 형강荊江, 錦江을 비유한 중국의 강을 건너 금산을 치자 했고 조헌이 약속했다. 미처 군사를 모으지 못해 약속을 지키지 못했고 이것이 조헌의 가슴에 통한으로 남았다. 그는 앞서 청주성을 치러 가는 도중에 금강을 건너면서 먼저 순국한 고경명을 추모하는 깊은 심회를 시에 담아 남겼다.

비휴(표범)처럼 날쌘 동녘 땅의 백만 용병들이東土貔貅百萬師

어찌하여 이 간난의 위기를 구하지 못하는고如何無術濟艱危

형강을 함께 건너자 한 그대는 어디로 가고荊江有約人何去

이제 내 홀로 건너는데 찬바람이 노를 치누나擊楫秋風獨渡時

관군과 의병군은 처음 군사를 일으킬 때 지휘관이 전직 관료냐, 현직 관료냐의 차이만 있을 뿐 크게 다를 게 없어 모병과 합동작전 때 지휘권 문제 그리고 전공 다툼 등으로 알력이 적지 않았다.

특히 경상도 감사 김수와 의병장 곽재우, 충청도 감사 윤선각과 조헌 사이에 갈등이 많았던 것으로 전한다. 윤선각이 관군과 합동작전으로 금산성을 치자하여 조헌·영규 의병군이 진군하고 있는 가운데 관군은 움직이기는커녕 조헌 의병군에 가담한 장정들의 부모처자를 잡아 가두고 각 읍에 공문을 보내 협력하지 말도록 했다. 그 바람에 1,000여 명 의병 중에 300여 명이 이탈해 현지에 도착한 의병은 700여 명에 불과했다. 온양 현감 양응춘楊應春은 윤선각의 지시에도 불구하고 군사를 이끌고 왔다.

조헌은 공격에 앞서 공주에서 전라도 순찰사 권율에 글을 보내 8월 17일 금산성을 공격한다고 말하고 응원을 요청했다. 권율은 합동작전에 동의하나 공격 기일을 미루자고 회신했다. 회신은 조헌이 전사한 2일 뒤에 도착했다.

15일, 공주를 출발한 조헌 의병군이 16일 유성儒城에 이르러 영규의 의승군 600여 명과 합류한 뒤 17일 금산성 밖 10리 되는 연곤평延昆坪에 진을 쳤다. 병력은 1,300여 명이었다. 금산성의 일본군 제6군은 예기치 못했던 고경명 의병군의 배후 기습으로 전라감영 전주성 점령에 실패했으나 1만여 명의 병력이 주둔하고 있어 전력은 여전했다. 이들이 금산을 거쳐 북상하려던 전라도 보성寶城현과 남평南平(화순군 남평면)현 군사들을 덮쳐 남평 현감 한순韓恂을 전사시키기도 했다.

권율의 전라도 군사 응원이 확실해지기도 전에 조헌이 1,300여 의병군만으로 1만 정예군이 지키는 금산성을 치려한 것은 달걀로 바위를 치는 자살공격이나 다름없는 무모한 작전이었다. 그러나 조헌은 단호했다. 충忠과 의義만을 알고 대쪽같은 성품의 그는 물러나 뒷날을 기약하자는 주변의 만류에 '임금이 욕되게 되면 신하는 죽어야 한다主辱臣死'고 했다. 감동한 의병군과 영규 의승군이 전원 옥쇄를 다짐했다.

18일 아침, 일본군이 선제공격을 가해 왔다. 정찰 활동을 통해 공격군이 소수 병력에 후속 부대도 없음을 알고 밤사이 의병군 배후에 복병을 침투시키고 날이 밝자 전군을 출동시켜 공격을 개시한 것이다. 처절을 극한 백병전이 하루 종일 계속되었다. 조헌·영규, 온양 현감 양응춘 휘하 조선군 장병 전원이 전멸했다. 조헌의 아들 완기完基도 함께 죽어 고경명 부자에 이어 금산성에서 두 번째 부자 순국을 기록했다.

조선군 장병들의 결사적 항전으로 일본군 피해 또한 엄청나 전사자 시체를 성안으로 옮기는 데만 3일이 걸렸다. 의병군 전사자는 경양산景陽山 기슭(금산군 서리면 의총리)에 한데 묻혀 '칠백의총七百義塚'이라 불리며 길이 그 충의가 기려지고 있다.

금산성의 일본군은 9월 17일 더 이상의 주둔을 포기하고 경상도 성주 방면으로 철수했고 무주와 영동의 적도 퇴각했다.

호국불교 전통 이어 의승군 봉기

조선의 불교에는 호국 불교의 전통이 이어졌다.

부처의 가르침을 받들어 중생을 구제코자 머리를 깎고 깊은 산속 절에 들어가 수도를 하다가도 나라가 위기에 처하면 목탁 대신 칼을 잡고 일어나 구국전선에 뛰어든다. 서기 645년 고구려 보장왕寶藏王 4년부터 9년까지 5년간, 당唐 태종의 전후 세 차례에 걸친 침공에 승병 3만 명이 참전한 적이 있었다. 고려 때에는 사원마다 수원승도隨院僧徒라 하여 평시에는 수도 외에 노역 등에 종사하다가 국난이 터지면 승병으로 출전했다. 조선시대는 배불숭유排佛崇儒로 불교승들이 천민이나 다름없었는데도 전쟁이 터지자 전국 사찰들에서 승병들이 봉기했다.

조선왕조 때도 승병제도는 계승되었다. 이순신의 난중일기 임진년 3월 2일자에 '승군 100명이 돌을 주어 날랐다'고 적혀 있다. 전라 좌수영 관할의 흥덕사興德寺(여수시 중흥동)는 의승義僧 주진사駐鎭寺로 삼혜三惠 · 의능義能 등 승장僧將 지휘 아래 약 400여 명의 승군이 주둔했다. 주로 경계임무 · 군량조달 · 무기제조 · 전함건조 · 축성과 특히 종이 제조 등 군역에 종사했고 유격군이나 돌격군으로 직접 참전도 했다. 이들을 의승수군義僧水軍이라 했다.

승군 조직은 전쟁 뒤 300년간 지속되다가 1894년 갑오개혁 때 좌수영이 폐지되면서 사라졌다. 1988년 흥덕사 선당禪堂 중수 때 의승수군 400명의 명단이 발견됐다.

공주 청련암靑蓮庵에서 의승군을 일으킨 기허 영규는 앞서 기술한 것과 같이

의병군 전사자들의 묘지인 칠백의총. 충남 금산군 서리면 의총리

청주성 수복전과 금산성 2차 공격전에 참전해 큰 전공을 세웠다. 부휴선수浮休善修와 그의 제자 벽암각성碧巖覺性의 의승군은 진주성 전투 등 경상도에서 활약했고 뇌묵雷默 처영處英은 해남海南 대흥사大興寺에서 1,000여 의승군을 이끌고 권율과 함께 북상하여 서울행주산성 · 평양 · 개성 · 경상도 · 의령 등지로 옮기며 관군과 의병군 전투에 참전하다가 남원의 교룡산성蛟龍山城을 수축했다.

대표적인 의승군 활동은 역사에 길이 그 이름이 전하는 서산대사西山大師 휴정休靜(1520~1604)과 그의 제자 사명대사四溟大師 유정惟政(1544~1610)의 의승군이었다. 휴정은 전쟁 때 묘향산 보현사普賢寺에 있다가 선조의 명령으로 조선 의승군 총사령관 격인 팔도십육종도총섭八道十六宗都總攝이 되어 승군 1,500여 명을 일으켰고 유정은 휴정의 명으로 건봉사乾鳳寺(강원도 고성군 거진면 냉천리)에서 승병 700명을 일으켜 스승 휴정과 함께 명군 총사령관 이여송李如松의 평양성 공격전에 참전한다.

특히 유정은 일본군과의 4차례 강화회담을 가졌고 전쟁이 끝난 뒤 1604년 일본에 사신으로 건너가 새 집권자인 도쿠가와 이에야스德川家康와의 담판으로 포로로 잡혀간 조선 백성 3,000여 명을 데리고 귀국하는 발군의 외교활동을 벌였다.

황해도 이정암 의병군 연안성 사수

경기도 지방에서는 홍계남洪季男 의병군이 활약했다. 그의 아버지 언수彦秀와 함께 안성安城읍에서 멀지 않은 서운산성瑞雲山城에 거점을 두고 주변 양성陽城, 안성安城, 용인龍仁, 진위振威, 직산稷山현 일대를 무대로 활동하면서 명성을 떨쳤다. 그러나 그의 실제 의병 활동에 대한 기록은 전해지지 않는다.

황해도 일대는 구로다 나가마사의 제3군이 제1군을 뒤따라 평양까지 진격했다가 다시 남하해 해주海州에 사령부를 두고 군정을 펴고 있었다.

임진강 방어선이 붕괴된 뒤 황해도 24군현과 각 진鎭들은 수령과 장령들이 모두 섬이나 산 속으로 몸을 피해 전역이 텅 빈 것이나 다름없었다. 도망갈 곳조차 없는 백성들은 일본군이 발급해 준 첩문帖文(신분증)을 받아 그들에 부역을 하며 살고 있었다. 그런 가운데 연안부성延安府城은 해주와 개성의 중간 지점에 있는 탓이어서인지 8월이 되어서도 일본군이 진주하지 않고 있었다. 연안은 북쪽 지방 최대의 연백延白평야가 있는 곡창지대다. 그런 곳을 일본군이 끝내 그대로 둘 리가 없었다.

이조吏曹 참의參議를 지낸 퇴우당退憂堂 이정암李廷馣이 조정 중신들 일행을 따르지 못하고 노모와 가족을 거느리고 피난길에 올라 황해도 해주 평산 등지를 헤매고 다닌 끝에 8월 22일 백천白川에 이르렀다. 여기서 이정암이 김덕성金德誠과 박춘영朴春榮 등의 추대로 의병장이 되고 연안부성으로 옮겨 송덕윤宋德潤, 조광정趙光廷, 장응기張應棋 등과 의병을 모으니 500여 명이었다. 연안성에는 피난가지 못한 백성들 2,000여 명이 있었다. 광해군 분조에서 이정암의 기병 소식을 듣고 그를 황해도 초토사로 임명했다.

이정암은 1541년중종 36년에 사직령社稷令 탕宕의 아들로 서울에서 태어나 21세에 문과 급제, 28세에 양주楊州 목사에 이어 연안 부사, 평산 부사를 지냈으며 47

세에 동래 부사로 있으면서 사신으로 들어와 전쟁이 난다고 떠들고 다닌 다치바나 야스히로橘康廣를 맞이하기도 했다. 그는 가는 곳마다 사심 없이 일해 백성들로부터 추앙을 받았다. 연안성의 방어 준비는 완벽에 가까웠다.

한 해 전 1591년 4월, 충청도 조헌이 아들 완도完堵편에 황해도 감사 권징權徵과 연안 부사 신각申恪에 '전쟁은 반드시 터진다' 면서 '성 둘레에 호를 깊이 파고 전쟁 대비를 철저히 하라' 고 충고했었다. 권징은 웃어버렸고 신각은 옳은 생각이라면서 성을 수리하고 둘레에 성호城壕를 넓고 깊게 팠으며 많은 우물을 파고 성을 지키는 데 필요한 충분한 전투 용품들을 준비해 두었었다.

이정암이 장수들을 임명하고 부서를 정하여 의병들을 훈련시키는 한편 요소에 대포들을 앉혔다. 척후를 내보내 적군의 동향을 감시하고 백성들을 시켜 호를 다시 정비했다. 성채 가까이 큰 가마솥들을 걸어 놓았고 마른풀을 대량으로 모아 횃불炬火을 만들어 던질 수 있도록 준비했다. 성벽에는 각종 깃발을 꽂아 위용을 갖췄다.

8월 28일, 일본군 대군이 몰려들어 성을 포위했다. 대략 5,000여 명으로 보였다. 성 안팎에서 말싸움이 벌어졌다.

"이따위 작은 성에서 우리 대군을 어떻게 당하겠느냐. 나와 항복하지 않으면 모두 베어버리겠다."

"너희들은 병兵으로 싸우나 우리들은 의義로 싸운다. 해보자."

성안에서 신기전이 공중으로 쏘아져 올랐다. 신무기를 선보인 것이다. 불꼬리를 달고 화살이 남산을 넘어 멀리 날아갔다. 일본 군사들이 신기해서 정신을 놓고 쳐다보고 있었다. 안되겠다 싶어서인지, 적병 하나가 말 위에 올라탄 채 성 쪽으로 엉덩이를 까고 제 볼기짝을 손으로 두드렸다. 모욕을 주는 것이었다. 활 잘 쏘는 무사 이출李苃이 쏜 화살이 엉덩이에 꽂히고 적병이 말에서 떨어져 꼬꾸라졌다. 성안 의병들의 함성이 터졌고 사기가 올랐다.

뒤이어 장수인 듯한 자가 백마에 백기를 든 채 성 주변을 유유히 돌고 있는 것을 북문을 지키던 장응기가 활을 쏘아 떨어뜨린 뒤 잽싸게 성문을 열고 나가 목을 베어 왔다. 의병들 사기가 충천했다. 한바탕 공방전이 벌어졌으나 곧 날이 저물었다.

29일, 아침부터 수천의 적병들이 조총을 집중 난사하며 포위망을 조여 왔다. 성 둘레를 빙 둘러 파놓은 참호를 나무와 풀로 메우고 개미떼처럼 달라붙었다. 성안에서 횃불을 일제히 던져 태우니 적병들이 개미떼 타죽 듯했다. 성벽에 달라붙은 적병은 끓는 물을 뒤집어쓰거나 내리치는 돌에 맞아 머리가 깨져 나갔다. 공방전은 하루 종일 계속되었고 피비린내와 비명 그리고 시체 타는 냄새가 성 안팎에 가득했다. 다시 밤이 되고 무거운 적막이 감돌았다. 이정암이 더욱 경계를 강화했다. 과연 어둠을 타고 적의 한밤 공격이 시작됐으며 성벽에 달라붙은 적병들에 다시 끓는 물과 돌, 화살과 불덩어리가 쏟아졌다.

9월 1일이 되자 제3군 사령관 구로다 나가마사가 북산에 대장기를 꽂아놓고 진두지휘에 나섰다. 본국에서 12만 석의 영주이기도 한 나가마사는 히데요시를 따라 13세 때부터 전장을 누비고 다닌 맹장으로 이때 나이 24세의 청년 장군이 었다.

일본군은 목책을 앞세우고 운제, 비루 등 모든 공성 도구를 총동원하여 공격을 퍼부었다. 성안의 조선군 대포들이 쉬지 않고 포성을 울리며 장군전·차대 전을 날려 적의 운제, 비루 등을 부셨다. 1발 포성에 100여 개 새알탄이 우박처럼 쏟아져 나가 적진을 덮칠 때는 일본군 진영의 비명과 조선군 진영의 함성이 뒤섞여 터져 나왔다. 성 안팎의 초가집들에 모두 불이 붙었는데 바람이 적군 쪽으로 불어주었다. 총사령관의 독전에 몰린 일본군 병사들이 필사적으로 성벽으로 기어 붙어 마침내 성이 위기에 몰리자 이정암이 화약통을 깔고 앉아 병사들에 총반격을 명령했다. 성안 의병군들과 백성들이 한 몸이 되어 죽을힘을 다해 맞서 이날 밤 늦게까지 싸움이 이어졌다.

2일, 아침이 밝아지면서 적병들이 전사자 시체들을 그대로 버리고 썰물처럼 밀려나기 시작했다. 이대춘李大春 등이 추격에 나서 소와 말 90여 마리와 일본군 수레를 빼앗아 군량 130여 석을 노획했다. 사흘 밤, 사흘 낮에 걸친 사투 끝에 마침내 연안성을 지켜냈다. 전투가 끝나자 이정암이 조정에 보고서를 띄웠다.

'적이 28일 성을 포위했다가 2일 포위를 풀고 돌아갔다以二十八日 圍城 以二日 解去.'

조정이 연안성 전투 승리와 간략한 보고에 감탄했다. 선조는 이정암을 가선 대부嘉善大夫로 올리고 황해도 도순찰사로 임명했다. 이 싸움에는 충주 목사로 있 다가 신입과 함께 전사한 이종장李宗張의 17세 된 아들 희건希建이 참전해 전사한 아버지의 한을 풀었다.

연안성은 다음 해 봄 일본군이 전면 퇴각할 때까지 안전하게 보전되어 충청 도와 전라도 및 경상도 등 하삼도下三道와 의주 조정을 잇는 중계 역할을 했다.

정문부 의병군 반민토벌 함경도 수복

함경도 의병장 농포農圃 정문부鄭文孚는 28세의 청년 장교로 북도 병마평사兵馬 評事(정6품)였다. 전투 중에 총을 맞아 부상한 몸을 이끌고 경성 바닷가 외딴 곳에 사는 유생 지달원池達源의 집에 숨어 있었다. 반란을 일으킨 백성들에 잘못 잡히 면 죽는 판국이었다.

9월에 들어서 명나라 원군이 온다는 소문이 돌면서 민심이 바로잡히기 시작 했다. 지달원이 동지 최배천崔配天과 함께 의병을 일으켜 정문부를 의병장으로 추대하자 산속에 숨어있던 경성 부사 정견룡鄭見龍, 경원 부사 오응태吳應台가 나 와 합세했고 경흥 부사 나정언羅廷彦, 고령 첨사 유경천柳擎天, 군관 오대남吳大男도 산중에서 나와 합류했다. 서북보 만호 고경민高敬民, 전 만호 강문우姜文佑 등도 참 전해 3,000여 명의 군사가 됐다. 의병군인지, 관군인지 구별이 어려웠다. 정문 부 의병군은 곧바로 경성부를 들이쳐 수복하고 국세필 일당 13명을 베었다. 명 천明川의 정말수도 토벌했고 정문부 봉기 소식을 들은 회령의 유생 신세준申世俊 과 오윤적吳允迪 등이 국경인 일당의 목을 베어 정문부에 바쳤다.

9월 16일, 정문부 의병군 소식을 들은 일본군 제2군 부장 가토 우마노조加藤右馬允군 1,500명이 길주에서 올라와 경성을 공격했으나 의병군 강문우 기병대가 기습으로 물리쳤다. 일본군은 함경도에서도 몰리기 시작한 것이다. 함경도 북병영北兵營과 북수영北水營이 있는 조선의 북방 요새 경성을 수복한 정문부 의병군은 그동안 사방으로 흩어졌던 수령들이 거의 그의 휘하에 모두 모여들어 군사 규모가 갑자기 커졌다. 모여든 수령들과 장령들은 다음과 같았다.

의병대장 정문부, 경성 부사 정견룡, 고령 첨사 유경천, 경원 부사 오응태, 종사관 원충노元忠恕, 오촌吾村 권관權官 구황具滉, 방원防垣 만호 한인제韓仁濟, 안원安原 권관 강문우, 옥연玉連 만호 안옥安沃, 종사관 인원침印元忱, 군관 황사원黃嗣元, 군관 박은주朴銀柱, 권관 고경민高敬民, 길주 목사 정희적鄭熙績, 수성輸城 찰방察訪 최동망崔東望, 경관 첨사 이응성李應星이었다.

10월이 되면 함경도는 겨울이 시작된다. 가토 키요마사는 부장 우마노조에 병력 1,300명을 주어 길주를 지키게 했다. 추위에 익숙하지 못하고 월동 준비마저 충분치 못한 일본군은 수시로 성을 나와 주변 마을을 돌아다니며 식량과 의류 등을 노략질해 갔다. 일본군은 그간 조선군의 이렇다할 저항을 받아본 일이 없어 경계마저 소홀했다.

10월 21일, 정문부는 길주성을 치기로 하고 작전계획을 세웠다. 정견룡을 중위장으로 병력 1,000명을 주어 명천에, 유경천을 좌위장으로 병력 1,000명을 주어 해정에, 오응태를 우위장으로 병력 약간을 주어 서북보에 각각 진주케 하고 원충노에 병력 200명을 주어 아간창阿間倉에 진출해 있다가 적군의 동정을 보아 공격케 한다는 것이었다.

그런데 30일 아침, 일본군 1,000여 명이 길주성을 나와 해정海汀 가파加坡리 쪽으로 행군해 갔다. 원충노가 정문부에 보고하고 정문부가 각 부대에 통첩하여 귀로의 적을 치기로 했다. 이날 오후 4시쯤, 약탈한 물건을 말과 소에 가득 싣고 경계도 제대로 하지 않은 적병들이 길주성을 향해 장평석현長坪石峴(일명 돌고개)

을 넘으려 했다.

매복하고 있던 원충노 한인제 군이 적군을 덮치고 구황 강문우 군이 가세했다. 포위망을 빠져나간 적병들이 길주성 동쪽 장덕산으로 도망갔으나 산정에서 대기하고 있던 고경민 군에 덜미가 잡혀 10리를 추격하여 전멸시켰다. 정문부 군이 벤 일본군 목이 800여 급이 넘어 왼쪽 귀를 잘라 조정에 보낸 게 825개였다. 정문부 의병군이 활약하면서 길주성 북쪽 함경도가 거의 수복되는 가운데 길주성에 남은 적병들은 꼼짝 않고 성을 지키고만 있었다.

12월 10일, 정문부 의병군 3,000여 명이 길주성을 포위 공격했다.

공격에 앞서 정문부가 길주성에서 30리쯤 떨어져 있는 마천령摩天嶺에서 오는 길목에 정견룡 · 유경천 · 오응태 3위군을 배치하고 복병장 김국신金國信을 마천령 기슭 영동관嶺東館 입구에 매복시켰다. 그곳 책성柵城을 지키는 일본군 400여 명의 응원출동에 대비한 것이었다. 길주성이 공격을 받자 예상대로 이들이 구원 출동 차 나섰다가 매복 의병군에 걸려 100여 명의 전사자를 내고 책성 안으로 되돌아 들어갔다. 의병군은 맹공을 퍼부었으나 끝내 길주성을 탈환하지 못했다.

일본군 제4군 모리 요시나리毛利吉成군이 강원도 주요 읍성을 휩쓸며 내려가 8월중에 경상도와의 접경지대를 넘어 예안醴安 영해寧海 방면으로 진출하고 있었다.

낙동강 서쪽 경상우도 지역은 맹렬한 의병군 활동으로 일본군에 빼앗긴 주요 읍성들이 거의 수복되고 있는 동안, 안동 등 조선왕조 관료들을 집중적으로 배출했던 경상좌도 지역은 권응수 의병군의 영천성 탈환전 외에 이렇다할 의병군 활동이 없었다.

경상좌도 10여 읍성들은 일본군의 주된 진격로에서 비껴 있어 그때까지도 일본군 침공이 없었다. 몇몇 유생들이 의병을 일으키려 했으나 그 때문에 일본군 침공을 부르는 화를 입을까 두려워 피난에만 열중하고 있었다. 그런 가운데 악명 높은 일본군 제4군이 강원도에서 넘어오고 있었다.

전 성균관 전적典籍 유종개柳宗介가 의병 수백 명을 모아 태백산중에 대기하고 있다가 8월 22일 일본군 선봉 3,000여 명을 봉화^{奉化} 북쪽 소천^{小川}에서 맞았다. 유종개가 척후를 보내 적의 진군을 살피고 있었는데 조선 백성들 옷으로 위장한 적군 선봉이 척후를 속여 따돌리고 그대로 의병군 본진을 기습하는 바람에 의병장 유종개를 비롯하여 장서^{掌書} 윤흠신^{尹欽信}·흠도^{欽道} 형제 등이 전사했다. 일본군은 그 길로 예안을 점령하고 남진했다가 영해 부사 한효순^{韓孝純}, 현감 이수일^{李守一}의 관군에 격퇴되어 강원도로 되돌아갔다.

선봉이 경상도 접경을 넘어 진공하는 다른 한편에서 제4군 일부 부대 3,000여 명이 원주^{原州}성으로 진출했다. 원주성에는 이들과 대적할 군사와 무기가 부족했다. 개전 초기, 도순변사 신입의 충주전투 때 강원도 정예 군사를 출전시켰다가 대부분 병력과 무기를 상실했었기 때문이었다. 목사 김제갑^{金悌甲}이 군사와 백성 4,000여 명을 이끌고 원주성 동쪽 30여 리에 위치한 치악산^{雉岳山} 남쪽 기슭 천험의 요새 영원산성^{鴒原山城}으로 들어가 대치했다.

8월 23일, 김제갑이 군관 박종남^{朴宗男}에 군사 1,000여 명을 주어 원주로 들어오는 길목인 가리령^{可里嶺}에 매복하고 있다가 적을 막도록 했는데 매복 군사가 적에 노출되어 되레 기습을 받고 패퇴했다.

24일, 적이 산성을 에워싸고 25일 아침부터 공격을 해왔으나 사방이 절벽이어서 하루를 버텼다. 그러나 밤이 되어 일본군 결사대가 성의 한 곳을 뚫고 들어오면서 산성은 아수라장이 되고 말았다. 김제갑과 그 아들 시백^{時伯}이 전사하고 부인 이씨가 자결했다. 조정이 충성과 정절과 효도의 가문으로 포상했다.

평안도에서는 중화군^{中和郡} 사람 임중량^{林仲樑}이 의병군을 일으켰다. 윤붕^{尹鵬}이 뜻을 같이하여 400명의 의병군을 모아 중화 서쪽 직산^{直山}에 보루를 쌓고 서진^{西鎭}으로, 전 만호 차은진^{車殷珍}·은로^{殷輅} 형제가 수백 명의 의병군을 모아 중화 동쪽 운취봉^{雲鷲峰}에 보루를 쌓고 동진^{東鎭} 일대에서 유격전투를 벌였다.

중화군은 대동강 남쪽에 위치하고 있어 평양의 고니시 유키나가 제1군에는 뒷덜미를 누르고 있는 것이나 다름없었다. 유키나가는 평양에서 전진을 멈춘 채 증원군사를 기다리면서 중화군 내 어랑산성^{於郞山城}에 경비 병력을 배치했다. 황해도 점령군인 제3군 구로다 나가마사도 부장 오토모 요시무네^{大友吉統}에 6,000 명의 군사를 주어 황주^{黃州}와 봉산^{鳳山}군에 나눠 주둔시키며 개성과 평양 사이의 보급로 경비 및 연락 임무를 수행케 하고 있었다.

임중량 의병군이 수시로 보루를 내려가 이들 보급로를 위협하고 일본군 보루를 습격했으며 때로는 대동강 언덕까지 출현하여 일본군을 교란하기도 했다. 평양의 일본군은 조선 백성들을 부역으로 동원하여 조선군 공격에 대비한 방어시설을 강화하는 한편 다가오는 겨울에 대비한 월동준비를 서두르고 있었다.

12월 1일, 고니시 유키나가가 배후 위협을 제거하기 위해 임중량 의병군에 대한 대대적인 토벌 작전을 벌였다. 이날 폭설이 쏟아져 공격군 기동이 매우 어려웠는데도 유키나가는 의병군 동 서진에 대한 전면 공격을 강행했다. 때마침 의병장 임중량은 11월 전투에서 부상을 입어 민가에 후송되어 있었다. 의병 부장 윤붕이 지휘를 맡아 사력을 다했으나 윤붕을 비롯 윤은형^{尹殷衡}, 유희룡^{柳希龍}, 유겸^{柳謙}, 임산려^{林山麗} 등 의병군 장수들과 의병군 400여 명이 전사했다. 조정은 서진의 윤붕에 사복첨정^{司僕僉正}을 추서하고 살아남은 동진의 차은진 형제를 각각 서산^{瑞山}과 청도^{淸道}군수로 임명했다.

8. 반격작전

명군 선봉 평양성 첫 전투에서 패퇴

일본군의 조선 침공 작전은 전격전이었다. 4월 13일 부산에 상륙하여 20일 만에 수도 서울을 점령하고 두 달 만에 제2수도 평양과 함경도 북단 두만강까지 석권했다.

그러나 일본 침공군이 육전에서 징검다리 뛰기 작전으로 주요 간선도로를 연결하는 읍성들을 점령하며 쾌속 북진을 하는 동안 해전에서는 강력한 조선 수군에 의해 일본 수군이 궤멸적인 타격을 입고 남해 제해권 장악에 실패했다. 이때문에 도요토미 히데요시의 수륙병진 전략이 근본부터 뒤흔들렸고 남서해를 도는 증원군사 파견이 불가능해져 일본군 진격이 평양에서 정지되고 말았다.

부산에서 서울을 거쳐 평양까지 1,700리에 걸쳐 길게 이어진 일본군 주보급로가 경상 · 전라 각지 의병군들에 의해 끊임없이 위협을 받았고 곡창 전라도 점령에 실패하면서 내륙 깊숙이 쳐올라간 일본군은 점차 군수보급과 병력충원이 극도로 어려워져 전력이 급속히 약화되기 시작했다.

일본군의 전격전으로 미처 방어태세를 갖추지도 못하고 속절없이 무너졌던 조선의 육군도 점차 초기 충격에서 깨어나 전열을 가다듬기 시작했고 전국 각지 의병군과 연합하여 일본군에 점령됐던 전국 주요 읍성들을 하나씩 탈환하기 시작했다. 한때 명나라로 망명하려 했던 의주 피난 조정도 냉정을 되찾아 전쟁을 지도해나가는 한편 청병외교에 성공해 명나라 군사들을 끌어들임으로써 드디어 반격작전에 나서게 된다.

7월 17일, 조선군과 임시 출동한 조승훈趙承訓 명나라 선발대 연합군이 평양성에서 첫 공격전을 폈다. 1275년 고려 충렬왕忠烈王 원년, 일본 정벌에 나선 고려·원元나라 연합군과 일본군 간 전쟁 이래 318년 만의 동아시아 3국간 군사적 충돌이었다. 전쟁은 국제전쟁으로 번지고 있었다. 그러나 1차 평양성 전투는 조·명 연합군 패전으로 끝났다.

이미 6월 초, 선발대 1,000여 명의 군사를 이끌고 와 그간 의주 조정의 경비를 맡았던 명나라 요동遼東 부총병副總兵 조승훈이 뒤따라 들어온 군사 3,000명을 거느리고 7월 초순, 조선군 도원수 김명원 휘하 군사 3,000명과 연합군을 편성하여 평양 북방 순안順安에 집결했다. 조승훈이 일본군을 얕보고 자만에 빠져 있었다. 척후장으로 나가있던 순안 군수 황원黃瑗이 달려와 '한 조선 여인이 성 위에서 평양성의 일본군이 서울 쪽으로 빠져나가고 있으니 때를 놓치지 말고 공격하라고 외쳤다'고 보고했다. 때마침 비가 내려 부대 이동이 어려운데도 조승훈이 공격을 강행했다.

17일 아침, 조·명 연합군이 평양성에 이르러 보니 성문은 열려있고 일본군은 보이지 않았다. 명군이 선두에서 보통문普通門으로 들어가 대동관大同館 앞까지 진출했을 때, 사방에서 총탄과 화살이 한꺼번에 쏟아져 나왔다.

일본군 계략에 빠져 독 안에 든 쥐 꼴이 됐다. 유격장 사유史儒, 천총千總 장국충張國忠 등 장수와 명군 태반이 섬멸적 타격을 입었고 조승훈 등 수십 명만이 살아나와 그대로 명나라를 향해 달렸다. 18일 안주를 지나고 청천강을 건너 단숨에 압록강을 넘어 요동까지 달아나 '조선군이 일본군에 투항해 졌다'고 허위로 보고했다. 그 바람에 조선 조정이 사신을 보내 사실 해명에 진땀을 뺐다.

명나라 조정이 크게 놀라 일본 침공군이 자기 나라까지 쳐들어올까 걱정하여 천진天津, 여순旅順 등 주요 국경도시의 수비를 강화하고 군사를 추가로 모집하는 등 방비를 강화해 나갔다.

평양의 일본군 제1군 사령관 고니시 유키나가는 조·명 연합군의 첫 공격을 계략으로 물리친 뒤에도 성을 지키며 움직이지 않았다. 명군과 연합한 모처럼의 평양성 첫 공격이 조승훈의 경솔한 작전으로 실패로 끝난 뒤 피난 조정이 조선군 단독으로 평양성 탈환전을 펴기로 했다. 평안도 순찰사 이원익李元翼과 순변사 이빈李薲 군사 5,000명을 중앙 공격군으로 하여 순안에, 순변사 이일李鎰 군사 5,000명을 좌 공격군으로 하여 강동江東에, 그리고 조방장 김응서金應瑞 군사 1만 명을 우 공격군으로 하여 강서江西에 전진 배치하고 별장 김억추金億秋의 수군 약간 명을 대동강 입구에 배치했다. 공격군이 총 2만여 명이 됐다.

8월 1일, 평양성을 3면에서 포위하고 하루 종일 공격을 가했다. 조선군의 전투 기록이 대개 그러하듯 이 날의 평양성 공격전투 경과는 분명하지 않다. 다만 이날 저녁 무렵, 공격전을 중단하고 각각 주둔지로 되돌아갔다. 그리고 조방장 김응서가 적장의 목을 베는 등 용전을 벌였다 해서 방어사로 승진되었다. 이 날 충청도에서 조헌·영규 의병군이 청주성을 탈환했다.

8월 중순쯤, 경상도 감사 김수가 의심스러운 일본군 동향을 포착하고 이를 이순신에 통첩했다.

'위로 쳐올라갔던 적들이 낮에는 숨고 밤에는 움직여 양산 김해강 쪽으로 내려오고 있는데 짐짝들을 가득 싣고 있는 것으로 보아 도망치려는 게 아닌가 한다' 는 것이었다.

사실은 그 무렵, 일본군이 전라도 진공의 길목인 진주성 공격작전을 준비 중이었는데 부산 지역 점령군 투입에 따라 수비군 병력 부족을 메우기 위해 서울 지역 점령군 일부 병력 7,500여 명을 남하시키고 있었다. 이들의 은밀한 이동이 김수에 포착되었던 것이다.

조선 수군 부산 강습 적선 130척 공파

　이순신은 일본군 상륙기지 부산 강습을 오래 전부터 마음먹고 있었다. 지난 3차 출동 때 적전 함대시위를 강행했던 것도 언젠가의 부산 공격에 앞서 미리 적들의 기세를 눌러놓기 위한 것이었다. 이순신은 그간의 해전에서 격렬한 일본군 전선 수를 계산해 보고 적 수군의 주력이 이미 궤멸되어 있어 부산 본거지 공격도 해볼 만하다는 판단을 내렸을 것이다. 조선 수군은 그간 전함과 화포 및 군사들을 꾸준히 증강시켜 전력이 크게 강화돼 있었다. 김수의 통첩이 이순신의 결단을 재촉했을 것이다.

　조선 수군 제4차 출동에는 판옥선이 전라 좌·우수영 74척, 경상 우수영 7척 모두 81척이었고 협선이 전라 92척, 경상 7척 모두 99척이었다. 총 180척 규모에 판옥선에 10문씩 화포를 장치했을 때 함포가 800여 문에 이르고 수병은 판옥선 정원 164명, 협선 5명을 기준하면 14,000여 명이 된다. 3차 출동 때보다 판옥선만 25척이 증강됐다.

　일본 수군 세력도 만만치는 않았다. 그간 일본 수군의 전력도 증강했을 것이며 실제 부산 해전이 벌어졌을 때, 일본군 측 전선은 470여 척으로 파악되었다. 일본 수군은 전선이 따로 없었고 수송선도 무장 수병들이 탑승하면 그대로 전선이 되었기 때문에 부산포에 정박하고 있던 수송선이 순식간에 전선이 될 수 있었다.

　이순신은 조정에 부산 공격작전 장계를 띄운 뒤 이억기 우수영 함대를 여수로 불러 출동에 앞서 8월 1일부터 출동 때까지 23일간 합동훈련을 반복했다. 부산 일대 주요 지형과 섬들에 대한 자료를 검토하고 정탐꾼을 보내 부산지역 일본군 동정에 대한 상세한 정보를 수집했다. 조정으로부터 공격 명령은 8일에 이미 떨어져 있었다.

　8월 24일 오후, 여수를 출항한 전라도 함대는 이날 밤을 관음포 앞바다에서 보냈다. 25일에는 사량蛇梁(통영군)에서 원균의 경상도 함대와 합류하여 이날 밤을 당포에서 보냈다. 이후 26일 한밤중에 견내량을 통과하고 27일 밤은 웅천 땅 원포院浦(창원군)에서 보냈다. 28일 낙동강 하구 쪽으로 항진해 나가다가 가덕도加德島 장항포獐項浦에 함대를 숨기고 사방으로 척후선을 보내 적정을 살폈다. 척후 선의 정찰 결과와 미리 잠입시켜 둔 정탐꾼과 현지 어민들로부터 들은 첩보들을 종합하여 경상도 지역 일대 일본군들이 부산으로 집결하고 있는 게 사실로 확인됐다. 이날은 가덕도 천성天城에서 보냈다.

29일, 새벽에 발진하여 낙동강 하구 심해강 쪽으로 항진해 가고 있는데 장림 포長林浦(현 부산 사하구) 쪽에서 적의 대선 4척, 소선 2척이 걸려들었다. 함대 선봉 이 추격해 순식간에 깨뜨렸다. 이날 밤, 이순신은 함대를 다시 가덕도 장항포로 물려 이억기 원균과 마지막 작전회의를 가졌다.

9월 1일 새벽 2시, 조선 수군 연합함대가 마침내 일본군 상륙기지 부산 공격 을 위해 출진했다. 때마침 역풍이 불어 항진 속도가 느렸으나 그대로 항진해 나 갔다. 아침 8시쯤, 몰운대沒雲臺 앞에서 적의 대선 5척, 다대포多大浦 앞에서 대선 8 척, 서평포西平浦 앞에서 다시 대선 9척, 송도松島 앞에서 또 다시 대선 2척 등 모 두 24척의 일본 수군 전선들을 만났다. 조방장 정걸丁傑이 지휘하는 선봉 전함들 이 차례로 격파하면서 전진했다. 이들 적선들은 부산 외곽 방어에 배치되어 있 던 전선들이었다. 오후 2시쯤, 드디어 부산 앞바다로 항진해 들어가는 절영도絶 影島에 이르렀다.

이순신이 전 함대에 공격 준비를 명령하고 척후선을 보내 부산 앞바다를 정 찰케 했다. 잠시 후 척후선이 돌아와 부산진성 동쪽 3곳에 적선 470여 척이 집결 해 있다고 보고했다. 이순신이 모든 장수들을 불러 마지막 작전명령을 내렸다. 이순신의 공격명령이 떨어지자 전라좌수영 우부장 녹도 만호 정운, 거북선 돌 격장 군관 이언량, 전부장 방답 첨사 이순신李純信, 중위장 순천 부사 권준, 좌부 장 낙안 군수 신호申浩 등이 선봉에서 돌격해 들어갔고 그 뒤를 전 전함이 긴 뱀 처럼 장사진형長蛇陣形으로 따라 들어갔다.

초량草梁과 절영도 사이 좁은 목을 통과하여 부산 앞 넓은 바다에 들어서자 멀리 부산진 선창 가득히 적선들이 집결해 있었고 적의 대선 4척이 결사적으로 달려들었다. 돌격함대가 다가가 포격으로 일거에 격파했다. 멀리 적선들에서 적병들이 배를 버리고 육지로 달아나는 모습들이 보였다. 긴 뱀이 물살을 가르듯, 조선 수군 전함 81척이 줄을 이어 돌진해 들어가 부산진성 앞 일본군 밀집 선단 앞에 빙 둘러 포진하고 일제히 포문을 열어 포격을 가하기 시작했다. 오후 4시쯤이었다. 800여 문의 천·지·현·황 총통들이 다투어 포성을 울리며 불을 토하자 대장군전·장군전·차대전 피령전들이 적 선단 쪽으로 날아가고 철환들이 쏟아져 나갔다. 신기전도 무더기로 날아가 적선들에 불을 질렀다. 거북선이 밀집 선단으로 돌격해 들어가 사방으로 포격을 가하면서 좌충우돌, 닥치는 대로 들이받아 깨고 부셨다.

적들도 필사적으로 대항해 왔다. 바닷가 여러 진지들에 포진한 적병들이 미친 듯 조총 사격을 가해왔으나 사거리가 멀어 이렇다 할 피해를 주지 못했다. 그런데 육지에서 조선 백성들이 보이더니 조선군 편전片箭이 날아오고 조선군 총통이 터지는 소리가 나면서 철환들이 날아왔다. 때로는 머리 크기만한 수마석水磨石이 날아와 조선군 전함에 피해를 안겼다. 조선군들로부터 노획한 총통들을 조선군 포로들로 하여금 발사케 하는 것으로 보였다.

한바탕 포격을 가한 뒤 전 전함들이 일제히 적선들에 다가서면서 충파전을 벌였다. 3시간 가까이에 걸친 포격과 충파전으로 깨지고 부서지고 불탄 적선들이 100여 척에 달했다. 격전 중에 우부장 녹도 만호 정운 장군이 전사했다.

이날, 조선 수군이 항진해 오는 동안 격파한 적선들이 대선만 34척이었으며 부산 앞바다에서 격멸한 적선이 100여 척으로 모두 130여 척에 이르렀다. 대선 34척의 정원 기준 일본 수병 6,000여 명 가운데 배를 버리고 육지로 달아난 수병들이 많아 적어도 적병 3,000여 명이 희생됐다. 부산 앞바다 해전에서도 수병들 대부분이 육지에 있었으나 조선군 포격으로 상당수가 희생됐을 것이다. 이순신은 장계에 '그 수를 알 수 없을 정도로 많은 시체들을 토굴 속으로 끌고 갔다'고 보고했다. 오후 7시쯤, 날이 어두워지면서 더 이상 공격이 불가능해졌다. 함대를 철수하여 이날 밤을 가덕도 장항포에서 보내고 2일 각각 수영으로 돌아갔다.

조선 수군 연합함대는 8월 24일부터 9월 2일 사이 8일간 제4차 출동 부산 앞바다해전에서 일본군 전선 34척을 격파하고 정박 중인 적 선단을 일방적으로 공격해 100여 척을 격멸했다.

4차 출동에서도 조선군 전함은 손실이 없었고 사상자는 정운 장군 포함 31명이었다. 조선 수군 연합함대가 부산 앞바다에서 일본군을 일방적으로 공격하고 있는 동안 황해도 연안성에서는 의병장 이정암이 일본군 구로다 나가마사 제3군의 4일에 걸친 공격을 끝내 격퇴했다. 평양성에서는 명나라 유격장군 심유경沈惟敬이 고니시 유키나가 제1군 사령관과 첫 강화회담을 갖고 있었다.

박진 육군 진천뢰로 공격 경주성 탈환

권응수 의병군의 7월 27일 영천성 수복은 경상좌도 일대의 관군과 의병군을 자극했고, 각지에서 일분군에 대한 공격활동이 갈수록 활발해졌다.

8월 2일, 초유사 김성일에 의해 의병 도都대장에 임명된 김호金虎는 전 현감 주사호朱士豪, 진사 최신린崔臣隣과 함께 의병 1,400명을 이끌고 언양성彦陽城을 치러 가다 경주 부근 노곡奴谷에서 일본군 500여 명과 우연히 부딪치자 이를 포위하여 50여 명을 사살했다.

그 무렵, 안강安康에 머물러 있던 좌병사 박진이 그냥 있을 수 없었다. 박진은 개전 때 밀양 부사로 있으면서 군사 500명을 거느리고 동래성 밖 소산역에서 일본군 제1군 선봉과 맞닥뜨렸으나 당시 좌병사 이각李珏 군사가 내빼는 바람에 일격을 맞고 밀양으로 퇴각한 바 있었다. 이각이 처형된 뒤 좌병사가 되었다.

그는 경주성 탈환을 결심하고 권응수 의병장을 군관으로 삼아 정세아鄭世雅 의병군 5,000여 명을 합세시킨 뒤 좌도 관내 16개 읍성 군사들까지 1만여 명을 집결시켜 8월 20일 밤 경주성에 도착해 성을 포위했다. 날이 밝으면서 성 주변 민가에 모두 불을 질러 화염과 연기로 성을 뒤덮게 한 뒤 일제 공격을 개시했다. 잠시 후 성의 동쪽에 매복하고 있던 일본군 병사들이 쏟아져 나오고 성안 일본 군도 성문을 열고 나와 앞뒤로 협공을 해왔다.

박진 군사가 큰 혼란에 빠져 흩어지면서 600여 명의 전사자를 내고 패했다. 안강으로 돌아온 박진은 군사들을 수습하고 진용을 재편성하여 9월 7일 경주성을 다시 공격했다. 1차 공격전 실패를 교훈삼아 성을 포위하자마자 공격에 들어 갔다.

박진의 경주성 2차 공격전에는 조선군 최신 무기 박격포 즉 비격진천뢰飛擊震天雷와 기관총, 즉 화차火車 : 銃筒機가 위력을 발휘했다. 저녁 늦게 경주성에 도착한 박진 군사들은 성을 포위함과 동시에 즉시 공격을 개시하면서 대완구大碗口로 성안에 진천뢰震天雷를 수없이 쏘았다. 여기 저기 떨어진 철구鐵球가 터지면서 한꺼번에 적병들 수십 명씩이 떼로 죽어나갔고 팔 다리가 날아갔다. 건물 지붕에 떨어지면 폭발과 동시에 집이 통째로 날아가고 불이 붙었다.

'적진에서 괴물체가 날아와 땅에 떨어져 우리 군사들이 빙 둘러서 구경하고 있는데 이것炮이 갑자기 폭발해 소리가 천지를 흔들고 철편鐵片이 별가루星碎 같이 흩어져 맞은 자는 즉사하고 맞지 않은 자는 (폭풍에) 넘어졌다. 기이하고 놀라서 서생포西生浦로 돌아왔다.' 《정한위략征韓偉略 卷之二》

비격진천뢰는 일본군 병사들에게는 공포의 신무기였다. 조선군이 이날 총통기로 성벽에 콩 튀듯 연속사격을 가하자 성벽 위 일본군 병사들이 낙엽 떨어지듯 했다. 승자총통 10자루씩 모두 50자루가 장치된 총통기에 10자루씩 차례로 불을 붙이면 승자총통 1자루에 15개씩, 150개의 총탄이 발사됐고 모두 750개가 폭풍우처럼 쏟아져 나가 적 병사들을 덮쳤다.

단발 조총만 쏘아보던 적 병사들이 기절을 했다. 성안의 일본군이 놀라고 당황하여 날이 밝기가 무섭게 성문을 열고 서생포로 '돌아간 게' 아니라 박진 군사들의 포위망을 뚫고 죽음의 탈출을 했다.

9월 8일, 개전 초 4월 21일에 일본군 제2군 가토 키요마사에 짓밟힌 신라 천년의 고도 경주성慶州城이 마침내 적에 빼앗긴 지 넉 달 보름 만에 경상 좌병사 박진朴晉이 지휘하는 경상도 육군에 의해 탈환됐다.

김시민, 2만 일본군 격퇴_ 진주성 대첩

도요토미 히데요시는 침체된 전황을 일거에 타개하고 이순신 함대에 막힌 남서해 수로 대신 육로로 길을 터 점령에 실패한 전라도를 다시 공략하기 위해 서남부지역의 전략적 요충 진주성晋州城을 공격하기로 했다.

8월 중순, 진주성 공격 준비에 나선 일본군은 서울 쪽 군사 일부를 남하시켜 대군이 진주성 공격을 위해 출동한 뒤 부족할 것 같은 부산기지 방어군 병력을 보충하는 한편 9월 들어 나가오카 타다오키長岡忠興, 하세가와 히데카츠長谷川秀一 기무라 시게지木村重慈 등 일본군 십장十將의 지휘 아래 2만여 군사를 김해金海성에 집결시켰다.

9월 24일, 김해성을 출발한 공격군 선봉이 본진을 뒤에 달고 행군해 나가 창원 노현露峴(창원군 동면 신방리 서쪽)고개 밑에 이르러 앞을 보니 조선군 깃발이 산정 여기저기 꽂혀 제법 위세 있게 보였다. 노현고개에 개전 초기 함안 군수로 있다가 그 뒤 경상우병사가 된 유숭인이 군사 2,000여 명을 포진시켜 놓고 있었다. 유숭인이 창원성을 수복하고 있다가 일본군의 진주성 공격 정보를 듣고 미리 와 대기하고 있었던 것이다. 일본군이 척후를 보내 정찰을 하고 선봉이 고개 밑까지 다가섰으나 행여 계략이 있을까 두려워 이날 공격을 하지 않고 멀리서 야영을 했다.

25일, 일본군 대군의 공격이 시작되자 유숭인의 조선군이 견디지 못하고 창원성으로 물러났으며 뒤를 추격한 일본군에 쫓겨 다시 창원성을 버리고 마산포 馬山浦로 물러났다가 진주성으로 향했다.

10월 4일, 일본군 선봉이 진주 동쪽 고지에 나타났다. 때마침 유숭인 군사가 성 앞에 도착했는데 한 달 전 판관에서 목사로 승진해 성을 지키고 있던 김시민 金時敏이 입성을 거절했다. 유숭인 군에는 사천泗川 현감 정득설鄭得說, 가배량加背梁 (거제군) 권관 주대청朱大淸 등의 400여 군사가 합류해 있었다. 김시민은 우병사인 유숭인이 입성하면 주장이 바뀌어 지휘체계 혼란으로 그간의 방어계획에 차질을 우려했거나 유숭인 군을 들이기 위해 성문을 열었다가 자칫 일본군을 불러들이는 위험 때문이었던 것 같다.

유숭인 군은 성 밖에서 싸우게 됐고 곧이어 일본군에 포위됐다. 성안으로부터 아무런 응원 없이 하루 종일 사투를 벌인 끝에 유숭인 · 정득설 · 주대청을 비롯한 조선군 전원이 전멸하고 말았다.

성안에는 목사 김시민을 비롯하여 판관 성수경成守慶, 곤양 군수 이광악李光岳, 전 만호 최덕량崔德良, 권관 이찬종李贊鍾, 군관 윤사복尹思復, 함창咸昌 현감 강덕룡 姜德龍 등이 군사 3,800명을 거느리고 와 있었고 의병장 곽재우, 최강崔康, 이달李達 등이 수 미상의 의병군을 거느리고 입성해 있었다.

김시민은 성 밖에서 유숭인 조선군이 전멸하고 있는 것을 보면서도 성을 나가 지원하지 않았다. 김시민은 진주성 방어가 임무였다. 목사가 된 뒤 수성전 준비에 심혈을 기울여 왔고 일본군 공격도 예견하고 있었다. 일본군이 전략 요충 진주성을 언제까지 공격하지 않고 내버려 둘 리가 없었기 때문이었다. 장수들과의 협력체제는 물론 관민 인화를 다져 성안의 군사와 백성들이 한 몸으로 전투준비를 해왔다. 김시민은 화약무기의 위력을 알고 있었다. 각종 총통 70여 병柄을 새로 주조하여 요소에 배치해 두었고 화약 306kg510斤을 만들어 두었다. 상당량의 비격진천뢰와 질려탄도 만들어 두었고 군사들에 간단없이 사격 훈련을 시켜 왔다. 김시민이 소수 수비군으로 끝까지 성을 지켜 낸 것은 바로 유비

무환의 사전준비였다.

10월 5일, 드디어 이 전쟁 조선군 측의 3대 승리大捷의 하나로 기록되는 1차 진주성 전투의 날이 밝았다. 날이 밝자 일본군 기마병 1,000여 명이 나타나 싸움을 걸었으나 김시민은 화살 1대, 탄환 1발이라도 헛되이 쓰지 말라며 꼼짝 않고 지키기만 했다.

6일, 일본군이 3개 공격대로 나누어 1대는 동문 밖 순천당산順天堂山에 진을 치고 다른 1대는 봉명루鳳鳴樓 앞에 진을 쳤으며 또 다른 1대는 봉명루 앞의 적과 수시로 합세하면서 공격을 해 왔다. 순천당산의 적진에서 조총수 1,000여 명이 나와 일제 사격을 가해 총탄이 성안으로 비 오듯 쏟아져 들어왔다. 적의 조총병들은 민가의 대문짝을 수없이 떼어다가 방패로 삼아 연속 사격을 가해 왔고 대포도 쏘았다. 의병장 최강과 이달이 일단의 병사들을 이끌고 성문을 열고 나가 적군을 기습하기도 했고 부근 산에서 횃불을 올려 적을 교란했다.

7일, 일본군이 하루 종일 조총 사격과 활을 쏘아 공격해 왔으나 수비군이 잘 막아냈다. 일본군이 진주성 주변 10리 안팎의 모든 민가들을 불태워 잿더미를 만들었다. 김시민은 하루 전투가 끝나고 저녁이 되면 악공들을 불러 거문고도 타고 퉁소도 불게 했다. 수비군에는 마음의 안정을 찾게 하고 적군들에는 여유를 보이려 한 것이었다.

8일, 적병들이 성 주변에 파 놓은 성호城壕 : 垓字를 소나무 가지와 짚더미로 메우고 달려들어 수천 개 죽제竹梯(대나무 사다리)를 성벽에 걸고 필사적으로 기어오르려 했다. 3층 높이 산태山台에 바퀴를 달아 밀고 들어오며 조총과 화살을 성안에 퍼부어 댔다. 수비군의 총통이 일제히 포성을 울리며 불을 뿜어 적들의 산태를 박살내고 진천뢰가 날아가 터지면서 적병들을 무더기로 살상했다. 화약 봉지를 속에 넣고 묶은 장작더미에 불을 붙여 던지자 화약이 터지면서 불붙은 장작개비가 사방으로 날아 성호를 메운 소나무 가지와 짚더미에 불이 옮겨 붙어 적병들이 수없이 타 죽었다. 성벽을 기어오르는 적병들에는 돌과 화살과 끓는

물이 쏟아졌다. 밤이 되면서 성 밖에 고성固城 현령 조응趙嶷, 진주 복병장 정유경
鄭惟敬이 군사 500명을 거느리고 남강 건너편 진현晉峴에 나타나 횃불을 올려 수
비군을 응원했다.

9일, 결전의 날이 왔다. 성 밖에 김준민金俊民 의병군이 나타나 단성丹城현 쪽
일본군을 기습하고 한후장扞後將 정기룡鄭起龍과 조경형趙敬亨 군사가 나타나 살천
薩川 쪽 적병들을 몰아붙였다. 때맞춰 김성일의 응원 요청을 받고 달려온 전라도
의병장 최경회와 임계영 의병군 2,000여 명이 도착해 성을 에워싼 일본군을 밖
으로부터 압박해 들어왔다.

일본군이 이날 밤 계략을 써 수비군을 밖으로 유인해내 결전을 벌이려 했다.
여기저기 모닥불을 붙여 환하게 밝힌 가운데 군막을 철거하고 모든 자재들을
수레에 실어 전군이 철수하는 듯 보여 수비군이 성문을 열고 추격하도록 유인

하려 했다. 김시민이 속지 않았다. 적병들이 할 수 없이 어둠을 타고 성 밑으로 기어들어 최후의 공격을 가해 왔다. 밤을 꼬박 새워 성벽을 사이에 두고 피의 공방전을 벌이며 아비규환의 사투가 벌어졌다. 격전 중에 김시민이 이마에 총탄을 맞고 대승의 환호를 뒤로 남긴 채 끝내 숨졌다. 곤양 군수 이광악이 뒤를 맡았다. 사천 현감 정득설도 성밖에서 혼전 중에 전사했다.

10일, 새벽이 열리면서 적병들이 전면 철수를 시작했다. 아침이 되었으나 짙은 먹구름이 하늘을 뒤덮고 천둥과 번개가 지며 폭우가 쏟아져 지척을 분간할 수 없었다. 적병들이 퇴각하면서 전사자들 시체를 민가에 쌓아 놓고 불을 질러 시체 타는 냄새가 성 안팎에 진동했다. 오전 11시쯤 적군들이 썰물처럼 빠져나간 진주성 안팎은 지옥의 참상만이 남았다. 진주대첩이다. 조정은 김시민의 전공을 기려 선무공신宣武功臣 2등에 올리고 영의정을 추서하는 한편 시호를 충무忠武라 했다.

동장군과 함께 온 명나라 원군 5만 명

9월 들어 전황은 일본 침공군을 더욱 궁지로 몰아넣었다. 조선 수군 함대의 기습 공격으로 상륙기지 부산이 쑥대밭이 됐고 남해안 전략 요충 진주성을 공략하여 국면 돌파를 꾀했으나 실패했다. 전라도 침공 전진기지였던 금산성에서도 철수하고 말았다. 함경도에서도 조선군 압력에 견디지 못해 길주성 이남으로 물러나 있었다.

조선과 명나라 군사의 2차에 걸친 공격을 물리치기는 했으나 명나라 대군의 응원 출동이 가까워 오고 있었다. 1,700여 리에 걸친 외길 보급로에 대한 조선군의 위협은 날로 증대되어 갔다. 형세는 갈수록 외로워지고 참담한 패주가 눈앞에 다가서고 있었다.

그러나 그 무엇보다 일본군에 두려운 사실은 동장군冬將軍의 내습이다. 10월이면 조선의 평안도와 함경도 그리고 황해도와 강원도 산악지대는 짧은 가을을 뒤로하고 초겨울로 접어든다. 시베리아대륙이 냉각되어 일대에 차갑고 건조한 시베리아 고기압대가 형성되고 이 고기압대가 만주 벌판과 조선의 북부지방에 혹심한 겨울 한파를 몰고 오는 북풍을 일으킨다.

겨울철 1월중 평균 기온이 서울 영하 4.9℃인데 비해 두만강 중 하류 일대는 영하 13℃이고 개마고원蓋馬高原 삼수三水갑산甲山 : 長津은 영하 18℃가 된다. 8월 하순에도 첫 얼음이 얼고 갑산지역 최저 기온은 영하 42℃가 된다. 조선의 남부지방 부산은 영상 2℃, 제주도는 영상 4℃며 위도 상 비슷한 일본의 규슈九州, 시코쿠四國, 쥬코쿠中國 지방은 영상 2~6℃의 분포를 보인다.

조선 침공에 동원된 일본군 병사들은 대부분 남부지방 출신들로 겨울을 모르고 지낸 일본인들이었다. 일본군 선봉대 병사들은 침공 당시 입고 왔던 여름 군복을 그대로 입고 있었다. 겨울군복 등 군수지원이 제대로 되지 못했고 대규모 군사들의 월동준비를 현지 약탈만으로 충당해 낼 수도 없는 일이었다. 일본군이 진격하는 곳마다 노략질과 분탕질로 이미 초토화돼 있어 더 이상 노략질할 곳도 없었다.

기세 좋게 쳐올라간 일본군 병사들이 황량한 겨울 산야에 내던져져 얼어 죽거나 굶어 죽을 위기에 몰리고 있었던 것이다. 조선 북부의 혹독한 겨울 추위는 이들 일본군 병사들에는 죽음보다 더한 시련이었다.

명 조정 국익 위해 조선 출병

8월 18일, 명나라 조정은 병부우시랑兵部右侍郎 송응창宋應昌을 경략비왜군무經略備倭軍務로 임명하고 총포 등 병기와 차량 등을 제작하는 한편 군사를 징집하여 조선 출병을 준비하기 시작하고 있었다. 8월 26일에는 경략 송응창이 소주蘇州, 밀운密雲, 천진天津, 영평永平지역 수비 병력을 증강하고 군용자재를 보충했다. 일본군이 중국까지 쳐들어올 것에 대비한 것이었다.

9월 1일, 명나라 부총병 조승훈과 함께 조선에 들어온 명나라 유격장군 심유경沈惟敬과 고니시 유키나가 일본군 1군 사령관이 평양성 북쪽 강복산降福山 밑에서 50일 간의 휴전에 합의했다. 심유경으로서는 명나라 군사 본진 출동 이전까지 전화가 자기 나라 영토에까지 미치지 않게 하기 위해 우선 일본군의 더 이상의 전진을 막아야 했고 월동준비도 안 된 일본군으로서는 당장의 조·명 연합군 공격을 막아야 했다. 심유경이 유키나가와 평양성 북쪽 부산원斧山院현에 경계선을 긋고 서로 침범하지 않기로 했다.

3일, 명 황제 신종神宗이 조선 조정에 설반薛藩이란 칙사勅使를 통해 칙서勅書를 보내왔다. 요양遼陽 정병 10만 명을 파병하겠다는 내용이었다. 조선에서는 이때의 명나라 파병에 대해 당시는 물론 조선왕조 내내 천병天兵 또는 구원군이라 부르며 명 황제가 조선을 구하기 위해 보내줬다 해서 천은天恩으로 감읍했다. 그리고 명에 대한 사대를 더욱 강화했다.

그러나 명나라의 조선 파병은 어디까지나 철저하게 자신들의 국익을 위한 것이었다. 명나라 조정은 파병 결정에 앞서 설반을 조선에 보내 전황을 살피고 정세를 상세히 검토하게 했다. 설반은 돌아가 신종에 보고서를 올렸는데 이 보고서에 명나라의 조선 파병에 대한 정확하고 객관적인 결론이 담겨 있다.

'요진遼鎭은 경사京師(수도는 북경)의 팔이고 조선은 요진의 담장입니다. 200년 간 복건福建과 절강浙江에 왜적이 침범했으나 요양은 그러하지 않았습니다. 이는 조선을 담장으로 삼은 까닭입니다. 만약 왜적이 조선을 침공한다면 요양이 하루도 안심할 수 없으며 배를 타고 오면 수도의 앞뜰인 천진天津도 화를 당할 것이며 북경이 진동하게 될 것입니다. 우리가 빨리 출정하면 조선 사람 힘을 빌려 왜적을 치는 것이 되고 늦게 출정하면 왜적이 조선 사람을 이끌고 와서 우리와 싸우게 될 것입니다.'

명나라는 자신들의 국가안보를 위해 출정해야 한다는 국익 판단에 기초를 둔 예방출동의 필요성을 강조하고 있다. 명 조정은 논란의 여지없이 이에 공감하고 파병을 결정했다.

10월 16일, 신종 황제는 이여송李如松을 제독으로 임명하고 조선 출정군을 지휘하도록 했다. 이여송은 고조가 조선 평안도에 살던 조선 사람으로 이여송 자신도 '나는 원래 조선 사람'이라며 조선계 중국인임을 밝혔다.

11월 10일, 명나라 조정으로부터 조선 조정에 '7만 군사가 산해관山海關: 天下第一關을 지났다. 압록강까지는 명이 군량을 담당하고 강을 넘어서는 조선이 담당하라'는 통첩이 왔다. 유성룡이 안주安州에서 평양과 의주 사이 도로변 요소에 군량과 말먹이를 쌓아 두었다.

26일, 유격장 심유경이 다시 평양성에 들어가 유키나가와 회담을 갖고 심유경이 '조선 왕자를 먼저 보내고 군사를 물리라'고 요구했고 유키나가가 '평양성은 내줄 수 있으나 대동강 이남은 안 된다'고 맞서 결렬됐다.

12월 초순, 제독 이여송이 요동에 도착해 경략 송응창과 만나 동정군東征軍 편제를 결정했다.

중협대장中協大將	총병관總兵官	양원楊元
좌협대장左協大將	부총병副總兵	이여백李如栢
우협대장右協大將	부총병副總兵	장세작張世爵

총 병력은 43,000명, 추가 투입 병력은 8,000명이었으며 이여백은 이여송의 동생이었다.

12월 10일, 명군 선발대 유격장 전세정錢世楨 휘하 1,000명이 압록강을 넘으면서 명군의 도강 작전이 본격화되었고 25일 이여송이 좌우 중협대장들을 거느리고 넘어와 의주 조정의 선조를 알현하고 28일 평양을 향해 출발했다.

그 무렵, 조선군은 평안도 순찰사 이원익과 전라도 순찰사 권율이 각각 휘하 군사들을 거느리고 평양과 서울 주둔 일본군과 대치하고 있었다. 이원익의 평안도 군사 16,000여 명은 병사 이빈이 4,000여 명을 거느리고 순안에, 좌방어사 이일이 2,000여 명을 거느리고 강동江東현에, 우방어사 김응서金應瑞가 1만 명을 거느리고 강서江西현에 각각 포진하고 있었다. 권율의 전라도 군사 1만 명은 병사 선거이宣居怡, 소모사召募使 변이중邊以中, 조방장 조경趙儆, 의병장 임희진任希進과 변사정邊士貞, 의승군장 처영處英과 함께 수원水原 근교 독성산성禿城山城에 포진하고 장차 서울 수복을 노리고 있었다.

그 때, 서울의 일본군은 침공군 총사령관 우키다 히데이에宇喜多秀家가 지휘하고 있었다. 수원까지 올라온 권율의 전라도 군사가 배후를 위협하는 형세가 되었다.

12월 초, 히데이에가 직접 2만 군사를 거느리고 한강을 건너 군사를 3진으로 나눠 독성산성을 포위하고 공격을 했다. 권율이 성문을 굳게 잠그고 응전하지 않고 있다가 틈을 보아 정예 기병으로 일본군을 기습한 뒤 성안으로 들어가 버리곤 했다. 히데이에가 추위와 기습을 견디지 못해 포위를 풀고 서울로 돌아간 뒤 과천果川, 용인龍仁 등 부산과 서울 사이 주 보급로 경비에만 전념하고 있었다.

한반도를 엄습한 동장군의 기세가 갈수록 거세지는 때를 맞춰 명군 본진이 얼어붙은 압록강을 넘어 평양 북방에 속속 집결했다. 사기를 회복한 조선의 관군과 의병군이 조선 전역에서 일본 점령군을 몰아붙이고 있는 가운데 조선과 일본의 7년 전쟁 1차 전쟁 첫해 임진년 1592년이 저물고 두 번째의 해 계사년癸巳年 1593년이 밝았다.

1차 전쟁 첫해, 조선군과 일본군은 모두 72회의 대소 전투를 벌였는데 이 가운데 조선군 측 공격전이 45회, 일본군 측 공격전이 27회로 분류됐다. 전쟁 첫해부터 조선군 측이 공격적이었다. 뿐만 아니라 72회의 전투 가운데 조선군 측의 승리가 42회, 일본군 측 승리가 30회로 조선군 측이 우세했다. 개전 초기, 일본군의 기습 공격을 받은 조선군이 평양까지 밀리는 동안에만 일본군 측이 우세했을 뿐이다. 조선 수군이 남해 제해권을 장악하고 일본군의 전라도 침공이 좌절되는 한편 조선 전역에서 의병군이 봉기한 뒤로부터 전세가 역전되기 시작했음을 보여주고 있다.

조선군 측이 승리한 42회 전투 가운데 19회가 정부군官軍 단독 전투였고 의병군 단독 전투는 11회였다. 의병군 참전 아래 관군이 주도한 전투와 관군 참전 아래 의병군이 주도한 전투는 각각 6회씩이었다. 의병군 활동이 가장 활발했던 첫해부터 전쟁은 관군이 주도했고 의병군은 보조적 역할이었음을 보여주고 있다.

1593년 1월 2일, 이여송의 명군 주력이 안주에 도착했다. 반격작전의 분위기가 무르익어 가고 있었다. 개전 초기, 전국의 군사가 얼마나 되는지조차 알 수가 없었던 조선군은 이 때 그 병력 규모나 전력 그리고 사기 등이 모두 최고조에 달하고 있었다.

조선 전역 관군 의병 총 17만 명

10일, 전국의 조선 관군 및 의병군 병력이 172,400명으로 집계되었다. 일본 침공군과 비슷한 규모였다. 조선 조정은 명군 참전에 앞서 전국 조선군 병력 현황을 조사하여 다음과 같이 명군에 통보했다.

지역별로는 격전지인 경상도가 가장 많아 좌도에 37,000여 명, 우도에 4만 명으로 모두 77,000여 명이었다. 울산 지방에 포진한 좌도 병마절도사 박진이 25,000여 명, 안동 일대의 좌도 순찰사 한효순韓孝純이 1만여 명을 거느리고 있었고 우도 순찰사 김성일이 진주에 15,000여 명, 창원에 15,000여 명을 거느리는 한편 곽재우, 김면, 정인홍 등이 모두 12,000여 명의 의병군을 거느리고 있었다.

전라도에는 좌·우수영 이순신과 이억기 함대 수군 15,000여 명이 여수와 해남에 있었다. 순찰사 권율과 병마절도사 최원의 육군 1만여 명, 창의사 김천일의 의병군 3,000여 명 등 모두 13,000여 명이 경기도 수원 강화 등지에 출동 중이었고 전라도 각지에 육군 1만여 명이 있어 모두 36,000여 명이었다. 경기도에는 전라도 군사를 제외하고 8,300여 명이었고 평안도에 14,900여 명, 함경도에 10,200명, 충청도 10,800명, 황해도 8,800여 명 그리고 강원도 2,000여 명과 크고 작은 의병군 4,400여 명이었다. 의병군은 경상도 12,000여 명으로 가장 많았고 전라도 5,000여 명, 경기도 600여 명, 함경도 5,000여 명, 평안도 300여 명으로 모두 22,900여 명이었다.《선조실록(宣祖實錄) 卷三十四》

조선군 병력 규모는 상비군이 아니라 전투가 있으면 모병했다가 전투가 끝나면 해산하는 병농일치제였기 때문에 유동적이었다. 이 병력 규모는 조사 시점의 현황일 것이다.

평안도 도체찰사의 직책으로 명군을 맞은 유성룡이 이여송과 만나 평양 지도를 놓고 작전을 협의했다. 이여송이 '일본군은 조총뿐이나 우리는 5리, 6리를 쏠 수 있는 대포가 많다'며 화력에 자신을 보였다.

4일, 명군이 숙천肅川까지 전진하여 선봉장 사대수査大受를 순안으로 먼저 보내 심유경의 사신 일행으로 꾸며 적장을 평양 교외 부산원으로 꼬여 내도록 했다. 속아 넘어간 유키나가가 장수 다케우치 기치베이竹內吉兵衛로 하여금 군사 23명을 데리고 나가 영접케 했다. 이여송이 이들을 포로로 잡아 평양성 내 일본군 정보를 얻으려 했다. 그러나 곧바로 속임수가 들통 나 격렬한 전투 끝에 일본군 몇 명만이 살아 돌아가 곧바로 명군 본진 참전을 알렸다. 유키나가는 그간 조선 백성들을 꼬여 간첩으로 이용해 왔다. 그러나 유성룡이 안주에서 김순량金順良 등 일당을 일망타진한 뒤로 성밖 사정에 깜깜해져 그때까지 명군 본진 참전 사실을 알지 못하고 있었다.

5일, 의주 조정이 선조 주재 아래 명군 참전과 평양성 탈환 작전에 대한 조선의 대책회의를 갖고 특히 명군에 제공될 군량 확보 방안 등을 논의했다. 조선군 도원수 김명원은 우 방어사 김응서, 좌 방어사 정희현鄭希賢으로 하여금 8,000군사를 거느리고 평양성 공격에 참전케 했다. 팔도십육종도총섭八道十六宗都總攝 서산대사西山大師 휴정休靜의 1,500명, 사명대사四溟大師 유정惟政의 700명 모두 2,200명의 의승군도 참전케 했다.

조 · 명 연합군 평양성 탈환 서울로 진격

6일, 아침 일찍부터 조 · 명 연합군이 평양성을 포위하고 공격을 개시했다.

일본군은 성 밖에 녹각책자鹿角柵子(사슴뿔 모양의 방책)를 둘러쳐 놓았고 성벽들에는 조총 사격으로 화망火網을 구성할 수 있도록 면밀하게 총안銃眼을 만들어 놓는 등 난공불락의 요새를 구축해 놓고 있었다. 일본군 수비 병력은 15,000여 명에 이르는 것으로 보였고 조선 백성들을 부역으로 동원하고 있었다.

성의 북쪽 모란봉牧丹峰에 2,000여 명의 조총병이 배치되어 있었다. 명군 부총병 오유충吳惟忠 군사와 조선 의승군 부대가 쳐 올라갔다가 거짓 패하여 물러서자 뒤를 추격해 온 일본군 조총병들을 둘러싸고 맹공을 퍼부어 서전을 장식했다. 조선군 8,000명이 성의 남쪽 함구문含毬門 공격을 맡아 조심스럽게 접근해 나가는데 일본군이 뒤를 덮쳐 많은 사상자를 냈다. 이날 밤, 일본군 3,000여 명이 성문을 열고 이여송 · 양원 등 명군 대장들 군막을 습격했으나 곧 격퇴되었다.

7일, 연합군이 본진을 보통문普通門 앞에 바짝 당겨 배치하고 조선의 정희연과 김응서로 하여금 경輕기병대를 이끌고 쳐들어가 적을 유인해 내도록 했으나 일본군이 속지 않았다.

8일, 2일간의 탐색 전투로 일본군 전력을 판단한 연합군 지휘부가 총공격을 감행했다. 성 주위 요소에 사정거리에 따라 포진지를 구축하고 각종 화기가 배치됐다. 대장군포大將軍砲, 위원포威遠砲, 자모포子母砲, 연주포連珠砲, 불랑기포佛郎機砲 등 조 · 명 연합군 각종 포가 일제히 포격을 시작하면서 화전火箭과 장전長箭 등이 날고 산탄散彈이 터져 화염이 번졌다. 명군 화포도 강력했다. 특히 불랑기포는 프랑스군 대포를 모방한 최신형으로 성능이 우수했다. 포성이 지축을 흔들었다.

외성의 서남쪽 함구문은 명군 부총병 조승훈 군과 조선의 김응서 군 8,000여 명이, 서북쪽 보통문은 명군 중협대장 양원 군이, 칠성문七星門은 우협대장 장세작 군이 그리고 북쪽 모란봉은 부총병 오유충 군과 조선 의승군 유정의 승병 2,200여 명이 각각 공격을 맡았고 이여송이 공격전을 진두지휘했다.

외성과 읍성이 탈환되고 일본군이 중성中城으로 밀렸다가 다시 북성北城으로 밀려 만수대萬壽台와 을밀대乙密台 고지에서 조선 백성들을 방패로 필사적으로 저항했다. 조·명 연합군 포성과 일본군 총성이 교차되는 가운데 병사들 함성과 단말마의 비명이 뒤섞이며 피의 백병전이 벌어졌다. 쌍방 사상자가 1만에 이르고 일본군 전사자만 1,285명이나 됐다. 그 틈에 조선 백성들 1,015명이 일본군 진지에서 빠져 나와 구출됐다.

사상자가 늘자 이여송이 군사를 뒤로 물려 일본군에 퇴로를 터주었다. 궁지에 몰린 적을 지나치게 몰지 않는다窮寇勿迫는 게 손자 이래의 병법이고 중국군의 전통적 전술이다. 적이 결사적이 되면 아군 피해도 늘기 때문이다.

일본군이 성문을 빠져나가 도주하기 시작했다. 이날 밤, 살을 에는 혹독한 추위 속에 얼어붙은 대동강을 건너 도주하는 일본군의 참상은 극에 달한 것이었다. 강가의 배들을 모두 모아 불을 질러 앞길을 밝혔다. 반년 전 6월 15일, 조선에 상륙한 지 두 달 만에 여기까지 쳐 올라올 때의 무적의 강병, 상승 일본군의 모습은 찾아볼 길이 없었고 전사자는 물론 엄청난 부상자들까지 그대로 버리고 산자들만 헐벗고 굶주린 채 죽음의 공포에 떨며 도주했다. 참담하기 그지없는 패주행렬이었다.

연합군이 길은 열어 주었어도 곱게 보내지는 않았다. 명군 참장參將 이령李寧 군 3,000 병력이 달아나는 일본군 사냥에 나서 359명을, 조선군도 추격에 나서 방어사 이시언 군이 60명, 황주 판관 정화鄭曄 군사가 120명의 일본군을 죽였다.

패전 때의 군사란 어느 나라 군대든 자기 살기에 급급하기 마련이다. 유키나가가 평양에서 대규모 희생을 내며 사투를 벌이고 있는 동안 급보를 받은 봉산鳳山 주둔 오토모 요시무네大友吉統 6,000 일본군이 구원 출동은 않고 남쪽으로 도망가 버렸다.

9일, 조 · 명 연합군이 공격을 시작한 지 4일 만에 평양성을 수복했다.

일본군 역습 벽제관에서 연합군 대패

패주하는 고니시 유키나가 제1군 주력이 9일 용천성龍泉城을 지나고 개성開城을 지나 18일 서울에 도착했다. 평양성을 탈환한 연합군 선봉대가 일본군 뒤를 쫓아 남진을 계속해 19일 개성에 돌입했다. 청석곡靑石谷에서 일본군의 저항이 있었으나 30명을 죽이고 가볍게 밀어냈다. 개성에는 일본군 제6군 고바야카와 타카가게 군 일부가 지키고 있었다.

유키나가 제1군이 평양성을 잃고 서울로 퇴각하자 평안도와 황해도 그리고 함경도와 강원도에 진출했던 일본군들이 크게 동요했다. 서울의 일본군 총사령부 우키다 히데이에 등 수뇌부가 서울 북쪽의 전 일본군에 전면 철수를 명령하고 서울 자체의 포기도 심각하게 거론했다. 평안도의 제1군 잔류 병력과 황해도 제3군 구로다 나가마사 군, 강원도의 제4군 모리 요시나리 군 그리고 제6군 경비병력 등이 서울로 몰려들었으나 함경도의 가토 키요마사 제2군만이 서울로 철수하지 않았다.

조 · 명 연합군 사령부는 키요마사 군이 뒤에 남았다가 연합군이 서울로 진격하면 뒤를 치려는 게 아닐까 의심했다. 연합군 선봉대 조선군 경기 방어사 고언백高彦伯 군사와 명군 부총병 사대수 군사가 임진강을 건너 서울까지 정찰한 뒤 25일 파주坡州로 진격했다. 이날, 이여송이 개성에 들어가 연합군 수뇌들 사이에 서울 탈환작전을 협의했다. 서울의 일본군 병력은 5만여 명이고 함경도 키요마사 군사가 합세하면 7만 명에 이르며 키요마사 제2군이 여전히 함경도에 뒤처져 있는 게 아무래도 미심쩍었다.

속전속결 주장과 신중론이 엇갈렸다. 승전에 도취된 명군 유격장 전세정錢世禎을 비롯한 대부분의 명군 장수들이 여세를 몰아 속전속결을 주장했고 특히 도체찰사 유성룡을 비롯한 조선군 측 장수들은 신중한 공격을 주장했다.

연합군 사령부는 속전속결로 결론지었다. 서울의 일본군 수뇌부들 사이에서도 논쟁이 한창이었다. 서울 포기 주장과 역습 주장이 엇갈렸다. 역습은 제6군 사령관 고바야카와 다카가게가 주장했다. 자신만이 점령 예정지였던 전라도 공격에 실패해 오늘의 결과를 가져온 데 대한 자책감도 있었을 것이다. 그러나 그보다는 60세 역전노장의 눈에 평양성 전투 승전에 도취된 조·명 연합군이 일본군을 얕잡아 보고 경솔한 작전을 펼 가능성이 높을 것으로 보고 있었다. 그는 군사를 서울 안으로 들이지도 않고 외곽에 포진해 연합군과 일전을 준비하고 있었다.

일본군 사령부는 역습 주장을 택했다. 25일, 고언백과 사대수가 소규모 수색대를 거느리고 파주에서 창능昌陵 : 睿宗陵(고양군 소재)까지 나왔다가 일본군 정찰대와 맞닥뜨려 기겁을 하고 도망치는 일본군 60여 명을 사살했다고 사령부에 보고해 왔다. 일본군을 더욱 우습게보았다.

26일 아침, 이여송이 갑옷을 챙겨 입더니 가정家丁 : 私兵 3,000여 명과 부총병 손수겸, 조승훈, 참장 이령과 그 직속 병사들만 거느리고 개성 문을 나섰다. 전세정이 영문을 물으니 적정을 살피러 간다는 것이었다. 고언백과 사대수가 서둘러 앞장을 섰다. 이여송 일행이 임진강을 건너 서울 북방 80리 지점 오산烏山까지 나가 이날 밤을 지냈다. 연합군 본진이 황급히 뒤따라와 군사가 2만 명 규모가 됐다.

27일, 일본군 정찰대가 이 같은 연합군 동향을 서울 사령부에 보고했고 곧이어 다카가게 제6군 사령관을 선봉장으로 하는 일본군 선봉군이 임진강 쪽으로 급히 전진해 나갔다. 다카가게가 지휘하는 선봉군은 다치바나 무네토라立花統虎가 3,000명을 거느리고 제1대로 선두에 섰고 고바야카와 타카가게가 8,000명을 거느리고 제2대로 뒤를 따랐다. 고바야카와 히데케아네小早川秀包가 5,000명을 거느리고 제3대로, 키카와 히로이에吉川廣家가 4,000명을 거느리고 제4대로 후미 부대가 되어 선봉군 총 병력이 2만 명이었다.

선봉군 뒤를 따르는 본진은 일본군 총사령관 우키다 히데이에가 지휘하여 구로다 나가마사 제3군 5,000명이 제5대로, 이시다 미쓰나리石田三成가 5,000명을 거느리고 제6대로, 가토 미쯔야스加藤光泰가 3,000명을 거느리고 제7대로, 우키다 히데이에 자신이 8,000명을 거느리고 제8대로 모두 21,000명으로 편성되었다. 총 병력이 41,000명이었다.

대군의 역습을 모른 채 조·명 연합군 선봉 고언백과 사대수 군사 3,000여 명이 서울을 향하다가 여석령礪石嶺에서 일본군 선봉 500명과 맞닥트렸다. 이로부터 여석령에서 벽제관碧蹄館 사이 주막리酒幕里·월천越川·망객령望客嶺을 잇는 50여 리 협곡에서 조·명 연합군 2만 명과 일본군 4만 명이 뒤엉켜 물고 물리며 포위와 역 포위, 일진일퇴를 거듭하는 일대 혼전이 벌어졌다.

전투는 조·명 연합군에 불리하게 전개되어 갔다. 연합군은 평양 전투 승리에 도취되어 일본군을 얕보며 가볍게 진군하다 역습을 당한 전투였고 일본군은 평양 전투 패전의 불명예를 씻어야 했고 이 전투에서 연합군을 패퇴시키지 못하면 서울에서마저 철퇴해야 할 막다른 길목에 몰려 있어 결사적이었다.

벽제관은 협곡이어서 지형도 기마전에 능한 명군보다 보병전에 능한 일본군이 유리했고 무기체계도 대포 중심 명군보다 소총 중심 일본군이 화력 운용에서 우위에 있었다. 병력도 일본군이 배가 많았다. 고바야카와 타카가게가 노장답게 선봉군 2만 명을 침착하게 지휘하며 조·명 연합군을 몰아붙였다. 한때 제독 이여송이 일본군에 에워싸여 위기에 몰렸다가 가까스로 탈출했다. 한겨울 찬비마저 쏟아져 싸우는 병사들 몰골이 말이 아니었다.

이여송이 퇴각명령을 내려 연합군 전군이 일본군 포위망을 뚫고 가까스로 파주까지 퇴각해 무너진 전열을 수습했다.

서울 진격은커녕 참패를 맛보았다. 이여송이 일격을 얻어맞고 갑자기 전의를 잃었는지 파주에서마저 명군을 철수시키려 해 유성룡 이하 조선의 장수들이 말리자 명군 우협대장 장세작이 조선군 순변사 이빈을 발로 걷어찼다. 나라꼴이 우습게 됐다. 명군이 파주를 버리고 임진강을 단숨에 건너 29일에는 정신없이 뒷걸음질을 쳐 개성까지 물러서 버렸다.

조·명 연합군이 벽제관에서 역습을 당해 패주하고 있던 29일, 함경도 의병 군의 끈질긴 공격을 견디지 못한 일본군 수비군이 길주성을 포기하고 남쪽으로 달아나며 마침내 함경도의 일본군마저 철수를 시작했다.

그 무렵, 길주성 일본군은 정문부 함경도 의병군에 포위된 채 새해를 맞았으며 성안에 군량과 말먹이 등이 모두 동나 굶주림과 혹한에 시달리고 있었다. 일본군이 길주성을 포기하기 전, 서울의 총사령부로부터 철수 명령을 받고 있던 안변부의 가토 키요마사가 길주성에 갇혀 꼼짝 못하고 있는 일본군 수비대를 구출하기 위해 부장 삿사 마사모토佐佐政元에 군사 수백 명을 주어 길주성 포위망을 뚫도록 했다. 구출 부대가 살을 도려낼 듯 차가운 북풍을 맞으며 마천령을 넘어 북상했다.

그러나 구출 부대가 올 것을 예상했던 정문부가 27일 오촌吾村 권관 구황具滉, 안동安東 권관 강문우姜文佑, 훈련원 첨정僉正 박은주朴銀柱, 판관 인원심印元沈 등에 군사 600명을 주어 마천령 길목에 매복시켰다.

28일 아침, 매복 중의 의병군이 일본군 구출 부대를 덮쳤다. 혹한으로 조총도 제대로 발사되지 않았고 몸도 얼어 제대로 가누지도 못하는 일본군 병사들이 필사적으로 길주성을 향해 뛰었고 의병군이 60리를 뒤쫓았다. 길주성 20리쯤에 매복하고 있던 종사관 원충노元忠怒 군사가 다시 이들을 덮쳐 가까스로 살아남은 병사들만이 성안으로 뛰어들었다.

29일 아침, 길주성을 정찰하고 돌아온 척후병이 북우후北虞候 한인제韓仁濟에 일본군이 모두 도망치고 없다고 보고해 왔다. 이날 함경도 정문부 의병군이 길 주성에 무혈입성했다. 이 날을 전후해 길주성의 일본군뿐 아니라 단천端川, 이원 利原, 북청北青, 홍원洪原 등 함경도 전역의 일본군이 사령부가 있는 안변부로 철수했다. 벽제관 전투에서 일본군에 호되게 당한 명군이 체면 불구하고 퇴각을 거듭하고 있을 때 조선군 쪽에서 이 전쟁 3대 승리의 하나인 행주대첩의 쾌보가 날아들었다.

권율, 총통기로 일본군 대파_ 행주대첩

수원 근교 독성산성에서 기회를 노리고 있던 전라도 순찰사 권율이 조·명 연합군이 평양성을 탈환하고 남하하자 산성에서 나와 서울 도성 서쪽 20리쯤에 있는 행주幸州(경기도 고양군 지도면)산성으로 부대를 이동했다. 연합군이 서울 탈환전을 벌이면 참전할 셈이었다.

권율은 전라도에서 이끌고 온 1만 군사 중 조방장 조경, 승장 처영 등과 함께 최정예 2,300명을 행주산성에 배치하여 자신이 직접 지휘하고 병사 선거이에 4,000명을 주어 수원 북방 광교산光教山을 지키도록 했다. 행주와 광교의 중간 지점인 한강 건너 맞은편 양천陽川 : 金浦에 소모사 변이중에 남은 군사 3,000명을 주어 대기케 했다.

변이중은 원래 문관으로 개전 당시 전라도 소모사召募使 : 募兵官로 많은 군사를 모집했다. 만석꾼이기도 했던 그는 재력을 모두 투입해 화차火車(총통기) 300량을 제작했다. 변이중이 이중 얼마를 권율에 납품했고 권율이 3개 진지에 어떻게 배치했는지 알려진 게 없다. 그러나 권율은 행주산성에서 10배가 넘는 일본군을 총통기로 격퇴했다. 행주대첩은 바로 이 총통기의 승리였다. 변이중은 행주전투 이후 다시 전라도 조도사調度使 및 독운사督運使로 수십만 석의 군량을 조달하여 명군에 공급했다. 권율은 처음 행주에서 방어전을 치를 것으로 생각하지 않았다. 서울의 일본군은 연합군의 남하 공격에 대비하여 전력을 다해 서울 방어전을 펼 것으로 판단했다. 그러나 양주楊州에 머물면서 권율의 군사작전을 독찰하고 있던 체찰사 정철의 판단은 달랐다. 서울의 일본군이 서울 방어전에 앞서 배후의 권율 군을 먼저 칠 것으로 보았다.

그 무렵, 조·명 연합군 본진은 명군 제독 이여송이 주력을 거느리고 개성에 있었고 조선군 도원수 김명원은 순변사 이빈과 함께 평안도 군사를 거느리고 명나라 부총병 사대수의 명군 선봉대와 함께 파주에 머무르고 있었다. 전라도 의병장 창의사 김천일 의병군이 강화江華에, 그리고 충청도 순찰사 허욱許旭의 군사가 한강 입구 통진通津의 문수산성文殊山城에 주둔하면서 서울 탈환전에 대비하고 있었다. 권율은 일본군의 공격에 대비해 방어전 준비를 철저히 하기로 하고 조방장 조경에게 명령해 산성 주변에 이중으로 목책을 둘러치게 하고 포진지를 구축하게 했다.

행주산성은 이름이 산성이지 험준한 산악 지대에 쌓은 요새가 아니라 한강변 갯벌에 돌출해 있는 야산으로 자그만 산채山砦라 할 것이었다. 그러나 이 산성은 한강을 끼고 있어 남북을 잇는 교통의 요충으로 삼국시대 이래 군사적으로 매우 중요시되었고 둘레 약 1km의 외성外城이 있고 고지 주변에 내성內城을 쌓아 2중의 방어벽으로 되어 있었다.

권율은 방어전의 명수로 전라감영 전주성 방어에 성공한 전공으로 순찰사가 되었고 수원에 올라와서는 일본군 총사령관 히데이에의 공격을 격퇴한 바 있다. 방어전의 요체는 철저한 사전 준비에 있음을 잘 알고 있었다. 요소요소에 흙 담을 더욱 높이 쌓았고 참호도 깊이 팠다. 특히 총통기를 비롯한 각종 화포와 화약을 충분히 준비했다.

정철의 판단이 옳았다. 서울에서 20여 리 정도밖에 안 되는 행주에 권율 군사가 진출한 사실은 일본군을 긴장시켰다. 서울의 일본군은 조·명 연합군과의 서울 수성전에 앞서 배후 요새에서 뒷덜미를 누르고 있는 조선군부터 치기로 했다. 더구나 전라도 군사는 일본군에 연패를 안겨준 바 있는 마의 군사들이었다. 일거에 휩쓸어 버리기 위해 3만 대군을 동원했다.

총사령관 우키다 히데이에의 진두지휘 아래 고니시 유키나가, 구로다 나가마사, 이시다 미쓰나리, 고바야카와 타카가게 등 각 군 사령관 및 모리 모토야스モ

利元康, 키카와 히로이에吉川廣家, 고바야카 와 히데카네小早川秀包 등 부장급 장령들이 참전해 7대로 나눠 공격키로 했다. 병력 규모에서 10대 1의 전투였다.

아무리 조선군이 용감하고 요새에 진 지를 구축했다 해도 상대가 될 수 없었 다. 그러나 권율은 조선군 화기의 위력을 알고 있었다. 서울 안에 침투시켜 둔 정 찰병들로부터 적군의 동향이 계속 보고 되어 왔다.

권율 장군 동상

2월 12일, 동이 트면서 멀리서 적군들의 모습이 보이기 시작했다. 권율이 전 군에 포효했다.

"호남의 3천 건아들아! 우리 모두 힘껏 싸우다 여기서 함께 죽자!"

군사들의 함성이 작은 산성을 뒤흔들었다. 다시 명령했다.

"적이 30보 이내로 접근할 때까지 한 발도 쏘지 말라. 명령 없이 절대 쏘지 말 라!"

그 무렵, 행주산성은 한 면이 한강을 끼고 있고 서울 쪽 접근로 외에는 한강 수위에 따라 물이 차는 갯벌로 둘러싸여 있었다. 공격 전면이 매우 좁아 대군이 한꺼번에 공격해 올 수 없었고 방어군으로서는 그만큼 방어 전력을 한 곳에 집 중시킬 수 있었다. 더구나 야산이라 할지라도 산의 측면이 절벽에 가까울 만큼 경사가 심해 산성에서 몰려오는 공격군을 한눈에 내려다볼 수가 있었다.

유키나가 제1대가 제1파로 파도처럼 공격해 왔다. 적의 조총 부대가 일제 사 격을 가해 왔으나 조선군 병사들이 흙 담 뒤에 몸을 낮춰 꼼짝도 않았다. 권율 의 명령이 떨어지자 총통기에서 일제히 불을 토했다. 콩 튀듯 총알이 쏟아져 나 가면서 병사들도 모두 일어나 화살을 퍼부었다. 적병들이 무더기로 쓰러지자 제1대가 뒤로 물러서고 제2파가 몰려왔다. 미쓰나리 부대였다.

총통기에서 퍼부어대는 화망은 엄청난 위력을 발휘했다. 총통기 1량에 승자총통 50자루가 장착되었고 1자루에 15개 총알이 장전되어 차례로 불을 붙이면 750개의 총알이 쏟아져 나갔다. 비 오듯 쏟아지는 총탄 세례에 적병들은 속수무책이었다. 제2파가 궤멸되자 나가마사의 제3파가 다가섰다. 누대를 만들어 밀고 들어와 높은 곳에서 아래로 조총 사격을 가해 왔으나 조선군 쪽 수차석포水車石砲에서 석탄石彈이 날아가 부셨다. 멀리 떨어져 있는 일본군 병사 밀집지에는 진천뢰가 날아가 터지면서 떼죽음을 안겼다.

총사령관 히데이에의 제4대가 물밀 듯 밀려들어왔다. 흡사 인해人海처럼 몰려와 조선군 화력으로도 막기가 어려워 외곽 목책선이 돌파되고 말았다. 권율이 황급히 총통기들을 적장들 쪽에 집중시켜 일제 사격을 가하자 히데이에와 미쓰나리가 총탄을 맞고 쓰러졌다. 적병들이 이들을 업고 썰물처럼 물러났다.

제5파가 뒤따라 밀려들었으나 적장 히로이에가 총탄을 맞고 말에서 떨어지자 곧바로 무너져버렸다. 제6파로 달려든 모토야스와 히데카나 부대가 외곽 목책선을 뛰어넘어 제2 목책 선으로 달라붙었으나 끓는 물과 화살 세례를 견디지 못하고 물러났다. 제7파 타카가게 부대가 최후로 머리 깎은 승군 쪽으로 집중 공격해 들어와 백병전이 벌어지고 있을 때였다. 순변사 이빈이 통진에서 전선 2척에 화살을 가득 싣고 거슬러 올라와 권율 군에 퍼주고 강에서 일본군 배후를 공격할 기세를 보이자 드디어 일본군이 총퇴각을 시작했다. 아침 6시부터 저녁 6시까지 하루 낮의 격전 끝에 3천 방어군이 3만 공격군을 격퇴했다. 행주대첩이다.

권율은 추격군을 내보내 적군의 꼬리를 덮쳐 130여 명을 죽였다. 일본군은 공격이 끝나고 교대를 할 때마다 전사자들 시체를 끌어다 모아놓고 화장을 했으나 미처 태우지 못하고 유기한 시체가 200구가 넘었다. 이 전투에서 일본군이 얼마나 죽고 다쳤는지 전하는 기록은 없다.

그러나 일본군 총사령관 우키다 히데이에宇喜多秀家를 비롯한 원로급 장군이었던 이시다 미쓰나리石田三成 그리고 부장급 장군이었던 키카와 히로이에 등 장군만 3명이 부상을 입었다.

고산高山 현감 신경희申景禧가 조정에 승전보를 띄웠고 명군 부총병 사대수가 장병들을 보내 현지를 시찰했으며 명나라 병부상서 석성石星이 신종 황제의 훈상을 보내왔다.

이 전쟁이 끝난 뒤 4년만인 1602년宣祖 35년 조정은 행주산성에 행주대첩비幸州大捷碑를 세워 오늘에 전해진다. 높이 1m78cm, 너비 82cm, 두께 18cm 크기의 돌비石碑다. 그런데 어쩐 사연인지, 이 전투에서 권율이 아낙네들이 행주치마로 날라다 준 돌로 쳐서 적을 물리쳤다는 우화 같은 이야기가 사실같이 전해 온다. 행주산성에 산은 물론 주변이 갯벌로 돌이 없었다. 10대 1의 적을 돌로 쳐서 물리칠 수도 없다.

권율이 행주산성에서 대첩을 올리기 2일 전, 남해에서는 조선 수군 연합함대가 일본 수군의 새로운 기지로 건설되고 있던 웅포熊浦의 일본군 전선들에 맹공을 퍼붓고 있었다.

조선 조정은 조·명 연합군이 평양성을 탈환하고 서울을 향해 진군을 개시하자 수군으로 하여금 부산의 일본 수군 및 수송대를 쓸어버려 퇴로를 봉쇄함으로써 조선에 상륙한 일본군을 전멸시키고자 했다. 선전관 채진蔡津과 안세걸安世傑 등을 여수 전라좌수영으로 급파해 부산 일대 적 수군을 공격하여 전선들을 모두 불태우라고 명령했다.

2월 6일, 출동 준비를 마친 전라좌수영 이순신 함대가 5차 출동에 나섰다. 공격 목표는 웅포였다. 그 무렵, 일본 수군이 웅포에 새로 수군기지를 건설하고 있었다. 일본군 사령부는 조선 수군 함대가 또다시 부산 상륙기지를 공격하여 수송선단을 궤멸시키면 본국 귀환의 퇴로마저 잃게 될 것을 우려했다. 사전에 부산으로 가는 해로의 요충 웅포에 따로 기지를 건설해 전선들을 대기시켰다가 조선 수군을 요격할 셈이었다.

7일, 견내량에서 원균 함대 전함 7척이 합류하고 8일에는 뒤따라온 이억기 함대 전함 40척이 합류하여 조선 수군 함대 전함이 모두 89척이 됐다. 9일 종일 비가 와서 움직이지 못했고 10일에 공격을 시작했다. 웅포에는 모두 115척의 일본군 대소 전선들이 정박하고 있었다. 그런데 조선 수군은 전혀 새로운 상황에 부닥쳤다. 포구 입구 쪽에 말뚝을 촘촘히 밖아 놓아 전함들이 진입할 수가 없었고 일본군 전선들은 포구 깊숙이 숨어 함포의 사거리를 벗어나 있었다. 뿐만 아니라 입구 양쪽 산등성이에 조총 부대들을 집중 배치해 두고 접근하면 집중사격을 가해 왔다.

이날 두 차례나 적선들을 유인해 보려 했으나 일본군이 꼼짝도 하지 않았다. 물러나 11일을 영등포永登浦 뒤 소진포蘇秦浦에서 보내고 12일 다시 공격해 들어갔으나 상황은 같았다. 물러나 철수한 것처럼 보이게 하기 위해 17일까지 쉬다가 18일에 웅포 앞 송도松島에 함대를 숨기고 거북선과 판옥선 각 1척씩만을 보내 밀물을 이용하여 포구 깊숙이 쳐들어가 적선 3척을 가까스로 파괴했다.

19일부터 20일까지 바람 때문에 움직이지 못했고 21일 다시 쳐들어갔다. 이번에는 웅포 서쪽으로 의승장 삼혜三惠와 의능義能, 의병장 성응지成應祉 군사 600명을, 동쪽으로 수병 1,000명을 상륙시켜 육지에서 적진을 공격케 하고 경쾌선 15척을 5척씩 교대로 거북선과 함께 포구로 돌격해 들어가게 했다. 승병과 수병이 육지에서 적병들을 견제하는 사이, 포구 깊숙이 들어있는 적선들에 포격을 가했다. 그런데 공격 중에 물이 빠지기 시작했다. 급히 철수를 서두르다가 조선 수군 전함들이 저들끼리 부딪쳐 전복하는 바람에 전함 2척과 수병 400명을 잃었다.

28일, 다시 공격했으나 전과 없이 물러나 비바람으로 움직이지 못하다가 3월 6일, 또 다시 공격했으나 상황은 마찬가지였다. 물러나 있으면서 조·명 연합군이 남하하여 육상의 적군을 몰아내 주기를 바랐으나 끝내 나타나지 않아 4월 3

일 각각 수영으로 돌아오고 말았다.

조선 수군 함대 제5차 출동은 2월 6일부터 4월 3일까지 무려 55일간 웅포 한 곳만 전후 4차례나 공격했으나 적의 응전 회피와 포구 요새화로 적선 20여 척을 격파 또는 파손시키는 전과에 그쳤고 조선군 전함 2척을 잃는 손실을 입었다. 이순신으로서는 그때까지도 없었고 그 뒤에도 없는 실패 기록이 아닐 수 없었다.

북진 일본군 전면 퇴각 서울로 집결

2,300명의 조선군을 3만 대군으로 공격했다가 실패한 행주산성 패전으로 일본군 사기가 말이 아니게 됐다. 더구나 장군만 3명이나 부상했다. 참패였던 것이다.

2월 29일, 함경도의 가토 키요마사 제2군이 서울로 들어왔다. 이로써 서울 북방 일본군 전군이 서울로 철퇴를 완료했다. 제2군 군사들의 몰골이 초췌하기 그지없었다. 헐벗고 굶주려 쇠약해져 있었고 상당수가 부상을 입었으며 병들어 있었다. 키요마사와 함경도로 진격했다가 함께 철군해 온 나베시마 나오시게鍋島直茂 군의 종군승 세타쿠是琢가 그의 일기에 철군 중의 일본군 참상을 이렇게 써서 남겼다.

'콩과 콩 삶은 물만 먹었다. 하늘과 땅은 온통 빙한氷寒의 세계였다. 2월 11일, 함흥을 떠나 서울로 향하여 가는데 눈이 무릎까지 빠져 전진할 수가 없었다. 금강산을 지나는데 산인지, 눈인지 알 수 없었고 사람과 말이 모두 얼어 죽었다.'

일본군 전사 동사 7만, 아사 위기 5만

총사령관 우키다 히데이에가 서울에 집결한 일본군 머릿수를 세어 보고 놀라지 않을 수 없었다. 북진 때 군사의 절반 정도밖에 살아 돌아오지 못했다.

가장 혹심한 손실을 입은 게 선봉으로 평양까지 진격했던 고니시 유키나가

제1군이었다. 부산에 상륙할 때 18,700명이었던 군사가 점호 결과 6,629명이었다. 무려 12,071명을 잃어 손실률이 64.5%에 이르렀다. 부산 상륙 직후 정발의 부산진성, 송상현의 동래성 전투와 신입 군과의 충주 전투 때 약간의 병력 손실 이후는 큰 손실이 없었는데 1, 2차 그리고 3차 평양성 전투 때 결정적인 손실을 입었던 것이다. 다음으로 손실이 큰 부대가 서울 주둔 우키다 히데이에 제8군이었다. 1만 명의 상륙군 중에서 4,648명을 잃고 5,352명이 살아남아 손실률이 46.5%였다. 서울 경비와 사령부 병력인데도 이 같이 손실이 컸던 것은 대부분 독성산성과 행주산성 등 주로 권율 군과의 전투에서 입은 손실이었다.

함경도로 진격했던 가토 키요마사 제2군은 22,000명 가운데 8,864명을 잃었고 13,136명이 살아 돌아와 손실률이 40.3%였다. 북진 때 임진강에서 조선군 도원수 김명원 방어군과 부딪쳐 병력 손실을 입은 뒤 함경도에서 크고 작은 의병군과의 전투에서 손실을 입은 외에 대부분은 혹심한 추위와 굶주림으로 얼어 죽은 동사凍死 손실이 컸던 것으로 보인다.

평양까지 진격했다가 황해도로 진출한 구로다 나가마사 제3군도 11,000명 가운데 3,679명을 잃었고 7,321명만 살아남아 손실률 33.4%였다. 전라도 진격에 실패했던 고바야카와 다카가게 제6군은 15,700명 가운데 6,148명을 잃었고 9,552명이 살아남아 손실률이 39.1%였다. 경상도에서 곽재우 의병군과 전라도에서 권율 군 및 조헌, 충청도 의병군 그리고 벽제관에서 조·명 연합군과의 전투에서 입은 손실이었다.

1593년 3월 20일, 서울에 집결한 일본군 총 병력은 기타 소규모 부대 병력을 포함하여 53,000명이었고 주력 부대의 평균 손실률이 44.7%였다. 서울 이북 지역뿐 아니라 이남 지역 경기·충청 지역 보급로 경비 병력과 경상도 지역 일본군도 대규모로 봉기한 의병군과 재편성된 관군에 의해 끊임없는 공격을 받아 병력 손실이 계속됐다.

일본의 또 다른 자료에 의하면 1차 진주성 공격 직전까지 조선에 출병한 일본군 총 병력은 201,470명이었고 이 가운데 75,613명을 잃어 손실률이 37%에 이르렀고 잔존 병력은 125,857명이었다. 그렇다고 한다면 개전 당시 158,700명이었던 조선 출전 병력에 그 뒤 1년간 42,770명이 증원되었던 것으로 보아야 할 것이다. 고바야카와 타카가게 제6군 병력은 당초 15,700명이었으나 이 자료에는 다치바나 무네토라立花統虎 등의 군사가 추가되어 총 병력이 45,700명으로 되어 있다.

도요토미 히데요시의 허망된 대륙 진출의 꿈을 이루기 위해 조선에 침공한 일본군은 75,000여 병사들을 조선 전역의 산야에 백골로 남겨두고 기세 좋게 쳐올라왔던 그 길을 되돌아 참담한 패주의 행군을 강요당하는 처지가 되고 말았다.

서울을 버리고 부산으로 전면 철군을 할 것인가를 두고 고심하던 일본군에 최후의 일격을 가하는 사건이 터졌다. 서울의 일본군 주력이 주둔하고 있는 용산龍山에 조선군 결사대가 잠입해 들어와 일본군 2개월 치 군량을 몽땅 불태웠다. 일본군으로서는 치명적이 아닐 수 없었다.

3월 3일, 우키다 히데이에 일본군 총사령관은 서울에 집결한 17 장령들과 회합한 끝에 다음과 같은 요지의 정세 보고서를 일본 나고야의 도요토미 히데요시에 띄웠다.

> 서울의 군량은 죽을 먹으면 4월 11일까지 지탱할 수 있다.
> 부산에서의 군량 수송은 10일이 더 걸리며 육로와 수로 모두가 어렵다.
> 현재 서울로 전 병력이 집결 중이기 때문에 수만 명 정도의 조·명 연합군 공격은 방어가 가능하다.

도요토미 히데요시에 서울 주둔 일본군의 절박한 상황을 보고하고 전면 철군 허가를 요청하고 있었다. 그런데 3월 10일, 서울 주둔 일본군에 도착한 도요토미 히데요시의 2월 27일자 명령서에는 이미 서울의 일본군이 아무 때든 축차적으로 철군해도 좋다는 철퇴 허가가 내려져 있었다. 히데요시의 전면 철군 허가를 받은 서울의 일본군 사령부는 조·명 연합군으로부터 부산까지의 안전 철군을 보장받기 위해 철군 사실을 극비에 붙이고 유키나가가 나서 명나라 유격장 심유경과 용산에서 강화회담을 벌였다.

심유경은 '조선의 두 왕자를 돌려보내고 일본군 장수 1명을 인질로 남겨둔 뒤 군사를 거두어 물러가지 않으면 40만 대군으로 일본군을 전멸시키겠다'고 위협했고 유키나가는 '두 왕자는 돌려보내나 명군이 강화사를 보내고 철퇴하면 일본군도 4월 8일 서울에서 철군하겠다'고 맞섰다.

일본군이 극비리에 철군을 준비하고 있던 2월 28일, 경기도 안성현에 머물러 있던 전라 병사 선거이와 충청도 조방장이 된 황진 군사 1,000여 명이 충청도 죽산성竹山城을 점령하고 있던 일본군 후쿠시마 마사노리福島正則 제5군 4,000명을 충주성으로 몰아냈다. 황진은 동복 현감으로 권율 휘하에서 전라도 방어전 이치 전투에서 부상을 입고 후송된 적이 있었다. 완치된 뒤 익산 군수 겸 상도上道 조방장이 되어 선거이를 따라 수원으로 왔다가 충청도 조방장으로 발령되어 안성에 주둔하고 있었다.

황진이 수시로 일본군을 기습하고 보급로를 차단하고 있어 마사노리가 철군에 앞서 퇴로 확보를 위해 안성의 황진 군을 치기로 하고 이날 죽산성을 나섰다. 그러나 성을 나선 일본군은 곧바로 성밖의 황진 매복군사에 걸려들었다. 전투가 벌어진 사이에 황진 군사 본진이 뒤로 돌아 들어가 죽산성을 빼앗았다. 일본군이 아직 수중에 있는 음죽성陰竹城으로 들어갔으나 뒤따라 온 황진군에 다시 밀려 충주성까지 물러나고 만 것이다.

서울의 일본군이 전면 철군을 준비하고 있던 3월 중 명군 제독 이여송은 평양에 머무르고 있었다. 벽제관 패전 뒤 개성으로 물러났던 명군이 때마침 군량이 모자라자 이를 이유로 명군 장수들이 일제히 퇴군을 주장했다. 이여송이 대노하여 도체찰사 유성룡, 호조판서 이성중李誠中, 경기좌감사 이정형李廷馨을 불러 뜰 앞에 무릎을 꿇어앉히고 꾸짖으며 군법으로 다스리겠다고 호통쳤다. 나라꼴이 말이 아니었다. 유성룡이 사죄하고 때마침 군량 실은 배 수십 척이 강화로부터 들어와 위기를 면했다. 그러나 전의를 잃은 이여송이 끝내 부총병 왕필적王必迪만 개성에 남겨두고 자신은 평양으로 돌아가 버린 것이다.

조·명 연합군이 평양성을 수복한 뒤 선조는 1월 18일 의주를 떠나 20일 정주定州에 도착해 묘사주廟社主를 모시고 성천成川에서 온 분조의 왕세자 광해군과 합류했다. 존망의 위기에 선 나라의 명운을 지키고자 조정을 나눠 갖고 헤어진

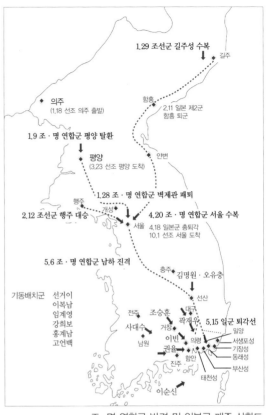

조·명 연합군 반격 및 일본군 패주 상황도

지 8개월 만의 감격의 부자 상봉이었다. 선조는 2월 17일 정주를 떠나 3월 23일에야 평양에 도착해 24일 대동관大同館에서 이여송을 만났다. 4월 7일, 이여송이 서울의 일본군 철군이 확실해지자 비로소 평양에서 개성으로 이동했다.

일본군 부산으로 전면 철군 서울 수복

4월 8일, 고니시 유키나가와 명나라 심유경의 강화회담이 타결됐다. 일본군의 끈질긴 요구에 따라 명 조정에서 강화사로 경략 송응창宋應昌이 서일관徐一貫

등 2명을 보내왔다.

4월 18일, 서울의 일본군 58,000여 명이 명나라 유격장 심유경과 강화사 서일관 등 2명 그리고 포로로 잡힌 두 왕자와 대신 일행을 데리고 철군을 시작했다. 도중에 조선군 공격에 대한 방패용으로 조선 백성 1,000여 명을 인질로 잡아 앞세우고 서울을 나서 한강 부교浮橋(뜬 다리)를 건너 남으로 향했다.

19일, 명군 선봉 사대수가 파주로 진주했다. 유성룡이 이여송을 만나 퇴각하는 일본군 추격을 주장했으나 두 왕자 신변 안전을 핑계로 듣지 않았다. 유성룡이 전라도 순찰사 권율, 순변사 이빈, 경기도 방어사 고언백, 이시언, 정희현 등을 불러 비밀리에 추격을 지시했다. 행주에서 크게 이긴 뒤 파주로 이동해 와 있던 권율이 선봉에 섰다.

20일, 권율이 휘하 전 군사들을 이끌고 빠른 구보로 강행군하여 서울로 달려들었다. 일본군은 하루 전 서울을 모두 떠났고 이날에는 한강을 건넌 뒤였다.

유서 깊은 조선의 200년 수도 서울漢城이 개전 스무날 만인 1592년 5월 3일 일본군 유키나가와 키요마사 군에 무혈점령된 뒤 만 11개월 보름 만인 이날 조선 육군의 영웅 권율 군에 의해 무혈 수복되었다. 권율이 전군을 그대로 전진시켜 한강으로 추격하려 했으나 뒤따라 들어온 명군 유격장 척금戚金이 가로막고 나섰다. 제독 이여송의 명령 없이 추격은 못한다는 것이었다. 원수들에 일대 설욕전을 벌이려 했던 권율 군사들이 땅을 치며 주저앉고 말았다.

이날 이여송이 이끄는 명군 주력도 서울에 입성했다. 21일, 유성룡이 이여송에 다시 추격전을 주장했다. 이여송이 일본군이 한강을 건넌 뒤 부교를 불태워 버려 배가 없다고 핑계를 댔다. 유성룡이 충청과 경기도 수사들을 동원하여 50여 척의 배를 마련했다. 이여송이 다시 경략 송응창의 추격 금지령을 핑계 댔다.

명군은 어떻게든 싸우려 하지 않았다. 명군은 이미 일본군의 중국 침공 위험을 제거한 만큼 출병 목적을 달성했던 것이다. 뒤이어 도착한 순변사 이빈 군과 방어사 고언백 군사들이 한강을 한사코 건너려 하자 사대수의 명군이 기를 쓰고 가로막았다.

조선군 추격을 명군이 가로막아 주고 있는 동안 일본군은 하루 30리 내지 40리씩 남하하면서 주변 군현 마을들을 화풀이 방화로 불 지르며 약탈했다. 서울에서 출발할 때 서울 안팎의 조선 백성들 가운데 가수와 재인, 악공, 미녀들을 납치해 동행하면서 행군 도중에 생황笙簧(조선 관악기로 많은 죽관(竹管)을 통에 꽂아 명랑한 화음을 냄)을 불고 북을 치며 유유히 남하해 갔다. 휴식하거나 야영을 할 때는 조선인들을 춤추고 노래 부르게 하며 오락회도 가졌다. 세계 전쟁사에서 그 유례를 찾아볼 수 없는 희한한 패주 행렬이었다.

일본군 선두는 5월 10일에 경상도 상주, 12일에 선산과 인동, 13일에 대구와 청도淸道를 통과하여 밀양에 도착했다. 도중의 일본군 경비대도 철수군 대열을 뒤따라 밀양 북쪽 지역의 전 일본군 철수가 완료됐다. 침공 1년 1개월 만에 개전 때의 제자리로 돌아온 것이다. 철수한 일본군은 부산진성을 비롯 서생포성, 임랑포林浪浦성, 기장機長성, 동래성, 김해성, 안골포성, 가덕도성, 웅천성, 거제도성 등 남해안 포구의 요새들에 분산 배치됐다. 일본으로의 귀환에도 대비한 것이다.

일본군이 철군을 시작해 보름이 지난 5월 2일에야 명나라 경략 송응창이 이여송에 일본군 추격을 명령했고 조ㆍ명 연합군 선봉이 6일에야 한강을 건너기 시작했다. 일본군 선두가 이미 조령을 넘어 경상도 땅으로 들어서고 있을 때였다. 말로만 추격이었다. 조선군 도원수 김명원이 철수 일본군의 뒤를 따라 선산까지 남하해 순변사 이빈 군을 의령에, 전라도 순찰사 권율 군을 함안에, 창의사 김천일 군과 충청병사 황진 군, 경상 우병사 최경회 군을 진주에, 전 경상우도 의병장 성주 목사 곽재우 군을 정암진에 각각 전진 배치하고 전라병사 선거이 군, 전라 방어사 이복남 군, 전라 의병장 임계영 군, 순천 부사 강희보姜希甫 군, 경상도 조방장 홍계남洪季男과 조의趙誼 군, 전 경기 방어사 경상 좌병사 고언백 군 등은 상황에 따라 기동 배치했다.

이여송도 주력을 이끌고 선봉을 뒤따라 남하해 조령을 넘고 문경에 이르러 조선군보다 한 발짝 뒤쪽의 영남과 호남의 전략 요충들에 명군을 배치했다. 부총병 유정劉綎 군을 대구에 주둔시켜 연합군을 통합 지휘케 하고 부총병 오유충吳惟忠 군을 선산에, 부총병 조승훈 군을 거창에, 부총병 사대수 군을 전라도 남원과 전주에 주둔케 했다.

철수 일본군 10만 진주성에 피의 복수전

일본과의 강화를 위해 명군이 조선군의 추격을 한사코 가로막아 줌으로써 한 달 가까운 남하 행군에도 아무 희생 없이 밀양 남쪽 남해안으로 철군을 완료한 일본군이 곧바로 진주성에 대한 대대적인 공격 준비에 들어갔다.

일본군이 숨도 돌릴 겨를 없이 진주성 공격 준비에 나선 것은 히데요시의 불 같은 분노 때문이었다. 도요토미 히데요시는 조선 거의 전역을 석권하고도 끝내 뒤로 물러서지 않을 수 없었던 게 개전 첫 해 10월 진주성 공격에 실패해 전라도를 점령하지 못했고 해로를 돌아 증원군을 서해로 올려 보내지 못했던 데 있었다고 판단했다. 이번에는 아예 대군을 동원해 기어이 진주성을 공파하고 전라도를 점령함으로써 전세를 만회하고 땅에 떨어진 위신을 회복해 보자고 결심했던 것이다.

히데요시는 철수 중인 일본군에 무려 5차례에 걸쳐 진주성 공격과 전라도 진격을 명령했다. 2월 27일자 명령서에 서울 철수를 허가하면서 철군과 동시에 진주성을 공격하라 했고 4월 11일 서울 철수 준비에 바쁜 일본군에 명령서를 또 보내 부산 집결 즉시 진주성 공격과 전라도 진격을 명령했다. 상세한 작전요령과 특히 진주성을 함락하면 '성안의 조선 사람은 남김없이 죽이라' 며 도살 명령까지 내렸다. 히데요시가 1차 진주성 공격 실패에 얼마나 한이 맺혀 있는가를 보여주는 명령이다.

가토 키요마사가 함경도에서 철수하여 보고서를 띄우자 4월 11일에 도착한 회신에서 히데요시는 같은 명령을 또 내렸다. 5월 15일과 20일에 히데요시는 또 다시 같은 명령을 내리고 각 부대별 동원 병력을 지시했는데 총 병력 합계가 무려 121,600명이었다.

성 하나 공격하는 데 10만 대군을 동원하고 이를 극비리에 준비하는 것이 아니라 공개적으로 준비해 나가는 것은 통상적인 군사작전으로서는 상식을 벗어나는 것이었다. 그러나 결과적으로 히데요시의 작전 공개는 전술적인 효과를 거두고 있었다. 상식을 벗어난 작전에 조·명 연합군은 기가 질려 버렸으며 아예 속수무책으로 일본군 하는 꼴이나 두고 보자는 식이 되었다. 그로 인해 진주성 수비군은 10만 대군의 10여 일에 걸친 공격 앞에서 고립무원의 외로운 항전 끝에 성과 함께 전원 옥쇄하는 장렬한 최후를 마치게 된다.

연합군은 대군이 진주성 공격 작전에 동원되어 진공 상태가 되다시피 한 부산기지에 대해 전면적인 배후 공격을 통해 부산을 수복하거나 진주성 공격을 중단시킬 수도 있었을 것이다. 그런데도 이마저 포기한 채 수수방관했다. 만일, 히데요시가 2~3만 명 정도의 상식선의 군사를 동원했더라면 공격기간 중 조·명 연합군의 외부 응원이 있었을 것이고 일본군의 2차 진주성 공격은 또다시 실패했을지도 모른다.

명군의 현지 사령관인 부총병 유정이 기껏 가토 키요마사에 편지를 보내 '만일 진주성을 치면 백만 대군으로 일본군을 전멸시키겠다'고 협박했고 일본군과 함께 부산에 내려와 있던 심유경이 고니시 유키나가에 공격 중지를 요청했으나 소용없는 일이었다. 유키나가가 되레 '대항하지 말고 성을 비워 두는 게 상책'이라 말해 심유경이 이를 조선군 도원수 김명원과 경상좌도 순찰사 한효순韓孝純에 전했다. 대구에 있던 명군 제독 이여송이 명군의 진주성 응원 출동을 검토했으나 명군 참모들이 적이 너무 강대하다며 반대해 만일을 위해 남원 주둔 명군을 구례求禮로 전진 배치한 정도에 그쳤다. 명군 경략 송응창도 고니시 유키나가에 편지를 보내 진주성 공격 중지를 요청했으나 유키나가가 '임진년 진주성 공격 때 일본군 전사자가 너무 많아 관백關白(도요토미 히데요시)이 원수를 갚으라는 명령'이라며 거절했다.

성주 목사가 된 홍의장군 곽재우도 순변사 이빈의 진주성 방어전 참전 명령을 불복하고 정암진 방어만을 고집했다. 적군의 규모가 너무 커 어차피 진주성 방어는 불가능한데 부하들만 희생시킨다는 것이었다.

6월 6일, 조정은 개전 이래 조선군 총사령관을 맡아 후퇴와 반격 작전을 지휘해온 도원수 김명원을 공조판서로 돌리고 전라도 절제사로 전라도 방어에 성공했고 순찰사가 된 뒤 행주에서 대승을 거두어 서울 수복의 선봉이 되었던 육군의 영웅 권율을 그 후임으로 발령했다. 전라도 순찰사에는 황해도 연안성 전투 승전의 이정암을 임명했다. 권율은 전라도 병사 선거이 등과 함께 군사 5,000여 명을 이끌고 함안에 와 있었으며 창원의 적을 치고 이순신의 요청대로 웅포로 전진하려 했으나 반대가 많아 더 움직이지 못하고 있었다.

6월 초, 일본군의 진주성 공격군 편성이 완료돼 그 모습을 드러냈다. 직접 공격군이 92,972명이었고 따로 수병 8,250명과 키카와 히로이에吉川廣家로 하여금 약간의 병력으로 남강 쪽을 지키게 하여 총 병력 규모가 10만 명을 넘었다.

제1대	가토 키요마사	25,624명
제2대	고니시 유키나가	26,182명
제3대	우키다 히데이에	18,822명
제4대	모리 히데모토	13,600명
제5대	고바야카와 타카가게	8,744명

제1대 키요마사 군은 진주성 북면, 제2대 유키나가 군은 서면, 제3대 히데이에 군은 동면 그리고 제4, 제5대 히데모토와 타카가게 군은 예비대로 진주성 북쪽 고지에 포진하고 있다가 상황에 따라 대비케 했다. 대군이 출동하고 난 뒤의

부산 일대 경비는 지난해 9월에 병으로 죽은 하시바 히데카쓰羽柴秀勝 군 12,000 명을 남겨 지키게 하고 상주와 부산 사이에 주둔하고 있는 미야베 나가히로宮部長熙 군 6,000명을 남겨 만일의 경우, 남하하는 연합군을 요격하도록 했다. 부산 일대 경비에 사실상 구멍이 뚫리는 것이나 다름없었다.

5월 7일, 조선 수군 함대는 이해 두 번째이고 개전 이래 여섯 번째 출동을 했다. 함대는 이순신의 전라좌수영 전함 42척, 이억기의 우수영 전함 54척 그리고 원균의 경상우수영 전함 7척과 최초로 정걸丁傑의 충청수영 전함 1척이 참전하여 3도 수군 전함 총 104척으로 편성됐다. 개전 후 최대 규모였다.

이순신은 출진에 앞서 조정과 김성일 권율 등에 조·명 연합군이 육전으로 웅포의 일본군을 육지에서 바다로 내 몰아 달라고 거듭 요청했다. 충청도 전함 1척을 포함한 97척의 전라도 좌·우수영 함대는 이날 여수를 출항하여 미조목_사량을 거쳐 거을망포巨乙望浦 : 忠武市에 도착하여 경상도 함대 7척과 합류한 뒤 10일 견내량에 도착하여 척후선과 탐망군探望軍(정찰병)을 사방으로 보내 웅포 일대의 적정을 살폈다. 웅포에 일본군 전선 200여 척이 새로 증강되어 있었고 주변의 제포·안골포·가덕도 일대와 낙동강 하구 연안 일대에 일본군 전선 900여 척이 활발하게 해상활동을 펴고 있었다. 아무리 무적의 조선 수군 함대라 할지라도 104척의 전함으로 섣불리 대적하기는 어려운 적의 수군 규모가 아닐 수 없었다.

일본군이 대군으로 진주성을 공격함과 동시에 이들 수군들을 바다로 진출시켜 수륙병진으로 전라도 진공을 시도하고 있음이 분명했다. 이순신이 출동에 앞서 일본군 진주성 공격 작전을 알고 있었는지는 확실하지 않으나 떠들썩한 공개 작전을 몰랐을 리도 없다.

이순신은 출동 후 거제도 북단 칠천도까지 진출했으나 더 이상 진격하지 않고 곧바로 견내량으로 함대를 물려 가까운 적포赤浦에 진을 치고 6차 출동 내내 한 달이 넘도록 견내량을 철통같이 봉쇄하고 있었다. 이순신이 적의 의도를 간파하고 전라도로 진격하는 수로 요충인 견내량을 틀어막고 적의 내습을 기다렸다.

그러나 일본 수군은 한산도 해전 대패의 교훈이 있었다. 거꾸로 조선 수군을 웅포 앞 넓은 바다로 유인해 900여 척의 전선들로 포위 공격한다는 작전 아래 6월 26일부터 7월 11일까지 전후 7차례나 10여 척의 전선들을 견내량까지 보냈다가 조선 수군 전함이 출동하면 달아나곤 하는 일을 반복해 유인하려 했으나 이순신이 끝내 속지 않았다.

이순신은 그 뒤 한산도閑山島 두을포豆乙浦에 기지를 건설하고 이 전쟁 내내 조선 수군기지로 삼았다. 이순신은 출동 전은 물론 후에도 조정에 거듭해서 육지의 적을 바다로 몰아내 주기를 요청했다. 그러나 일본군 대군의 진주성 공격전을 속수무책으로 보고 있었던 조·명 연합군이 움직이지 않았다. 일본군은 부산 철군 이후 해안 요새들에 왜성倭城을 쌓고 철벽방어 태세를 갖추고 있었다.

성안의 사자 6만 수비군 장렬한 최후

대군의 공격을 앞두고 진주성의 조선군 수비대는 전원 옥쇄의 결전 의지를 다지고 있었다. 진주성에는 목사 서예원徐禮元, 판관 성수경成守璟, 경상우병사 최경회, 충청병사 황진, 김해 부사 이종인, 사천 현감 장윤張潤, 거제 현령 김준민이 있었고 함안에서 창의사 김천일, 고故 고경명 의병장의 아들 복수 의병장 고종후高從厚가 각각 군사를 이끌고 들어와 있었다.

최경회, 황진, 이종인, 장윤, 김천일, 고종후 등이 모두 전라도 의병장 출신들로 주력을 이루고 있었다. 이들은 '진주와 호남은 순치脣齒(입술과 이빨)의 관계다. 호남을 지키기 위해서도 진주를 지켜야 한다' 며 진주성 방어전에 뛰어들었다. 성안의 창고들에는 군량도 넉넉했다. 김천일과 최경회가 '성은 높고 험하며 군량이 충족하고 기계화포가 많으니 죽어서 보람이 있는 곳이로다' 라며 결사전의 투지를 다졌다.

진주성 수비군의 병력 규모가 얼마였는지 확실하지 않다. 기록에 나타난 것으로 김천일 군 500명, 최경회 군 600명, 황진 군 700명, 장윤 군 300명, 고종후 군 400명으로 관군과 기타 의병군을 포함하여 전투 병력은 6,000여 명 안팎이었던 것으로 보인다. 그러나 이 전투에서 '사자死者 6만'이라는 기록과 10만 대군의 공격을 맞아 성을 10일간이나 버틴 사실에서 볼 때, 서예원의 관군과 성안의 장정 등 적어도 1만여 명이 넘는 전투 병력과 수만 명의 백성들이 있었던 것으로 추정된다.

6월 15일, 일본군 진주성 공격군이 김해와 창원에 집결한 뒤 진주를 향해 행군을 시작했다. 도중에 함안의 조선군 도원수 권율과 전라도 병사 선거이 군의 저항이 있었으나 선봉이 가볍게 깨고 전진하여 18일 정암진의 곽재우 의병군과 부닥쳤으나 이 또한 가볍게 밀어내고 개전 직후 일본군에는 한이 맺힌 의령 땅에 들어섰다.

조·명 연합군과 도중 모든 읍성의 군사들이 길을 비켜 보고만 있는 가운데 19일 드디어 진주성 공격군 선봉이 그 주변에 나타났다. 이날, 선거이와 홍계남이 성안으로 들어와 최경회에 '물러났다가 뒷날을 기약하자'고 했으나 듣지 않아 그대로 물러났다. 뒤따라 상주에 주둔하고 있던 명군 부총병 왕필적과 경상도에서 의병장으로 몸을 일으켜 목사가 된 정기룡도 성안으로 들어와 만류하다 듣지 않자 함안까지 명군 선봉이 와있음을 알리고 응원할 뜻만 전하고 갔다.

20일, 적의 선봉 기마대 200여 기가 마현봉馬峴峰에 나타났으며 성중에서 복수 의병군 부장 오유吳宥와 적개 의병군 부장 이체가 성문을 열고 나가 적진을 살피고 돌아오면서 일본군 병사 머리 하나를 말안장에 차고 돌아왔다. 21일, 적의 본진이 성을 세 겹으로 에워쌌다. 일본군은 공격에 앞서 성의 서북쪽 호의 물을 빼고 흙으로 되메우는 작업을 벌였다. 22일, 오전 10시 적의 공격이 시작됐다. 문경원聞慶院 산 중턱에서 제1종대가, 향교 앞에서 제2종대가 포위망을 압축해 왔다. 제1파가 하루 종일 공격을 퍼부었고 수비군도 응전했다. 저녁이 되어 제2

파가 몰려와 동문 밖까지 다가서 성벽을 기어오르려 했다. 돌과 화살로 물리치고 사다리는 불세례로 태워 버렸다. 밤 12시 무렵, 제2파가 물러가고 제3파가 밀려와 밤새워 싸웠다.

23일도 하루 종일 전투가 계속됐다. 성밖에 적병들 시체가 늘어나는 만큼 성안에서도 전사자가 늘어갔다. 이날, 적들은 호의 물을 모두 빼고 길을 성벽까지 연결했다. 24일에도 피의 공방전이 이어졌다. 수비군의 각종 화기가 계속해서 불을 토했다. 각종 총통들이 철환을 퍼붓고 대완구가 진천뢰를 날려 적병들에 몰사 죽음을 안겼다. 일본군 쪽에도 신형 무기가 등장했다. 귀갑차龜甲車라 불렸다. 나무 궤짝을 네 바퀴 수레에 올려놓고 병사들이 그 속에 들어가 손으로 전진시키며 성벽에 접근해 왔다. 총탄과 화살로는 파괴되지 않아 총통과 진천뢰로 공격해 부셨다.

25일, 일본군이 동문 밖에 흙산을 쌓고 망루를 세워 높은 곳에서 성을 내려다보며 조총과 포격을 가해 왔다. 수비군도 곧 흙산을 쌓아 총통을 쏘아 망루를 깨뜨려 버렸다. 이날, 성의 서북쪽이 뚫려 적병들이 성벽을 넘어 들어왔으나 황진이 나가 막아 위기를 넘겼다. 26일, 적은 가죽으로 덮어씌운 나무 궤짝으로 화살과 총알을 피하며 성벽으로 다가섰으나 돌로 내리치고 포로 부셔 막았다. 적들이 성안으로 불화살을 계속 쏘아 보내 성안 초가집들 여기저기 불이 붙어 불바다를 이뤘다. 때마침 비가 쏟아지면서 불은 꺼졌으나 그 바람에 성벽 일부가 무너지고 무너진 성벽 틈으로 적병들이 기어들자 김준민이 군사들을 거느리고 나가 막았다. 백병전 중에 김준민이 적병 칼에 전사했다.

27일, 적이 성밖 5곳에 흙산을 다시 만들고 대나무 울타리를 쳐 몸을 숨긴 뒤 수천 명의 조총병들이 한꺼번에 조총을 발사해 성벽 수비병들 수백 명이 한꺼번에 쓰러졌다. 이 틈을 타고 적병들이 귀갑차에 몸을 숨겨 성 밑까지 개미떼처럼 달라붙었다. 성안에서 미리 준비해 둔 마른 섶에 기름을 묻혀 한꺼번에 던지자 귀갑차들이 불에 타고 적병들이 수없이 타 죽었다. 이날 전투에서 순천順天

의병군 부장 강희복姜熙福·희열熙悅 형제가 전사했다. 28일, 서예원이 지키던 서문 쪽에 적군이 몰려들어 격전을 벌였다. 호 속에 적병들 시체가 1,000여 구나 쌓였다. 이날, 황진이 적탄에 맞아 전사했다.

29일, 진주성 최후의 날이 왔다. 혈전이 벌어지고 있는 동안 조·명 연합군이나 성밖 의병군 누구도 응원해 오지 않았다. 외롭고 의로운 처절한 항전이었다. 이날, 귀갑차로 성 밑까지 몰려들어 달라붙은 적병들이 쇠창살로 성벽의 큰 돌들을 뽑아내 무너뜨리자 적군 장수들이 선봉으로 뛰어들었고 뒤따라 적병들이 봇물 터지듯 쏟아져 들어와 순식간에 성안이 일본군으로 가득 차 버렸다.

처절한 백병전이 벌어지고 조선군 장병들이 전멸하는 가운데 성안 백성들에 대한 학살이 시작됐다. 목사 서예원을 비롯하여 최경회·김천일·고종후 등 역전의 의병장들은 물론 이종인·오유·이체 등 장수들 전원이 최후를 마쳤다. 장렬한 옥쇄였고 잔악한 학살이었다.

성이 함락된 뒤 일본군 장수들이 남강南江 가에서 승전 잔치를 벌였다. 전라도 장수長水 양갓집에서 태어났으나 어려서 부모를 여의고 최경회의 보살핌으로 자란 주논개朱論介가 기생으로 꾸미고 잔치에 참석해 일본군 장수 케야무라 로쿠쓰케毛谷村六助를 껴안고 강에 뛰어들어 함께 죽었다. 뛰어들 때의 바위를 의암義岩이라 하며 아낙의 충절로 길이 숭모하고 있다.

진주성을 떨어뜨린 일본군은 히데요시의 명령대로 철저한 살육을 저질렀을 뿐 아니라 부근 곤양군 하동현 악양과 삼가현, 단성현까지 휩쓸며 닥치는 대로 분탕과 살육으로 1차 전투 패배를 설욕하고 다녔다. 히데요시는 2차 진주성 전투의 승리를 널리 과시하여 개전 1년 만에 부산으로 밀려나 사실상 조선 침공 작전에서 패전함으로써 궁색해진 정치적 입장을 만회하려 했던 것 같다. 최경회와 서예원의 목을 급히 나고야로 보내게 해 교토京都에 효시했다.

진주성을 함락한 일본군은 전라도로 진군해 7월 2일, 경상도에서 전라도로 넘어가는 구례求禮의 석주관石柱關까지 진출했다.

그러나 일본군은 2차 진주성 전투에서 10일 가까운 혈전을 벌이는 동안 너무 많은 희생을 내 전력이 약화된 데다가 해로를 타고 올라와야 할 웅포 기지의 수군이 이순신 함대에 의해 견내량에서 봉쇄되어 합류하지 못하고 있었다.

7월 14일, 드디어 진주성의 일본군이 전라도 진격을 포기하고 철수를 시작했다. 도요토미 히데요시의 수륙 협공에 의한 전라도 진격은 다시 한 번 좌절되었다. 이순신은 제6차 출동에서 적 수군과 교전 없이 견내량 봉쇄만으로 적을 격퇴한 것이었다. 일본군은 부산 서생포西生浦, 임랑포林浪浦, 기상機長, 동래, 김해, 가덕도, 안골포, 웅포, 거제도 등에 12개 본성本城과 그에 부속되는 6개 지성支城을 쌓아 부산 일대 해안선에 방어진을 구축하고 장기전 태세로 들어갔다.

7월 22일, 임해 · 순화 두 왕자와 그들을 수행했던 황정욱, 황혁, 이영 등이 반년여 포로생활 끝에 부산에서 석방되었다. 앞서 강화 회담 차 일본으로 들어갔던 명나라 사신 일행이 도요토미 히데요시의 석방 허락을 받아 왔던 것이다. 석방 때 일본군은 진중에서 성대한 송별연을 베푸는 여유를 부렸다. 조정은 두 왕자가 포로가 된 책임을 물어 황정욱은 길주吉州로 귀양 보내고 남병사 이영은 처형했다.

평양에 머무르고 있던 선조는 8월 18일 해주로 옮겨 있다가 9월 22일 해주를 떠나 10월 1일 폐허가 된 수도 서울에 환도했다. 서울을 떠나 황망하게 피난길에 나선 지 1년 4개월 만이었다. 궁궐이 모두 타버려 일본군 사령관이 들어 있던 정릉동貞陵洞 월산대군月山大君의 옛 집을 행궁으로 삼아 거처했다.

제3장
전쟁과 평화

1. 명과 일본
지루한 강화회담

조선을 4도씩 나눠 갖자

개전 초기 158,700명으로 조선을 침공한 일본군은 곧이어 이 정도 군사로 명나라 진공은커녕 조선의 점령 통치도 불가능함을 깨닫게 된다.

서울 점령 후 5월 26일, 모리 테루모토는 히데요시에 '현재의 병력으로 조선을 다스리기는 불가능하다. 따라서 명나라 진공도 불가능하다' 는 보고를 띄웠다. 그 뒤, 일본군은 1년 사이에 상륙 일본군 병력의 절반 가까운 7만여 명의 손실을 입어 점령지 확대는커녕 평양까지 1,700리에 걸친 주보급로 경비에도 급급했다. 그대로 조선 전역에서 어물거리다가는 침공군 전군이 전멸할지도 모를 처지로 몰렸다. 일본은 문명국 조선을 너무 얕보았던 것이었다.

3월 3일, 서울에서 가진 17장[※] 회의에서 이들은 '남해안 부근 군량보급이 용이한 곳에 성을 쌓고 재편성하는 게 현명하다' 는 결론을 내렸고 본국의 히데요시도 같은 판단을 내려 철수를 허용했던 것이다.

무모한 침략전쟁을 벌인 도요토미 히데요시도 고민에 빠져들었다. 조선 침공군 병력을 보충해 줄 일본에서의 병력 징발이 순조롭지 못했다. 히데요시가 모

리 히데모토毛利秀元로 하여금 군사 2만 명을 이끌고 바다를 건너게 했으나 교토
京都 경비와 나고야 주둔 병력 외에 더 이상 징병이 어려웠다. 히데요시가 탄식
했다.

"불행하게도 작은 섬나라에 태어나 병력이 부족하고나. 장차 일을 어찌하
랴."《征韓偉略》

선박도 부족했다. 설사 선박이 있다 하더라도 조선의 남해 제해권은 조선 수
군이 장악하고 있었다. 일본 수군의 활동 범위는 기껏 쓰시마와 조선의 부산 사
이였다. 조선을 침공한 일본군은 그 뒤 본국에서 계속 충원이 있었다. 이 전쟁
전 기간 중 일본의 발진기지 나고야에서 조선으로 출병한 총 병력 수가 205,570
명이었다는 기록으로 미루어 개전 초기 출동 병력 158,700명에 증원 병력이
46,870명이었다는 결론이 나온다. 그런데 개전 이후 1차 진주성 전투 때까지 1
년간 조선에 증파된 병력이 42,770명이었던 사실을 감안하면 그 뒤 전쟁이 끝날
때까지 6년간 증원 병력은 겨우 4,100명에 불과했다. 침공 1년 만에 일본군은 부
산을 중심으로 한 해안선에 구축한 왜성들에서 바다를 배경으로 배수진을 친
방어군이 되고 말았다. 일본으로서도 강화회담이 불가피했다.

일본군이 밀양 이남으로 철군을 완료하고 진주성 공격 준비에 들어갈 무렵이
었다.

5월 9일, 고니시 유키나가는 서울 철군 때 함께 내려온 명나라 참장 사용재와
유격장 서일관 그리고 이시다 미쓰나리石田三成 등 일본군 장령들과 동행하여 부
산을 떠나 16일 나고야에 도착했다. 사용재와 서일관은 명나라 장수에 불과했
으나 심유경이 일본군 철군을 관철시키기 위해 명나라 조정에서 보낸 사신으로
꾸며 보냈다. 가짜 사신이었다. 심유경은 부산에 남았다.

24일, 나고야 천수각에서 이들 명나라 가짜 사신들을 접견한 도요토미 히데
요시는 몹시 반겼으며 극진히 대접했다. 히데요시도 내심 강화를 바라고 있었
던 것이다. 잘 놀고 대접 잘 받은 이들 가짜 사신들이 6월 28일 나고야를 떠나려

할 때 히데요시가 일본 측 강화조건이 담긴 전문 7조의 '강화약관講和約款' 이란 문서를 건네주었다. 그런데 내용이 맹랑하기 짝이 없었다. 이들 사신들을 항복 사절로 잘못 알고 있었던 것 같다. 조선과 명나라에 어림없는 조건들이었다.

첫째, 화평의 인질로 명나라 황제의 현녀賢女 : 皇女를 일본 황제가 후궁으로 맞
    는다.
둘째, 관선과 상선이 왕래케 한다.
셋째, 두 나라 전권대사가 서로 서약서를 쓴다.
넷째, 조선 8도 중 4도만 조선 국왕에 주고 나머지 4도는 일본이 차지한다.
다섯째, 조선의 왕자와 대신 한두 명을 인질로 일본에 보낸다.
여섯째, 이미 포로가 된 조선의 두 왕자는 돌려보내 준다.
일곱째, 조선의 책임 있는 대신이 앞으로 위약하지 않는다는 서약서를 쓴다.

히데요시의 맹랑한 강화약관을 받아든 명나라 가짜 사신들이 7월 15일 부산으로 돌아왔고 석방된 조선의 두 왕자와 함께 서울로 향했다.

고니시 유키나가와 미쓰나리는 이들에 앞서 6월 2일 부산으로 돌아와 진주성 공격전에 참가하고 있으면서 가짜 사신들이 돌아오기 전 7월 8일, 이미 고니시 조안小西如安 등 일행 35명을 납관사納款使라는 이름으로 심유경과 함께 서울로 올려 보내 8월 30일 서울을 떠나 명나라로 들어가게 했다. 이들은 조선이나 명나라가 들어줄 턱도 없는 히데요시의 '강화약관' 따위는 갖고 가지도 않았다. 명나라에 강화조건으로 '허공許貢(일본의 조공을 받아 줌)' 과 '허봉許封(일본 국왕을 명나라가 왕으로 책봉하여 일본 정부를 승인함)' 만을 요청했다.

일은 엉뚱하게 전개되어 나갔다. 일본군의 고니시 유키나가는 일본 내 비둘기파로 개전 초부터 강화를 위해 모든 수단을 동원해 왔으나 과대망상에 빠진 전쟁광 히데요시 앞에서 섣불리 자기의 주장을 펴지도 못했다. 명나라에서도

병부상서 석성石星과 경략 송응창 등이 강화를 위해 노력했으나 명 조정에서도 강화에 반대하는 주장들이 월등히 많았다.

조선의 선조도 복수심에 불타 유성룡에 화의를 말하는 자는 목을 베어 효시하라고 했다. 그리고 자신의 심경을 시로 썼다.

> 한번 죽는 것은 내 참을 수 있을지라도死吾寧忍
>
> 화의를 구하는 것은 듣기도 싫다求和願不聞
>
> 그런데도 어찌하여 화의를 구한다는
>
> 못된 이야기가 퍼져如何倡邪說
>
> 대의를 해치고 3군을 현혹케 하는고敗義惑三軍

한 목숨 구하려 전화로 불타는 나라를 세자에 맡기고 명나라 망명을 하려다 좌의정 윤두수로부터 '필부匹夫의 경솔한 행동'이란 핀잔을 들었던 피난 때 선조의 모습과는 전혀 다르다. 선조는 일본과의 화의를 용납하지 않는 가운데 수시로 조선군에 일본군 공격을 명령했으나 그때마다 명군에 의해 제지되었다.

명나라 병부상서 석성이 조정 내 반대 분위기를 고려하여 도요토미 히데요시의 항표降表와 일본군의 조선 철군을 조건으로 하는 '허봉'을 신종 황제로부터 얻어내고 이를 송응창에, 송응창이 심유경에 지시했다. 히데요시에게는 어림없는 조건이었다. 심유경이 지휘도사指揮都司 담종인譚宗仁을 11월 3일 조선의 2남해안 웅천에 주둔하고 있는 유키나가에 보내 그 뜻을 전하자 유키나가가 심유경을 오도록 하여 12월 21일 웅천에서 만나 머리를 맞댔다.

명군 주력 본국 귀환, 일본군 축차 귀휴

이에 앞서 도요토미 히데요시는 자신이 제시한 '강화약관'에 만족했음인지 즉각 조선의 두 왕자 석방을 명령한 데 이어 일본군 일부의 축차적인 본국 귀휴를 명령했다. 히데요시의 본국 귀환 명령에 따라 서생포에 주둔하고 있던 가토 키요마사 군과 임랑포에 있던 모리 요시나리 군이 철군 때 연합군 공격을 미리 막기 위해 경주 주둔 조·명 연합군을 선제공격했다. 안전 철군을 위한 견제 출동이었다.

경주에는 명군 부총병 왕필적이 상주에서 이동해 와 있었고 부총병 오유충 군 일부가 봉계鳳溪(선산)에서, 참장 낙상지駱尙志 군 일부가 남원에서 각각 이동해 와 있었다. 조선군 경상 좌병사 고언백, 영천 군수 겸 조방장 홍계남 군도 포진 하고 있었다.

8월 6일, 일본군 수천 명이 경주성을 공격했고 연합군이 성을 나와 야전에서 맞붙었다. 일본군은 1선에 조총수, 2선에 궁사수弓射手, 3선에 장창수長槍手, 4선에 도검수刀劍手 순서로 질서 있게 공격했다. 초전에 연합군 피해가 200여 명을 넘었다. 명군 부총병 오유충 군 3,000여 명이 일본군 진영 중간으로 돌진해 두 쪽으로 가르면서 전세가 반전되어 일본군이 패주했고 연합군이 추격했다. 일본군이 전사자 시체를 길에 버리며 서생포로 도주했으나 연합군 쪽 피해도 전사자가 500여 명에 이를 만큼 격전이었다. 제4차 경주성 전투였다.

이날 모리 테루모토, 고바야카와 타카가게, 아사노 초오키치淺野長吉, 하시바 히데카쓰 군사 전원이 본국으로 귀환했다. 남해안 일대 잔류 일본군은 약 6만여 명이었다. 부산에서 일본군 일부 병력이 철수를 하고 있던 8일, 서울 후방에 주둔하고 있던 명군 3만 명의 철수가 시작됐다.

부총병 양원楊元·이여백·장세작·사대수와 참장 이여매李如梅·유격장 전세 정 등이 철군을 지휘했으며 제독 이여송도 10일 서울을 떠났다. 조선에 남은 명군은 9월 23일 도독都督으로 승진한 유정이 지휘했고 유정과 부총병 왕필적이 1만 명을 거느리고 칠곡의 가산성 팔려에, 유격장 송대빈宋大斌·곡축谷遂이 삼가현에, 부총병 오유충이 대구부에, 참장 낙상지가 경주에 각각 2,000여 명씩의 병력을 거느리고 주둔하여 총 병력이 16,000여 명이었다.

3도 수군통제사 이순신 한산도에 통제영

한편 조선 수군 함대는 6차 출동 이래 견내량을 봉쇄하면서 한산도 앞바다에서 활동했으며 한산도가 자연히 3도 수군의 전진기지가 되었다. 조정이 이순신을 전라좌수사 겸 3도수군통제사로 임명하여 전라·경상·충청 3도 수군의 작전지휘권을 부여하고 한산도 두을포豆乙浦 : 頭億里에 통제영統制營 설치를 명령했다.

이순신은 통제영에 운주당運籌堂을 짓고 여기서 작전회의와 수군 지휘를 했다. 이순신이 한산도 통제영에 머물면서 시를 지어 심혼을 달랬다.

> 한산섬 달 밝은 밤에
> 수루에 홀로 앉아 큰 칼 옆에 차고
> 깊은 시름하는 차에 어디서
> 일성호가는 남의 애를 끊나니

일본과 명나라 사이에 서로 들어줄 수 없는 맹랑한 조건을 내세워 가짜 사신이 오가는 동안 일본군 주둔 지역에서 산발적인 국지전투가 벌어졌다.

9월 29일, 창원 주둔 유키나가 군 일부가 함안의 농촌에서 조선 농민들을 강제 동원해 수확기 농산물을 거두게 하고 이를 탈취해 가고 있었다. 의령에 주둔하고 있던 전라병사 선거이가 출동하여 이들을 공격했으나 선거이가 부상당하는 등 도리어 패했다. 같은 날, 고성에 주둔하고 있던 의병장 최강崔堈 군이 김해 쪽으로 행군하다가 웅천 북방 안민령安民嶺에서 김해로부터 웅천 쪽으로 행군해 오던 나베시마 나오시게鍋島直茂 군과 맞닥트렸다. 쫓고 쫓기는 혼전 끝에 조선군이 승리하여 패주하는 적을 추격했다. 최강은 그 뒤에도 여러 국지전투에서 용맹을 떨쳐 가리포加里浦 첨사가 되고 다시 순천 부사를 거쳐 경상도 좌수사까지 오른다.

10월 25일, 전쟁 발발 후 피난길에서 이산해李山海의 뒤를 이어 영의정에 올랐다가 하루 만에 파직되었으나 줄곧 조정의 일원으로 전쟁을 지도해 왔던 유성룡이 다시 영의정이 됐다. 가을이 되면서 일본군의 농작물 약탈이 빈번했다.

10월 27일, 웅천성에서 나온 일본군이 진주 땅 영선永善(고성군 영현면)에서 농민들을 습격했다. 순변사 이빈이 충청도 조방장 조희인趙希仁 군을 출동시켰는데 조희인이 토벌하다 총탄에 맞아 전사했다. 10월 30일, 우키다 히데이에, 모리 히데모토, 후쿠시마 마사노리 군 일부가 일본으로 철수했다.

11월 23일, 경상병사 고언백, 영천군수 겸 조방장 홍계남, 경상방어사 권응수, 조방장 이수일李守一 등이 안강安康을 지키고 있다가 일본군 기습을 막지 못해 조정으로부터 문책을 받았다. 이해는 윤달이 들어있어 11월이 두 번이었다.

12월 2일, 서생포의 가토 키요마사 군 일부가 경주성 북쪽 안강에 침입하여 양곡창고를 털었다. 고언백과 판관 박의장朴毅長이 출동했으나 중과부적이었다. 경주성의 명군 오유충, 왕필적과 낙상지 군사가 출동하여 적을 쫓았다.

12월 18일, 송강松江 정철鄭澈이 죽었다. 정철은 귀양에서 풀린 뒤 경기·충청·전라 3도 체찰사가 되어 활약했고 명나라에 사은사로 다녀온 뒤 강화도 송정촌松亭村에 머물러 살고 있었다. 이해 연말 무렵의 일본군 잔류 병력은 43,000여 명이었다.

서생포 및 지성 :	가토 키요마사	6,400명
임랑포성 :	모리 요시나리	2,500명
기장성 :	구로다 나가마사	2,000명
부산 동래 및 지성 :	키카와 히로이에	5,000명
김해성 :	나베시마 나오시게	6,000명
안골포성 :	와키자카 야스하루	700명
가덕도성 :	다치바나 무네토라	2,800명
웅천성 :	고니시 유키나가	12,100명

거제도성 :   시마즈 요시히로   8,000명

　해가 바뀌어 1594년 선조 27년 갑오년甲午年이 되었으며 전쟁이 3년째로 접어
들었다. 웅천에서 심유경과 유키나가가 아무리 머리를 짜 보아도 명나라 조정
이 요구하는 대로 히데요시의 항복문서를 받아내는 일은 불가능했다. 가짜를
만들기로 했다.

　'일본국 관백關白 신臣 수길秀吉은······' 으로 시작되는 이 항복문서는 군사를 일
으켜 조선에 출병하게 된 경위를 구구이 변명한 뒤 '일본국의 조공을 받아주고
일본 국왕을 번왕蕃：土侯國王으로 책봉해 주면 천년을 변치 않고 황제의 명을 받
들겠다' 는 내용이었다. 히데요시가 알면 기절을 할 일이었다. 심유경이 가짜 항
복문서를 갖고 일본인 12명을 데리고 1월 20일 웅천을 떠나 2월 7일 서울에 있
다가 북경을 향해 떠났다.

2. 이순신 함대증강, 전함 150척

조선 수군 7차 출동 적선 31척 불태워

1593년 계사년이 저물어가던 겨울, 조선 조정의 반대 속에 명과 일본 사이에 강화 회담이 계속되고 있었고 전 전선이 소강상태에 들어가 전쟁도 아니고 평화도 아닌 어정쩡한 상황이 지속되었다.

바다에서도 조선 수군 이순신 함대와 일본 수군이 견내량을 사이에 두고 대치가 지속되었고 이렇다 할 충돌은 없었다. 일본 수군은 3도수군통제사 이순신 지휘 아래 있는 무적의 조선 수군이 두려웠고 조선 수군도 1,000여 척에 달하는 대규모 일본 수군 함대에 섣불리 공격 행동을 할 수가 없었다. 겨울은 풍랑이 심한 계절이기도 했다.

이순신은 전선이 소강상태에 있는 동안 함대 전력 증강에 전력을 기울여 나갔다. 6차 출동 때의 조선 수군 참전 전함은 판옥선이 전라좌수영 42척, 우수영 54척으로 증강되어 있었고, 경상우수영 7척 그리고 충청수영 1척으로 모두 104척이었다. 정원 기준 환산하면 수병이 17,000여 명이었다. 충청수영 판옥선 40척이 사실이라면 총 보유 전함 143척에 수병 23,000여 명이었다. 이순신은 전라좌수영 18척, 우수영 36척, 경상우수영 33척, 충청수영 20척 모두 107척의 판옥선을 신규로 건조하여 전라좌수영 60척, 우수영 90척, 경상우수영 40척, 충청수영 60척으로 총 250척의 막강한 수군 함대로 건설할 계획을 추진했다.

실제 건조된 판옥선은 전라좌수영 18척, 우수영 21척, 경상우수영 7척으로 모두 46척에 그쳤다. 전쟁 중에 극심한 인력난과 철 및 유황의 부족으로 전함의 건조와 화포 및 화약의 제조에 한계가 있었던 것이다. 기존의 143척 또는 실전에 참전한 104척에 신규 건조된 판옥선을 합하여 조선 수군 함대 규모가 전함만 189척 또는 150척이 됐다.

그러나 새로 건조한 전함은 물론 기존의 전함마저 극심한 승무원 부족으로 운항이 어려울 정도가 되어갔다. 그간 전투에서 장정들 희생이 적지 않았을 뿐 아니라 이미 육군에 징병되어 있었고 특히 전라도 지방의 인력난은 더욱 극심했다. 적의 점령지대가 아니었기 때문에 전라도는 군량 및 병력 조달기지가 되어 점령지역보다 더 피폐되어 있었다. 전라도 함대가 조선 수군 주력을 이루고 있었기 때문에 더 많은 수병 자원을 필요로 했다. 실전 참전 전함의 정원 환산 수병 요원만 24,000여 명이었으며 이 가운데 경상도 함대 14척을 제외하면 전라도 함대 판옥선 135척에 소요되는 수병이 21,600여 명이나 됐다.

1594년 갑오년 3월, 조선 수군의 제7차 출동 때 참전 가능한 전함은 전라좌수영 51척, 우수영 59척, 경상우수영 14척 그리고 충청수영 10척으로 134척이었다. 6차 때의 104척에 비해 30척이 증강된 데 그쳤다.

이순신은 전함을 건조하면서 겨울을 보내는 동안 녹도 만호 송여종宋汝悰을 견내량에 배치해 적을 경계하도록 하고 넓은 진해 앞바다가 한눈에 내려다보이는 삼봉산三峯山(통영군 광도면)에 군관 제홍록諸弘祿을, 벽방산碧方山(통영군 광도면)에 군관 제한국諸韓國을 배치하여 적 수군의 동향을 감시케 했다. 이 밖에도 가배량加背梁 권관 제만춘諸萬春, 거제현 초탐장哨探將 계한호諸漢浩 등이 적 후방 깊숙이 스며들어 정보 수집 활동을 폈다. 2월이 되면서 적의 수군 활동이 활발해졌고 진해만 일대 포구 마을들을 습격하여 분탕질을 치기도 했다.

3월 3일, 벽방산 감시초소의 제한국이 달려와 '적선 21척이 당항포로, 7척이 오리량으로, 3척은 저도猪島로 들어갔다'고 보고했다. 이순신이 이억기와 원균에 출동 명령을 내리고 의령의 순변사 이빈에 전령을 보내 적이 육지로 도주하면 육군으로 공격하여 적을 바다로 내몰아 주기를 요청하는 한편 이날 밤 전 함대를 이끌고 극비리에 견내량을 통과하여 지도紙島(통영군 용남면) 앞바다에 이르러 밤을 보냈다.

4일 새벽, 전함 20척을 견내량 입구에 배치하여 한산도 통제영을 지키도록 한 이순신은 각 수영에서 모두 31척의 전함을 선발하여 조방장 어영담을 함대장으로 하는 공격함대를 편성하여 당항포와 오리량으로 급진시켰다. 자신은 나머지 전함을 이끌고 진해만 일대를 순항하면서 함대 시위를 벌인 뒤 육지 쪽 증도甑島와 거제도의 사위말 사이 바다를 봉쇄하고 웅포 등의 적 수군기지로부터의 구원 출동에 대비했다.

공격함대가 진해만 쪽으로 항진해 가는데 적선 10척이 나오다 급한 김에 읍전포邑前浦(창원군 진동면)에 전선을 버리고 육지로 달아났다. 달려들어 모두 불태우고 곧바로 당항포로 쳐들어갔으나 물이 빠지고 날이 저물어 입구를 봉쇄한 채 기다리다 한밤 12시쯤 조수가 밀려들어 다시 쳐들어가 당항포 선창에 정박해 있는 적선 21척에 일제히 공격을 가했다. 일본군 수병들은 아예 전선을 포기하고 모두 육지로 달아났으나 육지로부터는 아무런 공격이 없었다.

조선 수군 함포의 포성이 진동하고 불타는 일본 수군 전선들에서 치솟아 오른 불길이 당항포 밤하늘을 붉게 물들였다. 가까운 영등포·웅천·안골포·가덕도의 일본군들이 당항포의 일본 수군이 전멸의 화를 당하고 있음을 알게 됐을 터인데도 구원 출동은커녕 해안의 장막들을 모두 거두어 토굴 속으로 들어가 꼼짝도 않고 있었다.

출동 3일째가 되는 6일, 조선 수군 함대가 거제읍 앞바다를 항진하여 2차 공격 목표를 찾고 있는데 적선 1척이 명나라 군사를 태우고 다가와서 패문牌文을 보였다. 명군 도사都同 담종인譚宗仁이 웅천의 유키나가 진영에서 보낸 것으로 '강화 회담에 지장이 있으니 공격을 중지하고 본영으로 돌아가라'는 내용이었다.

이순신이 하늘을 우러러 장탄식을 토하며 함대를 돌려 귀로에 올랐다. 조선 수군 함대는 제7차 출동 3월 3일에서 6일까지 3일 동안 두 차례 당항포 해전에서 적선 31척을 불태웠으며 전함 병력 손실 없이 귀환했다. 7차 출동에는 충청도 수군이 합세하기로 했으나 수사 구은직具恩稷이 전투가 끝난 뒤 12일에야 판옥선 10척을 이끌고 나타나 참전은 하지 못했다.

4월 13일, 서생포의 가토 키요마사가 조선의 승병장 서산대사 유정을 일본군 진영으로 불러들여 강회회담을 가졌으나 입씨름만 벌였다. 키요마사는 히데요시가 강화의 뜻을 가지고 있음을 알고 강회 회담의 공을 세워보려 했으나 히데요시가 조선의 4도 분할 등 엉뚱한 생각을 갖고 있어 성과를 거둘 수가 없었다. 유정과 키요마사 회담은 그 뒤에도 7월 12일, 12월 23일 그리고 1595년宣祖 28년 3월 3일에 걸쳐 전후 네 차례나 가졌다.

이 해 8월 2일, 마지막까지 남아있던 도독 유정 휘하 명군 5,000여 명이 남원에서 서울로 철수하여 9월 11일 다시 서울을 출발하여 명나라로 귀환함으로써 명군 전군이 철수를 완료했다. 8월 이전에 명군 부총병 왕필적, 참장 낙상지, 유격장 송대빈, 곡축 등이 휘하 군사를 거느리고 이미 귀환했으며 조선에는 조선군 훈련 교관요원 등 극히 일부 군사들만 남았다.

그 무렵의 명나라 국내 사정은 매우 어려워져 갔다. 도처에서 반란이 일어나고 국가기강이 문란해질대로 문란해져 가고 있었다. 9월 중 일본군도 동래성 주둔 키카와 히로이에 군 5,000여 명이 본국으로 귀환하여 잔류 일본군 병력은 38,000여 명이 됐다.

전 전선은 이렇다 할 충돌 없이 소강상태가 지속되고 있었다. 일본군 육군은 왜성을 더욱 튼튼히 쌓고 틀어박혀 방어에 주력하고 있었다. 가끔씩 성문을 열고 나와 인근 마을들을 습격하고 약탈을 하는 정도였다. 부산 가까운 안골포, 웅포, 제포, 가덕도, 거제도, 영등포, 장문포 등에 머물고 있던 수군도 마찬가지였다. 포구 깊숙이 전선들을 숨겨두고 있다가 때때로 전선을 이끌고 나와 해안 마을들을 습격하고 약탈하는 본성을 드러낼 뿐 조선 수군과의 충돌은 한사코 피했다.

9월 초, 명군 사령부가 있었던 전라도 남원에 3도 체찰사부體察使府를 설치하고 전라·충청·경상 3도 육군과 수군을 지휘하고 있던 3도 체찰사 겸 좌의정 윤두수가 거제도 장문포長門浦에 대한 수륙 합동작전을 계획했다. 장문포에는 일본군 전선 100여 척이, 가까운 영등포에는 70여 척이 있는 것으로 파악되고 있었다. 윤두수는 도원수 권율을 고성으로 전진시켜 육군을 지휘케 하고 수군에도 출동명령을 내렸다. 육군은 의병장 김덕령金德齡, 경상도 조방장 곽재우, 충청 병사 선거이 군 등 총 병력 1,000여 명을 동원했다. 육지에서 포구를 둘러싸고 방어하고 있는 일본군을 몰아내기에는 동원 병력이 너무 적었다. 수군은 통제사 이순신 휘하 3도 수군 134척과 수병 20,000여 명이 동원됐다.

9월 27일, 육군 공격부대가 배로 견내량을 건너 거제도 장문포로 공격해 들어갔다. 29일, 3도 수군 전함이 장문포 앞바다로 나가 포구 앞까지 나와 있던 적선 2척을 격파한 뒤 다음 날 10월 1일 이억기와 원균 함대로 장문포를 봉쇄하고 이순신과 충청수사 이순신李純信 함대가 영등포를 들이쳤다.

그러나 일본 수군은 포구 입구에 말뚝을 촘촘히 박아 접근을 막고 양쪽 언덕에 조총부대를 집중 배치해 조선 수군의 진입을 막기만 하고 전혀 응전하지 않았다. 그 사이에 조선군 육군이 장문포 적의 진지에 도달해 싸움을 걸었으나 일본 육군 또한 응전하지 않았다. 7일까지 계속해서 공격을 시도했으나 일본군의 응전 회피로 끝내 전과를 올리지 못하고 이날 육군은 철수했고 8일 수군도 한산도로 귀환하고 말았다.

조선 수군 제8차 출동, 9월 29일부터 10월 8일까지 9일간 전투에서 적선 2척을 격파했다. 이후 1597년丁酉年 2차 전쟁 발발까지 조선군과 일본군은 충돌 없이 지루한 강화협상만 계속했다.

가짜 항복문서에 진짜 책봉사절

이 해 9월 12일, 선조가 허욱許頊을 주청사奏請使로 하여 북경에 보내 신종황제에 일본에 대해 봉공奉貢을 허락해 달라는 청을 올렸다. 일본에 대해 복수심에 불타 주변에 일체의 화의를 말하지 못하도록 하는 선조가 주청사를 명에 보낸 데는 사연이 있었다.

그에 훨씬 앞선 4월 25일, 송응창에 이어 새로 경략이 된 명나라 고양겸顧養謙이 참장 호택胡澤을 선조에 보냈다. '일본이 항복을 하고 봉공을 원하는데 이를 허락하여 주고 일본군을 완전 철퇴케 하려는데 조선이 먼저 복수심을 버리고 일본에 대해 봉공을 허락해 달라는 봉공주청奉貢奏請을 신종황제에 해달라'고 요청했다. 내용은 그러한 것이었으나 선조를 꾸짖고 어르고 하여 무례하기 그지 없었다. 고양겸이 일본과의 강화에 앞서 조선이 방해하지 못하도록 미리 조선 스스로 봉공주청을 하게 하여 쐐기를 박으려 했던 것이다.

12월 7일, 명나라 조정에서는 조선 조정의 주청을 받아들이는 형식을 취하여 히데요시의 항복문서降表를 갖고 온 고니시 조안小西如安을 이날에야 북경으로 불러들였고 책봉사冊封使를 일본에 보내는 문제를 본격적으로 토의했다. 그 사이, 고양겸이 경략에서 물러나고 새로 손광孫鑛이 임명되었다.

한편 이해 11월 22일, 조선의 함안 땅 지곡현地谷峴(창원군 내서면)에서 경상우병사 김응서와 유키나가가 마주 앉아 서로 위엄을 갖추고 이른바 '함안 회담'을 가졌다. 유키나가로부터 만나자는 서신을 받고 김응서가 군사 100여 명을 거느리고 약속 장소에 먼저 나가 있으니 잠시 후 유키나가가 3,000여 명의 군사를 거느리고 나타났다. 3,000여 명의 군사들이 일제히 공포를 쏘는 등 한바탕 요란을 떨더니 유키나가가 무장을 풀고 나타나 회담에 임했다.

유키나가의 요구는 김응서가 조정에 요청하여 명나라에 일본의 조공을 받아 주도록 청해 달라는 것이었다. 명나라 고양겸과 같은 내용이었다. 이들은 조선 조정이 이미 허욱을 주청사로 보낸 사실을 모르고 한바탕 논쟁을 벌인 뒤, 김응서가 매우 어려운 일이나 원수부元帥府(권율)에 보고하겠다는 대답을 들은 후 헤어졌다. 어차피 헛일이었다.

명나라 조정이 결론을 내렸다. 명 조정이 일본의 조공을 허락하고 히데요시를 일본의 국왕으로 책봉해 주는 대신 첫째 조선에서 즉시 철군할 것, 둘째 공시貢市는 요구하지 말 것, 셋째 조선을 영구히 침략하지 말 것 등의 조건을 제시하고 고니시 조안의 다짐을 받은 뒤 책봉사 일본 파견을 결정했다. 명 조정은 이제 책봉국이 된 일본의 조선 침공군 장수 8명 전원에 도독첨사都督僉使, 항복 문서를 갖고 온 고니시 조안에는 도독지휘사都督指揮使 등의 명나라 벼슬을 줄줄이 내리고 국서와 금인金印, 관복 등을 내려 주었다.

12월 30일, 명 조정은 책봉 정사正使로 이종성李宗城, 부사로 양방형楊方亨을 임명하는 한편 조선 국왕에 글을 보내 부산의 일본군을 조속히 철군케 한 뒤 조선 국왕이 책봉사의 도해渡海를 주청하면 이에 따라 일본으로 건너가게 하겠다고 했다. 끝까지 조선 조정의 의견을 존중하는 모양을 갖췄다.

해가 바뀌어 1595년 선조 28년 을미년乙未年이 되었다. 전쟁도 평화도 아닌 가운데 전쟁은 4년째로 접어들었다.

1월 13일, 일본군의 조기 철군을 독려하기 위해 명 조정이 파견한 유격장 진운홍陳雲鴻 등이 이날 남해안 웅천성에 도착하여 유키나가와 회담을 가졌으나 책봉사가 조선에 들어오는 것을 확인해야 한다며 유키나가가 물러서지 않았다.

1월 30일, 명나라 책봉사 일행이 이날에야 북경을 떠나 요양遼陽에 이르자 유격장 심유경과 고니시 조안 등을 먼저 부산으로 내려 보내고 여기서 오래 머물다가 4월 7일에야 압록강을 건너 의주에 도착했으며 서울에 도착한 것은 28일이었다.

앞서 서울에 도착한 심유경이 조선 측 황신^{黃愼}과 함께 4월 19일 전라도 남원을 거쳐 부산으로 가 유키나가 진영에 도착했다. 심유경과 유키나가가 협의 끝에 유키나가가 일본에 건너가 명나라 사신이 조선에 와 있음을 보고하고 철군 명령을 받아오기로 하고 30일 일본으로 출발했다. 유키나가의 보고를 받은 히데요시는 자신이 제시한 조선 4도 분할 등 7개 조건의 수락 사절이 오는 줄 알고 크게 기뻐했다. 1차로 부산 동래의 모리 히데모토, 키카와 히로이에 등 3개 부대를, 2차로 서생포 기장의 가토 키요마사, 구로다 나가마사 등 3개 부대를, 3차로 나머지 전 부대를 축차적으로 '귀휴^{歸休}' 시키라 명령했다. 돌아와 쉬되 언제든지 부르면 다시 돌아가라는 뜻이었다.

5월 26일, 유키나가가 부산으로 돌아와 일본군 철군이 시작됐다. 서울의 책봉사 일행은 7월 11일에야 부사 양방형을 이조판서 이항복^{李恒福}과 함께 부산으로 먼저 출발시키고 정사 이종성은 그대로 눌러 앉아 있다가 9월 4일에야 서울을 출발했다. 먼저 출발한 부사 양방형 일행은 전라도 남원을 거쳐 7월 24일 거창에 도착하여 두 달간 머물다가 10월 10일에야 부산에 도착하여 철군이 지지부진하다고 유키나가에 항의했다. 유키나가는 이미 1, 2차가 완료되고 3차가 진행 중이라 했으나 가토 키요마사 군은 철군하지 않고 있었다. 뒤늦게 서울을 떠난 정사 이종성 일행은 9월 15일 남원에 도착하여 한 달간 머물다가 10월 16일 남원을 떠나 함양과 거창을 지나 밀양에서 머물다가 11월 22일에야 부산에 도착했다. 책봉사로 임명된 지 1년이 다 되어서였다.

명나라 조정은 도요토미 히데요시가 일본의 조공을 받아 주고 그를 왕으로 책봉해 주면 항복하고 명나라에 순종할 것으로 알고 위엄을 갖춰 책봉사를 파견했다. 히데요시는 명나라가 자신이 제시한대로 조선 4도 분할과 명나라 황녀의 일본 출가 등이 이뤄져 사신이 오는 것으로 잘못 알고 있는 가운데 머리를 맞대고 일을 꾸민 심유경과 고니시 유키나가가 바쁘게 움직였다.

다시 해가 바뀌어 1596년 선조 29년 병신년丙申年이 되었고 여전히 전쟁도 평화도 아닌 가운데 전쟁은 5년째로 접어들고 있었다. 1596년 1월 4일, 고니시 유키나가와 심유경이 다시 일본으로 건너갔다. 명의 사신이 늦어지는 데 대해 설명하고 영접 절차를 협의한다는 구실이었다. 유키나가와 심유경이 일본으로 건너간 뒤 소식이 없었다. 일본군 진영에서 무위하게 지내던 명나라 책봉사 이종성이 점차 불안한 생각이 들었다. 일이 잘못 풀리는 것 같았고 불안이 의심을 키워 이러다 여기서 죽는 게 아닌가 생각했다.

4월 3일, 대명제국 사신의 체통마저 버리고 측근 몇 사람을 데리고 한밤중에 일본 군영을 탈출해 그 길로 줄행랑을 쳤다. 15일 서울에 도착했고 그대로 내달려 25일 명나라로 들어갔다. 낭패가 아닐 수 없었다. 유키나가와 심유경이 부산으로 돌아와 보니 일이 이 모양이 되어 있었다. 할 수 없이 양방형을 정사로, 심유경을 부사로 하기로 했다.

6월 15일, 일본 배 121척에 나눠 타고 모양을 갖춰 유키나가의 안내를 받으며 일본으로 향했다.

8월 4일, 조선도 통신사를 파견했다. 조선 통신사가 늦어진 것은 통신사 파견 문제를 두고 조정에서 갑론을박 논쟁으로 시일을 보냈기 때문이었다. 결국 명나라 압력을 이기지 못해 황신黃愼을 정사로, 박홍장朴弘長을 부사로 한 309명의 대규모 통신사를 편성하여 일본으로 출발시켰다. 조선 통신사 일행은 이순신이 제공한 판옥선 2척에 나눠 타고 갔다. 일본인들로서는 공포의 전함이었던 판옥선의 위용을 직접 눈으로 보고 놀랐으나 끝내 본받지는 못했다. 먼저 간 명나라 사신들이 두 달을 기다리고 있었다. 두 나라 사신들이 18일 사카이堺에서 만나 9월 1일 오사카大阪로 갔다. 히데요시가 자신이 요구한 7개항 조건 가운데 조선 왕자와 대신을 인질로 보내라 했는데 함께 오지 않았다 해서 조선 통신사 면접은 퇴짜를 놓았다. 유키나가와 심유경의 속임수였기 때문에 두 나라 사신들은 그런 조건이 있었는지조차도 알지 못해 영문을 몰라 해 했다. 다음 날 2일, 명나라 사신들만 접견했다. 히데요시가 장령 50여 명을 배석시켜 위엄을 보였다. 명나라 사신들도 정중히 외교의례를 갖췄다.

대명제국 신종황제의 고칙誥勅을 전할 차례가 됐다. 고칙이란 고명誥命과 칙유勅諭를 말하며 고명이란 고명책인誥命冊印이라 하여 명나라가 대국으로서 이웃의 여러 작은 나라들 왕의 즉위를 승인한다는 문서로 일종의 승인장과 함께 금으로 만든 도장金印을 내려주는 의식 절차다. 칙유란 왕으로 승인하는 마당에 명나라 황제가 앞으로 잘해 나가라는 요지의 당부를 하는 말이었다. 마땅히 이를 받는 왕이나 그를 대신하는 사신들은 황은皇恩에 감사하는 마음으로 엎드려 절하고拜跪 받아야 한다.

섬나라 히데요시가 대륙 여러 나라들의 그런 사대 외교의례를 알 리가 없었다. 지금 명나라 황제가 자신을 일본의 국왕으로 책봉해 주는 의식을 치르고 있는 것도 알지 못하고 자신의 7개항 제안에 명나라가 수락한다는 사신이 온 것으로 알고 있었다. 엎드려 절하기는커녕 안광을 번뜩이며 위엄 있게 앉아 있었다. 심유경이 정사 양방형이 문제 삼을까 싶어 짐짓 이를 탓하는 척 했고 미리 짜둔 스님從僧 하나가 히데요시 무릎에 종기가 나서 그렇다고 말하자 심유경이 재빨리 고개를 끄덕여 수긍하는 것으로 넘겼다. 고명이고 칙유고 읽어주지도 않고 보따리 채 넘겨주고 말았다. 유키나가와 심유경은 등골에 식은땀이 흘렀으나 히데요시는 매우 흡족해 했다.

이제 조선 4도가 굴러 들어오는 판이었다. 다음 날 3일, 한판 잔치를 크게 벌여 사신들을 대접했다.

제4장
2차 전쟁 :
정유재란

1. 일본군 12만 재침공 명군 재출동

'나를 국왕으로?' … 히데요시 대노

마침내 운명의 날이 왔다.

유키나가와 심유경이 온갖 지혜를 다 짜내 명 조정에는 히데요시가 항복하는 것으로 하고 히데요시에게는 명의 사신과 조선 통신사를 불러들여 적당히 체면을 살려 줌으로써 무모한 침략전쟁을 조기에 종식시켜 보려했던 4년여에 걸친 모든 노력과 계략이 들통 나 잠깐 사이에 물거품이 되는 순간의 날이었다.

잔치 끝에 기분이 좋은 히데요시가 도쿠가와 이에야스德川家康을 비롯한 7명의 원로 장령들과 글을 아는 스님 승태承兌, 영삼靈三, 영철永哲 등 3인을 불러 명나라 고칙을 읽어 보라 했다. 사전에 유키나가가 승태에게 히데요시의 뜻과 어긋나는 대목은 적당히 비껴서 읽어주라고 비밀리에 손을 써 두었다. 그런데 승태가 곧이곧대로 읽어 버렸다.

히데요시가 들다보니 기절초풍을 할 내용이었다. 7개 조항은 간데없고 명 황제가 '일본국왕으로 책봉해 준다'는 것이었다.

"내가 국왕이 되려면 그대로 되면 됐지, 명나라로부터 책봉을 받을 게 뭐란 말이야."

말이야 옳은 말이었다. 히데요시가 분해서 길길이 뛰었고 유키나가와 사신들이 사색이 됐다. 사신들을 모두 죽인다고 거품을 물었다. 이시다 미쓰나리石田三成, 오오타니 요시츠쿠大谷吉繼, 마쓰다 나가모리增田長盛 등 이른바 3봉행奉行이란 원로급 장령들이 나서 사신들을 죽이는 게 아니라며 변명하고 말려 겨우 진정시켰다. 분이 어느 정도 가라앉은 뒤 그래도 강화에 미련이 남았는지 히데요시가 유키나가에 조선과 직접 교섭하면 어떻겠느냐고 물었다.

"말로 할 게 아니라 선투로 해야 합니다."

혼이 빠지고 정신이 아득해진 유키나가가 얼결에 강경론을 폈고 옆에 있던 키요마사가 "제가 앞장서겠습니다"며 한술 더 떴다.

"그렇다. 전쟁이다."

두 나라 사신들을 즉시 퇴거시키고 재침하라는 히데요시의 불호령이 떨어졌다. 이렇게 되어 걷힐 듯하던 전운이 다시 먹구름이 되어 폭풍우를 안고 조선으로 몰려가기 시작했다.

한 발 앞서 일본을 떠난 조선 통신사 일행이 부산으로 돌아와 12월 21일 서울에 도착해 조정에 경위를 보고했고 영문도 모른 채 퇴거를 당한 명나라 책봉사 일행이 뒤를 따라 이 날 부산에 도착했다. 강화교섭이 결렬되고 다시 전쟁이 일어나게 되자 조선 조정은 황급히 정명원鄭明遠을 고급告急 주문사奏聞使로 삼아 명나라 조정에 급파해 강화교섭 결렬 사실을 알리고 다시 파병을 요청했다.

해가 바뀌어 1597년 정유년丁酉年 선조 30년, 전쟁이 6년째로 접어들었다. 역사상 임진왜란壬辰倭亂이라 묶어 부르는 1차 전쟁 첫해 1년간의 격렬한 전투 이후, 강화교섭이 오가면서 전쟁도 평화도 아닌 4년간의 소강상태가 끝나고 다시 정유재란丁酉再亂이라 따로 부르기도 하는 2차 전쟁의 첫해가 된 것이다.

일본에서는 1차 전쟁 첫해가 문록文祿 1년으로 '분로쿠노 야꾸文祿の役'라 하고 2차 전쟁 첫해가 경장慶長 2년으로 이 해의 전쟁을 '게이죠노 야꾸慶長の役'라 하며 묶어서 '분로쿠게이죠노 야꾸文祿慶長の役'라 부른다. 명나라에서는 '동정역東 征役'이라 부른다.

1월 12일, 도체찰사 이원익李元翼의 용감한 부하 허수석許守石이 부산의 일본군 진영에 잠입하여 화약고를 폭발시키고 군량 26,000석을 불태웠으며 정박 중인 전선 20척을 불태워 일본군을 큰 혼란으로 몰아넣었다.

14일, 가토 키요마사 군 선봉이 서생포에 상륙했고 공을 세워 죄를 씻기로 사면을 받은 고니시 유키나가 군 본진이 그에 앞서 웅천에 상륙했다. 24일, 조정은 또 고급사告急使를 명에 보냈고 2월 18일 또 보냈다.

2월이 되어 도요토미 히데요시는 재침공군 편제를 완성했다. 총 병력 121,100명이었다.

제1군	가토 키요마사加藤淸正	10,000명
제2군	고니시 유키나가小西行長	14,700명
제3군	구로다 나가마사黑田長政	10,000명
제4군	나베시마 나오시게鍋島直茂	12,000명
제5군	시마즈 요시히로島津義弘	10,000명
제6군	죠오소가베 모토치카長曾部元親	13,300명
제7군	하치스가 이에마사蜂須賀家政	11,100명
제8군	모리 히데모토毛利秀元	
	우키다 히데이에宇喜多秀家	40,000명

침공군 재편성 이전의 조선에는 부산 10,300명, 안골포 5,000명, 가덕도 1,000명, 서생포 4,000명 등 모두 20,300명의 일본군이 잔류하고 있었다. 신규 재편성 일본군 121,100명에, 잔류 일본군 20,300명을 합하면 2차 침공군 총 병력은 141,400명이 된다.

도요토미 히데요시는 침공군에 요지 14개항의 상세한 작전 명령을 내렸다. 그 중에 '전라도는 빠짐없이 공략하고 충청도나 그 밖의 곳은 가급적 공략하라 赤國不殘悉く一篇に敗北申すに付靑國其外の儀は可成程可相働事：赤國＝全羅道 靑國＝忠淸道：毛利秀元記 卷之三 條條' 는 명령이 들어 있었다. 히데요시는 1차 전쟁 패배의 원인이 전라도를 공략하지 못했던 데 있었던 것으로 판단하고 이번 재출동에서 전라도만은 반드시 휩쓸라고 했다. 2차 침공의 주된 전략목표는 전라도 공격이었다.

이순신 긴급체포 혹독한 고문 백의종군

일본 재침공군 12만 대군이 현해탄을 까맣게 뒤덮으며 다시 몰려오고 있던 정유년 정월에 조선에서는 이 전쟁 최고의 미스터리이고 기막힌 이변이자 조선과 조선 수군 최대의 비극이 일어났다.

1월 27일, 조정에서 급파된 의금부義禁府 도사都事가 한산도 수군통제영에 들이닥쳐 3도수군 통제사 겸 전라 좌수사 이순신을 긴급 체포했다. 가토 키요마사 선봉군이 서생포에 다시 상륙하고 13일이 된 날이었다.

사연은 이러했다. 지난해 연말 무렵, 선조가 위유사慰諭使 황신을 이순신에 보내 '가토 키요마사가 1월 7일 부산에 상륙하니 나가 치라'고 은밀히 명령한 바 있었다. 그런데 이순신이 출동하지 않아 임금의 명령을 거역한 대죄를 저질렀다는 것이었다.

일은 고니시 유키나가 진영에서 꾸며졌다. 유키나가 진영의 통역관通事 요시라要時羅가 전부터 친분이 있는 경상우병사 김응서를 만나 일본군 동정에 관한 정보를 흘려줬다. 전쟁이 다시 일어나게 된 것은 가토 키요마사 때문이라며 유키나가와 키요마사는 평소 사이가 안 좋았다는 사실, 키요마사가 7일 부산에 상륙한다는 사실을 말해 줬다. 그러면서 이때를 틈타 조선 수군이 나가 쳐 키요마사를 잡는다면 전쟁을 막을 수 있다고 귀띔을 했다.

김응서가 대구에 있는 권율에 보고하고 권율은 장계를 올려 조정에 보고했다. 조정이 그대로 믿고 황신을 급파했던 것이었다. 그러나 이순신이 움직이지 않았다. 적이 제공한 정보를 믿고 대군이 움직일 수 없다는 것이었다. 키요마사가 상륙한 뒤 요시라가 다시 나타나 '키요마사가 부산 앞바다에서 7일간이나 머물고 있었는데 조선 수군이 왜 나가 치지 않았느냐'며 좋은 기회를 놓쳤다고 했다. 김응서가 권율에, 권율이 조정에 보고했다.

조정이 발칵 뒤집혔다. 그렇지 않아도 조정 내에서 이순신이 한창 도마 위에 올려져 있었다. 해전 때마다 전투보다 일본군 전사자 목이나 베어 전공을 위장하는 데 열중했던 원균이 이순신을 몹시 시기하다가 충청병사로 이동된 뒤 가까운 서울 조정의 서인들을 만나 이순신을 계속 모함해 왔다. 이순신을 천거한 게 동인 유성룡이었기 때문이었다.

이순신이 조정의 출동 명령을 따르지 않은 사실은 좋은 빌미가 됐다. 임금의 명령을 거역한 죄는 사형에 해당되었다. 서인들이 들고일어나 이순신의 처벌을 주장했고 특히 좌찬성 윤근수尹根壽가 극렬했다.

선조가 의심스러워 성균관 사성司成 남이신南以信을 보내 사실 조사를 시켰는데 그도 서인이었다. 이순신이 출동하지 않아 키요마사를 잡을 수 있는 절호의 기회를 놓쳤다고 보고했다. 선조가 죄를 물으라 하여 이순신을 체포해 서울로 압송해 온 것이었다. 이순신이 체포되어 압송되면서 한산도 통제영을 인계했다. 군량미가 9,914석, 화약이 무려 2,400kg⁴'⁰⁰⁰근, 총통 예비량이 800병柄(자루)이었다. 총통만 판옥선 80척을 무장할 수 있는 수량이었다. 그가 얼마나 군비에 힘썼는가를 보여준다.

3월 12일, 서울로 압송되어 온 이순신에 혹독한 고문이 가해졌다. 입장이 난처해진 유성룡이 입을 다물었다. 판중추부사判中樞府使 정탁鄭琢이 나서 "이순신은 명장이니 목숨만은 살려 주어 공을 세워 죄를 씻게 해야 한다"고 간곡히 청해 가까스로 죽음을 면했으나 4월 1일자로 파직되어 백의종군에 처해졌다. 그에게 세 번째의 파직이었고 두 번째 백의종군이었다.

고니시 유키나가가 진심으로 사이가 안 좋은 가토 키요마사를 잡기 위해 조선에 정보를 주었는지, 이순신을 잡기 위해 모략을 했고 그게 먹혀들었는지는 역사의 수수께끼로 남았다. 그러나 아무리 사이가 좋지 않은 사이라도 동료 장군을 적군으로 하여금 잡게 할 수는 없는 일이며 키요마사가 7일간이나 해상에 머물렀다는 사실 등에 비추어 후자라 할 것이다.

결과적으로 유키나가는 이순신을 잡았고 조선 수군을 전멸시키게 된다. 원균이 조선 수군 3도수군통제사에 임명됐고 이순신은 권율 휘하에서 졸병으로 백의종군을 하게 된다.

4월 말쯤, 시마즈 요시히로 제5군이 상륙하여 가덕도로 들어갔고 7월 중으로 일본군 재침공군 전군이 상륙을 완료했다. 그러나 조선에 상륙한 2차 침공군은 좀처럼 공격에 나서지 않고 성을 수축하는 등 장기전에 대비하고만 있었다.

한편 일본으로부터 영문도 모른 채 퇴거되어 온 명나라 책봉사 양방형이 2월 14일 명나라에 들어가 조정에 경과를 보고했다. 그 사이, 병부상서가 석성石星에서 전악田樂으로 바뀌고 경략이 손광에서 다시 형개邢玠로 바뀌었다. 일본과 강화를 추진했던 석성 등이 문책 당했던 것이며 심유경은 이해 7월 조선에서 체포되어 황제를 속이고 나라 위신을 손상시킨 죄로 사형에 처해졌다.

조선 조정의 잇단 긴급 파병 요청을 받은 명 신종황제가 3월에 선조에 글을 보내왔는데 다시 군사를 보내겠다는 통보와 함께 선조를 꾸짖는 굴욕적인 내용이었다.

> "몇 해 동안이나 휴식하면서도 군사훈련을 시키지 않아 간사한 왜군이 다시 쳐들어오게 되고 또 장황하게 글을 바쳐 천조天朝 : 明의 구원을 바라느냐. 짐朕(명 황제)이 약소를 측은히 여기는 인仁과 어려움을 구해 주는 의義로써 다시 군사를 보내고자 하나니, 그대 나라 군신들도 거국 노력하여 천명天命에 어김이

없도록 할지어다."

5월 8일, 부총병 양원楊元이 요동병 3,000명을 거느리고 서울에 들어와 남원으로 향했고 6월 14일에 오유충吳惟忠이 4,000명을 거느리고 들어왔으며 7월 3일에는 제독 마귀麻貴, 9월 3일에는 경리經理 양호楊鎬가 일단의 군사를 거느리고 서울을 거쳐 남하했다. 유격장 진우충陳愚衷은 전주성에 주둔하며 남원을 지원키로 했다. 11월까지 조선에 들어온 명군은 경략 형개 휘하 본진 22,000명, 양호 휘하 4,000명, 제독 마귀 휘하 54,000명 등 총 8만 명이었다.

2. 원균 휘하 조선 수군 칠천량에서 전멸

배설, 운명의 전함 12척 거느리고 탈출

원균이 새로 통제사가 된 뒤 이순신이 심혈을 기울여 건설해 온 한산도 3도수군통제영은 걷잡을 수 없이 기강이 무너져 갔다. 원균은 이순신이 시행하던 군율을 모두 바꿔 버리고 이순신으로부터 신임을 받았던 부하 장수들을 쫓아냈으며 이순신이 참모들과 밤낮없이 작전을 논의하던 운주당은 원균이 첩을 데리고 들어가 살았다. 울타리를 쳐놓고 장수들조차 만나주지 않았으며 술에 취해 부하들을 괴롭혔다.

6월 10일, 남원의 도체찰사 이원익이 종사관 남이공南以恭을 한산도에 보내 부산의 일본 수군을 공격해 적을 막을 계책을 세우라 독려하면서 한산도 통제영의 군기가 말이 아님을 보고 도원수 권율에 엄중하게 감독하도록 했다. 이원익과 권율이 적의 해상 활동을 견제하도록 통제영에 거듭 명령했으나 원균은 육군이 먼저 안골포를 치라며 출전을 기피했다. 이원익이 할 수 없이 남이공으로 하여금 직접 배에 타고 원균과 함께 출전케 했다.

19일, 원균이 어쩔 수 없이 출전하여 이날 안골포를 공격했다. 일본군 전선 2척을 잡았으나 육상의 적이 대포로 공격해와 더 이상 전진하지 못했다. 함대를 물려 가덕진을 공격하던 중 일본군 총격에 평산포平山浦 만호 김축金軸이 부상하고 보성寶城 군수 안홍국安弘國이 전사했다. 더 이상 전과 없이 한산도로 돌아왔다.

선조가 원균의 부산 공격이 지지부진하자 도체찰사 이원익과 도원수 권율에 유서諭書를 내려 통제사가 출전하지 않으면 군법으로 다스리라 명령했다. 남원 도체찰사부에 불려가 이원익의 명령을 받은 도원수 권율이 곤양으로 돌아와 원균을 불러다 곤장을 때렸다. 3도 해군사령관이 육해군 총사령관으로부터 곤장을 얻어맞았으니 수군의 꼴이 말이 아니었다. 부아가 난 원균이 3도 수군 전함을 총출동시켰다. 전함이 134척이었다.

7월 5일, 한낮에 한산도 통제영을 출항해 견내량을 통과하고 이날 밤을 칠천량 외줄포에서 보낸 뒤 6일 다시 한낮에 거제도 북단을 빙 돌아 옥포에 도착해 밤을 보냈다. 적에 노출될 수밖에 없는 함대 기동이었다. 일본군은 당연히 저들의 수군 기지인 웅포, 제포, 안골포 등의 주변 고지에 감시병을 배치해 바다의 조선 수군 이동을 정찰하고 있었을 것이다. 한낮에 거제도 북단을 빙 돌아 옥포로 이동하고 있는 조선 수군 함대를 포착했을 것이고 공격 목표가 부산이라고 쉽사리 판단하게 됐을 것이며 맞아 싸울 만반 태세를 갖추게 됐을 것이다.

7일 새벽, 옥포를 출항한 조선 수군 함대는 도중 다대포에서 일본 수군 전함 8 척을 만나 격파하고 부산 입구 절영도에 도착했으나 이미 저녁이 되었다. 바람이 몹시 불었고 파도가 거칠게 일어 어디 정박할 곳도 없었다. 무모한 항진이었다.

원균이 통제사로 부임한 뒤 수군의 기강이 무너지면서 원래 판옥선 1척 당 164명이었던 승무원 수가 절반 가까운 90여 명으로 줄어들어 있었다. 노 젓는 격군이 절반으로 줄었고 제대로 교대도 못해 하루 종일 노를 저었으니 지칠 대로 지쳐 있었다. 오는 도중에 수시로 적선들이 나타났다가 재빨리 달아나는 바람에 이들을 쫓느라 더욱 피로해졌다.

어두워지면서 바람이 더욱 거세졌다. 강풍을 이기지 못해 파도에 떠내려간 전함이 20여 척이었다. 떠내려간 전함 일부가 어이없게도 가토 키요마사가 지키고 있는 서생포에 표류해 전함을 빼앗기고 군사들은 붙잡혀 도륙을 당했다. 불길한 징조였다. 절영도에는 조선 수군의 움직임을 한 눈으로 내려다본 일본 수군 전선 1,000여 척이 만반의 전투태세를 갖추고 있었다. 파도가 높았고 어두워서인지 지리멸렬하는 조선 수군을 덮쳐 오지 않았다.

원균이 20여 척을 풍랑에 떠내려 보내고 나머지 110여 척만을 이끌고 밤새워 뒤로 물러서 8일 낮 가덕도에 이르렀다. 유성룡이 《징비록》에 이때의 조선 수군에 대해 '전함에 탄 군사들이 한산도로부터 하루 종일 노를 저어 피로했으나 휴식할 수도 없었다. 목이 마르고 굶주려 노를 저을 수가 없었다. 여러 전함들이 바로 나가기도 하고 옆으로 나가기도 하고 뒤로 물러나기도 했다'고 쓰고 있다.

가덕도에 이르자 군사들이 배를 대고 다투어 육지에 올라 물을 찾았다. 숲 속에서 포성이 울리더니 동시에 콩 튀듯 조총 소리가 터지면서 총탄이 우박 쏟아지듯 날아왔다. 순식간에 조선 수군 병사들 400여 명이 총탄을 맞고 죽었다. 일본군 병사들이 미리 와 매복하고 있었던 것이다.

급히 배를 출항시켜 밤새워 노를 저어 칠천량 외줄포에 도착한 게 9일 새벽이었다. 무모한 공격이었고 어이없는 퇴각이었다. 도원수 권율이 외줄포로 돌아온 그를 즉시 곤양의 원수부로 불러 또 곤장을 때리고 즉각 부산 재출동을 명령했다. 부산으로 출동하자니 싸워 이길 자신이 없었고 한산도로 되돌아가자니 조정의 명령이 무서워 오도 가도 못한 채 원균이 외줄포에서 날만 보냈다. 무적의 조선 수군을 겁내서인지 일본 수군도 좀처럼 공격해 오지 않았다.

7월 16일, 드디어 조선 수군 최후의 날이 다가왔다.

이에 앞서 15일 저녁, 일본군 쾌속 전선 5~6척이 기습해와 조선군 전함 4척에 불을 지르고 달아났다. 극도로 사기가 떨어지고 기강이 무너진 조선 수군이 밤에 경비마저 제대로 서지 않았다가 기습을 당한 것이었다. 이날 경상 우수사 배설裵楔이 그의 휘하 전함 12척을 거느리고 현장을 이탈했다. 그는 여러 차례 원균에게 외줄포로부터 안전지대로 함대를 이동하자고 말했으나 끝내 묵살되자 곧 일본 수군의 대거 내습과 조선 수군 최후를 예감하고 휘하 군사들에 미리 말해 두었다가 이날 밤 탈출을 결행했던 것이다.

배설의 전함 12척은 원균 휘하 조선 수군이 전멸한 뒤 다시 통제사로 복귀한 이순신의 지휘 아래 명량해전에서 기적 같은 대승을 거두고 조선 수군을 재건하게 되는 운명의 전함들이었다.

16일 새벽, 일본 수군 함대의 총공격이 시작됐다. 적의 전선은 무려 1,000여 척에 달했다. 조선 수군 함대를 3겹 4겹으로 에워싸고도 주변 해역 일대를 온통 뒤덮었다. 일본군 수군 사령관 토오도오 다카도라藤堂高虎, 와키자카 야스하루脇坂安治, 가토 요시아키加藤嘉明 등이 모두 참전했다. 모두 이순신에 한 차례씩 죽을 고비를 넘겼고 휘하 전선들을 전멸 당했던 인물들이었다. 이들에게 설욕의 기회가 온 것이었다.

일본군 전선들에서 일제히 조총 사격이 시작됐다. 그러나 조선 수군 전함은 튼튼했고 무적의 강군이었다. 비록 지휘관 한 사람의 무능과 무모함으로 적에 겹겹이 포위되어 전멸의 위기를 맞고 있으나 휘하 장병들은 역전의 용사들이었다. 전라 우수사 이억기, 충청 수사 최호 등이 침착하게 주력 전함들을 지휘하여 포위망을 뚫으며 가까스로 견내량에 이르렀으나 대세를 돌이킬 수는 없었다. 피로로 지쳤고 군사마저 부족하여 제대로 싸울 수가 없었다. 조선 수군 함포들이 다급하게 포성을 울렸으나 쫓기느라 위력을 발휘할 수 없었고 바다를 뒤덮을 듯 터지는 적의 조총 소리에 함몰되어 버렸다. 한산도로 들어가는 견내량에도 적선들이 뒤덮고 있었다. 봉쇄되어 있었던 것이다.

다급해진 원균이 육지에 배를 대고 도망치자 군사들이 다투어 뒤를 따랐다. 육지로 도망친 원균은 곧바로 매복하고 있던 일본군 병사들에 참살을 당했고 함께 도망친 선전관 김식金軾이 간신히 살아 나와 조정에 패보를 올렸다.

조선군 전함들이 차례로 깨져 나가고 불에 타 사라져 갔다. 적선을 멀리서 견제하지 못하면 조선 수군은 무력했다. 단병접전에 능한 적병들이 전함에 뛰어

올라 순식간에 조선 수병들을 제압하고 전함들을 불태웠다. 조선 수군 함대 주력이 적진포赤珍浦로, 다시 고성固城 땅 춘원포春元浦(통영군 광도)로 쫓긴 끝에 여기서 최후를 맞았다. 조선 수군 병사들이 목숨을 구해 육지로 달아났으나 미리와 매복하고 있던 일본군 병사들에 모두 살해되었고 바다에 버린 전함들은 모조리 불태워졌다.

조선군 전함들에서 화약이 폭발하며 울부짖듯 폭음이 하늘과 바다에 메아리쳤다. 조선 수군의 거북선은 3척이었다. 전라좌수영 거북선, 방답 거북선, 순천 거북선이었다. 한민족의 영원한 영웅 신화의 주인공 거북선들이 이날 최후의 해전에서 어떤 운명을 맞았는지 역사는 아무것도 전하는 게 없다. 아마도 최후까지 무적의 돌격함으로 한 치의 부끄러움 없이 용감하게 싸우다가 장엄한 최후를 마쳤으리라.

전라 우수사 이억기, 충청 수사 최호, 조방장 배홍립이 함대와 운명을 같이 했다. 세계 해전 사상 그 유례를 찾아보기 어려운 상승신화의 조선 수군 무적함대는 이날 이렇게 어이없이 전멸했다.

3. 일본군 전군 동원
전라도로 진격

남원성 결사항전 일본군 예봉 꺾어

조선 수군을 일격에 전멸시킨 일본군은 이제 거칠 것이 없었다.

7월 하순, 2차 전쟁 일본군 총사령관 고바야카와 히데아키小早川秀秋는 전군을 좌·우군과 수군으로 나눠 한 맺힌 전라도를 향해 총 진군을 명령했다. 공격 목표는 전라감영이 있는 전주성全州城이었다.

우군은 대장 히데모토 지휘 아래 모리 히데모토 군 30,000명, 나베시마 나오시게 군 12,000명, 가토 키요마사 군 10,000명 등 모두 64,300명으로, 좌군은 대장 히데이에 지휘 아래 우키다 히데이에와 시마즈 요시히로 군 각 10,000명, 고니시 유키나가 군 7,000명 등 모두 49,600명으로 편성되었고 수군은 와키자카 야스하루 1,200명 등 모두 7,200명이었다.

공격군 총 병력이 121,100명이었다. 부산성에 10,000명을 비롯해 서생포, 안골포, 죽도, 가덕도성 등에 모두 20,000명을 남겨 지키게 했다. 우군은 양산梁山_밀양密陽_창녕昌寧_합천陜川_안의安義를 거쳐 육십령六十嶺으로 소백산맥을 넘어 전라도 땅에 들어서 진안鎭安을 거쳐 전주성을 공격하고 좌군과 수군은 수로로 남해를 돌아 고성固城_사천泗川에 상륙해 하동河東을 지나 섬진강蟾津江 물줄기를 따라 북상하여 구례求禮_남원南原을 거쳐 전주성을 공격하기로 했다.

7월 25일, 우군 사령관 히데모토는 서생포에서 출발한 키요마사 군, 기장과 김해에서 각각 출발한 나가마사 군, 나오시게 군 등 우군 병력을 양산에 집결시켜 밀양으로 진출했다. 선봉 키요마사 군이 창녕을 통과하는데, 창녕 동쪽 2km 지점의 화왕火旺산성에 경상우도 조방장 곽재우 군이 지키고 있었다. 곽재우는 1차 전쟁 때 고바야카와 타가카게 제6군부대의 전라도 진격을 정암진에서 좌절시킨 유명한 홍의장군이었다. 하루 밤낮을 칠까말까 망설이다 그대로 지나쳐 초계草溪_합천을 거쳐 8월 16일 전라도로 넘어가는 길목의 안의에 이르렀다. 안의 서북쪽 6km지점 옛 황석산성黃石山城에 안음安陰 현감 곽준郭䞭이 전 함양 군수 조종도趙宗道, 도별장都別將 김해 부사 백사림白士霖 등과 함께 안음 거창 함양 3읍의 군사와 백성들을 지휘하여 일본군 진로를 가로막았다.

히데모토는 이날 달이 유난히 밝아 야간공격을 감행했다. 성벽을 사이에 두고 공방전이 벌어졌으나 군사들보다 백성들이 더 많은 오합지졸의 수비군이었다. 곧바로 함락되고 성안에서 500여 명이 학살됐다. 수비대장 현감 곽준과 그의 두 아들 이상履常과 이후履厚 3부자, 조종도와 그의 부인 이씨도 죽었다. 황석산성을 돌파한 우군은 그대로 육십령을 넘어 전라도 장수 땅 장계로 들어섰다. 우군이 황석산성을 야간공격으로 함락시키던 이날 좌군과 수군은 3일간의 공방전 끝에 조선의 서남지역 군사 요충 남원성을 함락했다.

좌군 사령관 헤데이에는 7월 28일, 5만여 명의 병력을 대규모 수송선단에 태워 부산포와 거제도 안골포에서 출항시켜 일로 서쪽으로 향진해 나갔다. 남해는 1차 전쟁 때 조선 수군 이순신 함대에 의해 300여 척이 넘는 일본 수군 전선들이 격멸되고 3만여 수병들이 궤멸되어 잠든 한 많은 해역이었다. 그 바다에 조선 수군 전함은 한 척도 보이지 않았다. 일부는 고성에 상륙시키고 주력은 8월 4일 사천에 상륙하여 합류한 뒤 5일에 전라도와 경상도 접경을 이루며 전주

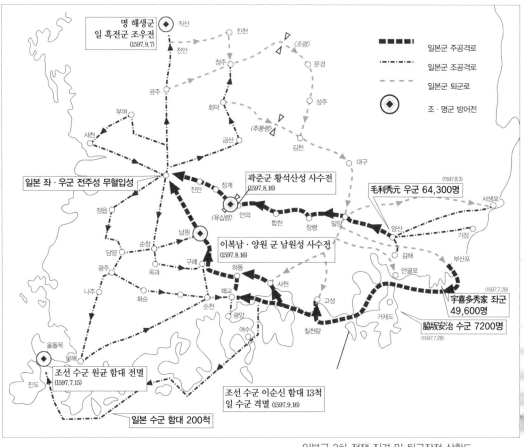

명 해생군
일 흑전군 조우전
(1597.9.7)

일본군 주공격로
일본군 조공격로
일본군 퇴군로
◈ 조·명군 방어전

직산

진천

(조령)

천안

청주

문경

공주

회덕

상주

부여

금산

(추풍령)

서천

김천

대구

毛利秀元 우군 64,300명
(1597.8.3)

일본 좌·우군 전주성 무혈입성

진안

장계

곽준군 황석산성 사수전
(1597.8.16)

서생포

정읍

(육십령)

안의

합천

창녕

밀양

양산

남원

이복남·양원 군 남원성 사수전
(1597.8.16)

담양

순창

옥과

구례

하동

사천

고성

가장

김해

안골포

부산포

光주

화순

왜교

순천

광양

여수

칠천량

거제도

宇喜多秀家 좌군
49,600명
(1597.7.28)

脇坂安治 수군 7200명
(1597.7.28)

울돌목
남해

조선 수군 원균 함대 전멸
(1597.7.15)

진도

조선 수군 이순신 함대 13척
일 수군 격멸 (1597.9.16)

일본 수군 함대 200척

일본군 2차 전쟁 진격 및 퇴군작전 상황도

와 남원으로부터 흘러내리는 섬진강 하구의 하동河東으로 진출했다.

야스하루의 수군 7,000명은 서쪽으로 더 항진하여 전라도 광양현光陽縣 두치진 豆恥津에 상륙한 뒤 행군해 온 좌군 주력과 합류하고 일부는 배로 섬진강을 거슬러 올라 구례에 상륙했다. 조선의 영산 지리산 노고단老姑壇(1,507m)이 저 멀리 보였다. 11일, 하동을 출발한 좌군 주력은 다시 좌우 2종대로 나누어 일로 남원성을 향했다.

만인의총. 1612년(광해군 4년) 남원성전투에서 순국한 군사들과 백성들 시체를 북문 밖 향교동에 한데 묻고 사당을 지어 '만인의총(萬人義塚)'이라 부르며 해마다 제사를 지낸다.

남원성은 전라 좌佐우右北도와 경상우南도 그리고 충청도로 이어지는 조선 서남 지역 전략 요충으로 1, 2차 전쟁 모두 남원을 지키려 했고 일본군도 남원부터 빼앗으려 했다. 남원성 밖 10리 지점에 견고한 교룡산성蛟龍山城이 있었다. 당초 조선군은 도원수 권율의 명령에 따라 교룡산성에서 결전을 펴기로 해 의승장 처영處英의 승병들이 산성을 수축하고 군량을 비축하는 등 만반의 준비를 갖추어 두었다.

5월 중에 명군 부총병 양원楊元의 중군中軍 이신방李新芳이 군사 2,000명을 거느리고 들어왔고 이어 6월 13일에 양원이 1,000명을 거느리고 들어와 명군이 모두 3,000명이 됐다. 남원 부사는 임현任鉉, 판관은 이덕회李德恢였다. 그런데 산성전보다 야전에 능한 요동병 출신 양원이 읍성전을 고집해 교룡산성을 버리고 남원읍성에서 일본군을 맞아 싸우기로 했다.

부사 임현과 판관 이덕회가 군사들을 지휘하여 양원 명군들과 함께 한 달에 걸쳐 읍성의 성벽을 높이고 총과 대포를 쏠 수 있는 포안과 총안을 뚫었으며 성 밖에 호를 더 깊이 팠다. 방어사 오응정吳應鼎과 접반사接伴使 정기원鄭期遠이 들어와 있었고 일본군이 남원성을 향해 북상하던 8월 6일에는 구례 현감 이원춘李元春이 약간의 군사를 이끌고 들어왔다.

8일, 성벽에 군사를 배치했고 10일에 교룡산성과 남원읍성 밖의 모든 가옥을 불태워 적이 이용하지 못하도록 했다.

12일, 적의 선봉이 요천강蓼川江변에 나타나 성을 정찰하며 포위를 시작하고 있었는데 전라 병사 이복남李福男, 조방장 김경노金敬老, 교룡산성 별장 신호申浩가 군사 수백 명을 거느리고 나각螺角을 불고 북을 치며 '물러가라' 며 평소 병사 행차의 위용을 갖춰 성안으로 행진해 들어갔다. 느닷없는 이 대담하고 진기한 행렬에 일본군 선봉은 공격할 생각은 못하고 구경만 했다.

13일, 오전 중에 일본군 주력 좌종대가 율치栗峙를 넘어 서남쪽으로, 우종대가 숙성령宿星嶺을 넘어 동북방면으로 남원성을 포위했다. 성의 동쪽에는 하치스가 이에마사 군 등 14,900명, 서쪽에는 유키나가 군 등 7,000명, 남쪽에는 히데이에 군 등 12,800명, 북쪽에는 요시히로 군 등 13,200명으로 총 병력 56,800명이었다.

조·명 연합군은 양원과 이신방이 동문, 명군 천총 모승선毛承先이 서문, 천총 장표蔣表가 남문 그리고 병사 이복남이 북문을 맡았다. 남원성 수비군 병력은 명군 3,000명 외에 조선군 병력이 확실하지 않다. 전라도 육군 사령관인 병사와 조방장이 참전하여 4문 중 북문 한 곳만을 담당한 것으로 미루어 1~2,000명 안팎이었던 것으로 보인다. 이밖에 수많은 백성들이 성안에 있었다.

일본군이 포위를 마치자 곧바로 공격을 개시했다. 산발적인 사격전 끝에 오후 2시쯤 성 밖 100여 보까지 접근한 일본군 조총 부대가 일제 사격을 가했다. 한바탕 총성이 성을 뒤흔들었다. 뒤이어 조선군 신무기 비격진천뢰가 날아가 터지고 명군이 대포를 발사하자 적군이 수많은 사상자를 내고 뒤로 물러섰다.

14일, 적의 포위망이 한층 두터워지면서 공격이 격화되었고 일단의 일본군이 만복사萬福寺 사천왕상四天王像을 뜯어 들고 와 서문 밖에서 시위를 벌였다. 야전의 용장 양원이 1,000명의 군사를 거느리고 성문을 열고 나가 적진으로 돌격해 들어갔다. 그러나 조총 부대 앞에서 창을 든 돌격 군사만 수많은 사상자를 내고 급히 성안으로 물러나 들어왔다. 종일 공방전이 벌어졌다. 일본군 공격이 시작되기 전, 연합군이 전주성에 급히 지원을 요청했으나 끝내 오지 않았다.

15일, 전투가 잠시 소강상태로 들어가고 양원과 적장 사이에 연락병이 몇 차례 오고갔으나 성과 없이 저녁 무렵이 되자 공격이 다시 격렬해졌다. 일본군이 잡초와 논의 벼를 베어다가 호를 메우고 여기저기 흙산을 성 높이로 쌓고 그곳에서 조총 사격을 가해 왔다. 밤새워 폭우가 쏟아졌고 사투가 이어졌다. 이날은 팔월 보름으로 조선 최대의 명절인 중추절, 추석 명절이었다. 새해 첫날 설날과 함께 2대 명절 가운데 하나다. 한가윗날에 남원성 백성들은 죽음을 건 결사전을 벌이고 있었다.

16일, 비가 그치고 하늘은 높고 푸르렀다. 조선의 가을 하늘은 늘 그랬다. 마침내 남원성 최후의 날이 왔다. 명군 3,000명에 조선군 2,000여 명 모두 5,000여 명을 넘지 못하는 남원성 수비군이 성을 에워싼 일본군 50,000여 명 대군의 공격 앞에서 마지막 결전에 들어갔다. 명군 불랑기포 3문과 호준포 10문 그리고 수 미상의 조선군 대완구가 결사적으로 불을 토해 냈으나 수만 자루 조총의 화력을 이겨낼 수 없었다. 하루 종일 공방전으로 성 안팎에 시체가 산을 이뤘다. 저녁이 되면서 일본군의 일제 돌격이 감행됐다. 장수들이 선봉에 서 개미떼처럼 성벽을 타고 넘어오면서 수비군과 일본군이 뒤엉켜 백병전이 벌어졌다. 달빛이 유난히 맑고 밝았다. 수비군이 전멸하면서 일본군 병사들이 성안을 샅샅이 뒤지며 잔악 본성을 드러냈다.

'성안의 사람은 남녀 할 것 없이 모조리 죽여 산 짐승이라고는 하나도 없다. 비참할 뿐이다. 사람이라고는 모두 죽어 엎드려 있을 뿐이다.'

'새벽에 성 안팎을 내다보니 길가에 시체가 모래 산처럼 쌓여 있다. 차마 눈뜨고 볼 수 없는 참경이다.'〈慶念: 安養寺 住持. 朝鮮日記; 1597년 8월 16, 18일자〉

조선군 쪽의 이복남, 김경노, 신호, 오응정, 임현, 이덕회, 이원춘, 정기원 등 장수 전원, 명군쪽 이신방, 모승선, 장표 등 장수 전원과 수비군이 성과 운명을 같이했다. 양원만이 병사 100여 명과 함께 마지막으로 성을 탈출해 혈로를 뚫고 살아 돌아갔으나 명 조정이 군법회의에 넘겨 전장 이탈죄로 처형했다.

1612년 광해군 4년 남원성 전투에서 순국한 군사들과 백성들 시체를 북문밖 향교동鄕校洞에 한데 묻고 사당을 지어 만인의총萬人義塚이라 부르며 해마다 제사를 지낸다.

잔악한 코 베기로 교토에 코 무덤 남겨

성을 함락한 일본군은 성 안팎을 뒤져 미친 듯이 사람을 죽이고 코를 베었다. 조선에 상륙한 침공군이 좀처럼 공격행동에 들어가지 않고 성안에 틀어박혀 세월만 보내고 있자 조급해진 도요토미 히데요시가 6월 15일 야나가와 시게노부柳川調信를 부산에 보내 일본군 장령들에 전라도 진공을 독촉하면서 역사상 유례가 없는 잔혹한 지시를 함께 내렸다.

'사람은 귀가 둘이나 코는 하나다. 마땅히 조선인의 코를 베어 수급首級(머리)으로 대신하라. 병사 한 사람이 한 되의 코를 벤 후에야 조선인을 포로로 잡는 일을 허락한다(註: 丁酉之役 敵魁 令 諸將 曰 人有兩耳 鼻則一也 宜 割朝鮮人鼻以代首級 一兵卒 一升鼻數 然後 可許生擒: 姜沆 著 '看羊錄 敵中見聞錄')'

그 무렵 일본군은 조선인을 포로로 잡아다 포르투갈 상인들에 노예로 팔았다. 한 되의 코를 베어야 조선인을 포로로 잡는 것을 허용한다는 것은 병사들이 서로 노예사냥을 다투었기 때문이었다. 먼저 조선군과 싸우도록 내몰기 위해 이 같은 잔혹한 명령을 내렸던 것이었다.

'여러 부대는 10일 동안 적 수만 명을 쳐 죽인 뒤 머리는 베지 않고 코를 베어 수급이 몇 개인가를 계산하였다. 이 때 야스하루는 2,000개를 베었다(脇坂記 下卷).'

벤 코는 소금에 절이고 통에 넣어 수집관에 보내면 수집관이 수를 확인한 뒤 청취장請取狀(영수증)을 부대장에 써주고 일본으로 보냈다. 일본에서는 히데요시가 이를 확인하고 '받았다. 수고했다'는 내용의 감사장을 조선의 부대장에 보냈다. 전라도 금구金溝 일대에서 벤 코 3,369개를 받았다는 1597년 10월 1일자 청취장 원본이 남아 전한다大阪城 天守閣 보관.

'적은 3도를 유린했으며 천리에 걸쳐 창을 휘두르고 불을 질러 적이 지나간 자리는 거의 초토화되었다. 우리나라 사람들을 잡으면 그 코를 모두 베어 위세를 과시했다.'《징비록》

'풍신수길은 모두 살펴본 뒤 모아서 북쪽 근교 10리쯤 떨어져 있는 대불사大佛寺 곁에 묻었다. 높이가 한 개의 구릉을 이뤘다. 동포들의 참상이 이로 미루어 짐작하고도 남는다姜沆 : 看羊錄. 日本 京都市 東山區 豊國神社 보관.'

'이리하여 이때부터 우리나라 사람들 가운데 코는 베어 없어도 목숨은 건져 코 없이 사는 사람들이 또한 많았다李睟光 : 芝峰類說.'

일본군 병사들은 어른은 죽여 코를 베었지만 어린이들은 코만 베었기 때문에 이들은 그 뒤 자라서 코 없이 살았던 것이다.

전주성 무혈점령 일본군 서울 향해 북진

같은 날, 황석산성을 돌파한 일본군 우군과 남원성을 함락시킨 좌군은 예정대로 전주성을 향해 진격을 시작했다. 남원성이 함락된 뒤 수군은 하동으로 남하했다. 우군은 장계를 거쳐 진안으로 들어가 1차 전쟁 때 일본군 제6군이 넘지 못해 끝내 전주성 점령에 실패했던 곰치熊峙를 넘어 전주성으로 향했다.

그러나 남원성에서 조·명 연합군의 결사적인 항전으로 4일간에 걸쳐 혈

일본 교토의 풍국신사(豊國神社)에 있는 코 무덤의 모습

전을 치른 좌군은 진격이 순조롭지 못했다. 조선인을 죽여 코를 베느라 늦어지고 일본군 쪽도 엄청난 피해를 입어 군을 재편성해야 했다. 빠른 진격이 특징인 것과 달리 좌군의 전주성 진격은 이례적으로 행군 속도가 느렸다.

남원성이 떨어지자 전라감영 전주성은 혼란에 빠져들었다. 육군 사령관 병사 이복남이 남원성 전투에 참전해 전사했고 조방장 김경노도 전사했다. 이정암의 뒤를 이은 박홍노朴弘老에 이어 전라 순찰사가 된 황신黃愼이 산중으로 사라진 채 행방을 알 수 없었고 도사都事 김순명金順命이 금성錦城(담양군)에 가 있다가 역시 행방불명이 됐다.

일본군이 진안과 남원으로부터 협공을 해오자 전주 부윤 박경신朴慶新이 당황하여 명나라 유격장 진우충陳愚衷에 성을 버리고 떠나자고 했으나 진우충이 거절하자 성문을 지키는 명나라 병사를 죽이고 성을 탈출했다. 백성들도 뒤를 따라 성을 나가 피난길에 올라 버리자 명군만 남게 되어 진우충도 군사를 이끌고 성을 나가 북으로 향했다. 전주성이 텅 비어 1차 전쟁 때와는 판이한 모습을 보였다.

8월 25일, 일본군 좌·우군 10만여 명이 무혈 입성했다. 성 안팎이 온통 일본군 병사들로 넘치고 찼다. 일본군으로서는 감격스런 승리가 아닐 수 없었다. 1차 전쟁 때 조선 팔도 가운데 유일하게 점령에 실패해 결국 조선 전역을 도로 내주고 부산까지 밀려났었던 원한의 전라감영 전주성이었다.

전주성을 점령한 일본군 좌·우군 사령관을 비롯한 장령들이 작전회의를 갖고 전라도 일대의 점령지 확대와 북진계획을 협의했다. 히데요시가 전라도는 빠짐없이 점령하라고 명령했는데, 이날 회의 결과에 따라 좌군 선봉 유키나가 군 일부는 곧바로 남진하여 구례_순천을 점령하고 왜교倭橋에 진을 치는 한편 광양에 군사를 나누어 주둔했다. 좌군 사령관 히데이에 및 요시히로, 이에마사 군 그리고 유키나가 군 일부는 8월 27일 전주성을 출발하여 익산益山_용안龍安_석성_부여로 진출했다. 임천林川_한산韓山을 돌아 9월 7일 서천舒川을 치고 다시 용안_함열咸悅_익산으로 돌아와 일부는 진산_금산_회덕懷德으로 보내고 일부는 전주를 거쳐 금구金溝로 나가 정읍井邑으로 향했다.

금구를 지나는데 전라도 조방장 원신元愼과 김언공金彦恭 군으로부터 기습을 받았다. 조선군은 치고 곧바로 달아나 버렸으나 큰 피해를 입은 일본군이 일대 마을을 돌아다니며 분탕질을 치고 닥치는 대로 사람을 죽여 코를 벴다.

우군 사령관 히데모토와 선봉장 키요마사 및 나가마사 군은 8월 29일 전주성을 나서 퇴각하는 명의 진우충 군을 추격하며 여산礪山_은진恩津_공주公州로 북상하여 키요마사 군은 청주로 빠지고 나오시게 군은 따로 떨어져 전라도로 돌아와 정읍에서 좌군과 합류했다. 공주에서 북상을 계속한 나가마사 우군 주력은 연기燕岐_전의全義를 지나고 천안天安을 지나 선봉 5,000명이 직산稷山으로 내달았다. 서울을 200여 리쯤 남겨 놓고 있었다.

조선 조정은 다시 한강에 방어선을 치고 평안도 군사 5,000여 명과 황해도·경기도 군사 수천 명을 한강 연안에 포진했다.

그에 앞서 평양에 있던 명군 경리經理 양호楊鎬가 휘하 군사를 거느리고 9월 3일 서울에 들어와 남산에 진을 쳤다. 6일 정병 8,000명을 뽑아 부총병 해생解生, 참장 양등산楊登山, 유격장 우백영牛佰英 등이 지휘케 하여 야간행군으로 천안으로 급진시키고 유격장 파새擺賽에 2,000명을 주어 뒤따르게 했다.

북진 일본군 소사평에서 명군과 조우전

7일 아침, 직산 남쪽 10여 리 지점 소사평素砂平 미원杉院 벌판에서 해생이 이끄는 명군 선봉 2,000명과 북상하던 일본군 선봉 600여 명이 우연히 맞닥뜨렸다. 한바탕 싸움이 붙어 명군이 일본군 머리 31급을 베었으나 명군도 큰 피해를 입었다. 명군은 기병대로 일본군 조총 부대 앞에 노출되었기 때문에 희생자가 더 클 수밖에 없었다. 명군 선봉이 소사평에서 일본군 선봉과 조우한 뒤 전진을 멈추고 이날 중으로 수원水原까지 퇴각했다. 일본군 대군과의 교전을 우려했던 것이다.

그 무렵, 일본군 우군 주력은 나가마사 군이 천안에, 키요마사 군은 청주에 진출해 있었고 좌군 주력은 15일 정읍에서 작전회의를 가진 뒤 순창淳昌_담양潭陽_광주光州_창평昌平_옥과玉果_동복同福_화순和順 방면으로 남하하면서 히데요시의 명령대로 닥치는 대로 사람을 죽여 코를 베었다.

히데요시의 2차 전쟁의 전략적 목표는 조선 4도를 군사적으로 점령한 뒤 강화 협상을 통해 이를 현실화하고 영구화한다는 것이었다. 4도라면 경상·전라·충청 3도에 경기 또는 강원도였을 것이며 아마도 한강 이남을 노렸을 것이다. 2차 침공 때 히데요시가 서울 점령을 포함시켰는지는 확실치 않으나 강화협상에서 유리한 입장에 서기 위해서도 일단 군사적으로 서울을 점령하려 했을 것이다. 일본군이 전라도 전역의 점령을 주 임무로 한 히데이에 좌군 병력을 49,600명으로 한데 비해 전주성 점령 후 충청·경기 방면 북진을 주 임무로 한 히데모토 우군 병력을 64,300명으로 한 것도 명군 참전 대비와 서울 점령 때문이었다고 보아야 할 것이다.

일본군의 천안 직산 출현과 청주 진출은 다시 한 번 조선 조정을 뒤흔들어 놓았다.

9월 9일, 세자 광해군과 왕비 일행이 묘사주廟社主를 받들고 일찌감치 피난길에 나섰고 조정의 피난 문제도 분분한 가운데 관리도 백성들도 모두 피난을 떠나 도성이 텅 비어 갔다. 그런데 천안 직산의 나가마사 군과 청주의 키요마사 군이 더 이상 북으로 진격하지 않고 점령지 일대를 휩쓸고 다니며 분탕질만 쳤다.

9월 하순이 되면서 전황이 또다시 급속히 반전되어 갔다. 9월 16일, 3도수군통제사로 복귀한 이순신이 두 달 전 원균 휘하 조선 수군 함대가 칠천량해전에서 전멸할 때 탈출했던 전함 12척을 이끌고 나가 전라도 남서해를 도는 진도珍島의 명량鳴梁(울돌목)해협에서 일분군 수군 함대 200여척을 궤멸시킨 세계 해전사상 전무후무한 대승을 거뒀다. 일본 수군의 서해 진출은 또 다시 봉쇄됐고 이들을 기다리며 더 이상 북진을 않고 있던 나가마사와 키요마사 육군을 다시 한 번 고립무원으로 몰아넣었기 때문이었다.

9월 하순이면 조선의 날씨는 늦가을의 쌀쌀한 날씨가 된다. 일본군으로서는 악몽과 같았던 1차 전쟁 때의 동장군 공포가 되살아날 수밖에 없었다. 일본군이 남쪽으로 서둘러 퇴각하기 시작했다.

4. 13척이 200척을 격멸
_명량대해전

조선의 국가수호신이 그를 지키다

7월 23일, 칠천량해전에서 원균 휘하 조선 수군
이 전멸하자 당황한 조정이 다시 이순신을 3도수군통제사로 임명했다.

이순신은 백의종군에 처해진 뒤 경상도 합천의 초계草溪에 있는 권율 원수부
에서 군무에 종사하고 있었다. 진주 땅 정개산성鼎盖山城(진양군 수곡면 원계리)에서
군사를 조련하기도 했고 정성鼎城(하동군 옥종면 옥산 : 614m)에서 방비를 수축하기
도 했다. 정성은 경상도에서 전라도로 넘어가는 군사요충이었다. 이순신이 칠
천량해전에서 조선 수군이 전멸한 것을 알게 된 때는 패전 이틀 뒤인 7월 18일
로 권율의 군관 이덕필李德弼과 변홍달卞弘達이 와서 알렸다. 전라 좌수사 부임 후
혼신의 정열을 다해 건설해온 무적의 함대와 숱한 해전에서 생사를 함께해온
장병들을 한꺼번에 잃었다는 소식은 이순신에 청천벽력이었다. 밀림이 불타버
린 호랑이의 처지가 된 이순신이 대성통곡을 했다.

곧이어 권율이 왔다. 이순신이 그의 원수부에 백의종군한 이래 처음이었다.
그도 모함을 받아 도원수에서 파직되었다가 다시 기용되어 한성부 판윤과 충청
도 순찰사 등을 지낸 뒤 2차 전쟁 한 해 전 1596년에 다시 도원수가 되는 곡절을

겪었다. 긴 시간 이야기를 나눈 끝에 이순신이 직접 칠천량에서 탈출한 12척의 전함들을 조사해 본 뒤에 대책을 세우기로 하고 곧바로 길을 나섰다.

군관 송대립宋大立 등 9명과 함께 전함이 정박하고 있는 노량진露梁津을 향해 삼가三嘉_단성丹城_정개산성 밑 강정江亭_곤양昆陽을 거쳐 21일 오후 노량진에 도착했다. 4일간 350여 리를 달리는 동안 줄곧 억수같이 비가 쏟아졌다. 이순신은 여기서 다음 날 22일까지 배설裵楔 등 장수들로부터 패전의 경과를 듣고 전함과 수병들 그리고 무기들을 살폈다.

장수와 수병들이 한결같이 원균에 대한 사무치는 원한을 토했다. 전함들은 별다른 손상이 없었으나 이미 전함으로서의 기능을 잃고 있었다. 우선 배설이 심한 전쟁공포증으로 제정신이 아니었고 얼마 남지 않은 군사들이 피로와 굶주림에 지쳐 제대로 움직이지도 못했다. 그마저 군사의 수가 부족하여 전투는커녕 전함을 움직이기도 힘들 정도였다. 대포와 화약, 활과 화살도 모자랐고 군량도 바닥이 나 있었다.

이순신이 곤양에 돌아가 권율에 보낼 보고서를 작성해 23일 군관 송대립에 주어 보내고 이날 정성으로 들어가 머무르며 다시 방비 등을 수축했다. '비통한 심경을 금할 길이 없다' 고 《난중일기》에 적었다.

8월 3일, 조정에서 보낸 선전관 양호梁護가 도착하여 3도수군통제사 겸 전라좌수사 사령장을 전했다. 이순신이 즉시 움직였다. 곧바로 전령을 노량진으로 보내 배설로 하여금 전함을 이끌고 전라도 장흥長興 땅 군영구미軍營仇未로 오도록 명령한 뒤 자신은 송대립, 유황柳滉, 윤선각尹先覺, 이희남李喜男, 홍우공洪禹功 등 일단의 군관들을 거느리고 육로로 길을 떠났다.

이순신 일행은 그로부터 15일 동안 적 선봉과 불과 하루 이틀 거리로 앞서며 전라좌도南道 일대 주요 읍성을 차례로 돌아 무려 850여 리의 적전 주파를 감행했다.

전라도 땅 두치豆恥(광양군 다압면)로 들어가 섬진강을 따라 북상하여 구례_곡

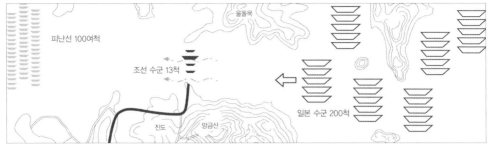

조선 수군 전함 13척이 울돌목에 일렬 횡대로 포진했고, 일본군 전함 200여 척이 일부는 해협 입구
에 예비대로 대기한 채 170여 척이 4개 함대로 해협으로 진입했다.

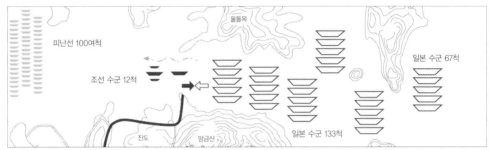

전투가 시작되자 조선군 전함 13척 중 12척이 뒤로 물러서고 이순신의 기함 1척이 일본군 전함 선
봉과 단독으로 교전했다.

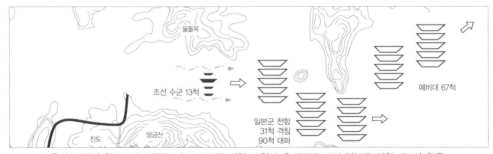

오후가 되면서 협수로의 조류를 타고 조선군 전함 13척이 추격전에 나서 일본군 전함 130여 척을
격파했고, 일본군은 겨우 70여 척만이 도주했다.

명량해전 상황도

순신과 낮 하루 거리였다. 그날을 구례에서 묵고 5일 곡성으로 떠났는데 좌군의
시마즈 요시히로島津義弘 군 선봉이 7일 구례에 침입했다. 이틀 거리였다.

이들 읍성 등에서는 백성들이 피난을 가느라 온통 소동이었다. 이미 떠나 버려 텅 비어 있기도 했다. 남원성 전투에서 전사한 전라도 육군 사령관 병사 이복남이 전사하기 전 적군이 침입하는 곳에는 집과 창고를 모두 불태워 일본군이 이용하지 못하게 하라는 명령을 내렸다. 이미 관고들에 불을 질러 아까운 군량과 무기들이 타버린 곳이 많았다. 청야작전淸野作戰이었다. 적이 침범해 오면 식량과 가옥 등 모든 것을 깨끗이 청소해 버림으로써 적군이 이용하지 못하게 하여 적을 곤궁에 빠뜨리는 전법이다.

이순신 일행은 피난 소동이 한창인 이들 주요 읍성들을 돌며 흩어진 장수들을 모으고 수병들을 모았다. 관고를 뒤져 군량과 화포와 화약, 활과 화살 등 전투용품들을 확보하여 전함이 있는 곳으로 보냈다. 그가 위험을 무릅쓰고 적전 주파로 주요 읍성들을 숨 가쁘게 돈 것은 이 때문이었다. 칠천량해전에서 용케 탈출했으나 수병과 군량 및 전투용품이 크게 부족하여 거의 전력을 상실한 12척을 재무장해 즉시 해전이 가능하도록 하기 위한 것이었다.

이순신이 18일 회령포에 도착하여 이틀 동안 전함을 재무장하고 수병들을 배치한 뒤 20일 서둘러 회령포를 출항해 29일 진도 벽파진碧波津(진도군 고군면)에 도착했다. 이순신이 전함을 재무장하고 수병들을 훈련하며 벽파진으로 이동하는 사이, 16일 서남지역 최고의 군사요충 남원성이 함락되고 25일에 전라감영 전주성이 점령되었다. 일본군 우군이 북상하는 동안 좌군 주력은 남하하여 구례_순천_예교를 향하고 있었다.

조선에 국가 수호신이 있어 이 무모한 침략전쟁으로부터 조선과 한민족을 구하고자 이순신을 그의 사자로 미리 보내두었던 것이 아니었을까?

1차 전쟁이 일어나기 한 해 전 1591년 2월, 조정은 그를 진도군수로 발령했던 일이 있었다. 발령은 곧 취소되었다가 가리포 첨사로 발령되었고 이 또한 다시 취소되어 전라좌수사로 임명되는 곡절을 겪었다. 그 때, 이순신이 진도군수로 발령되어 부임 차 현지로 가던 중 벽파진에 이르러 명량鳴梁을 건너려 하면서 이

희한한 천험의 요새를 보았다. 발령이 곧 취소되는 바람에 그대로 돌아갔으나 타고난 군사전략가인 그는 명량의 특수한 지형과 조류 변동을 보는 순간 본능적으로 그 군사적 가치를 직감하고 뇌리에 깊이 박혔다.

2차 전쟁이 터지기 전해인 1596년 8월, 그는 3도수군통제사로 도체찰사 이원익과 함께 전라도 일대를 순시하는 길에 다시 진도에 들를 기회가 있었다. 이순신은 그 때, 이원익과 따로 떨어져 3일을 묵으면서 명량 일대 지형과 조류 변동 등에 대해 상세히 조사했다. 명량이야말로 한 사람이 능히 천 사람을 지킬 수 있는 천험의 요새였던 것이다.

그가 아무리 탁월한 예지의 소유자였다 할지라도 그로부터 1년 뒤 조선 수군이 전멸하고 가까스로 살아남은 12척의 전함만을 거느리고 여기서 건곤칠척乾坤一擲 조선의 운명을 건 한판 승부를 펴리라고까지는 예측하지 못했으리라.

이순신이 처음 조선 수군이 전멸했다는 사실과 함께 대책을 세워 주기 바라는 도원수 권율의 승낙을 얻어 노량진에서 12척의 전함을 살펴보면서 어쩌면 다음 두 가지를 생각했을 것이다. 하나는 전투력을 상실한 이들 전함들을 어떻게 재무장할 것인가 하는 것이고 다음은 단 12척의 전함만을 갖고 틀림없이 대규모 전선들로 몰려올 일본 수군 함대를 어디서 맞아 어떻게 싸워야 할 것인가 하는 것이다.

첫 번째 과제는 아직 일본군 수중에 들어가지 않은 전라도 일대 주요 읍성에서 군량과 무기를 조달하고 수병들을 충원하기로 했고 두 번째 과제는 바로 천험의 요새 명량에서 결전을 펴는 것으로 결심했을 것이다. 첫 번째 과제는 통제사 복귀 즉시 행동에 옮겨 보름 동안 위험을 무릅쓰고 적전 850리를 주파하면서 해결했다.

이제 두 번째 과제인 결전장으로 가는 것이었다. 이순신은 1차 전쟁 때와 마찬가지로 히데요시가 틀림없이 이번 2차 전쟁도 수륙병진전략을 채택할 수밖에 없을 것이고 일본 수군 함대가 남해를 돌아 서해로 북상할 것이다. 그러기 위해

서는 반드시 이 명량해협을 통과할 수밖에 없다고 판단했을 것이다. 군사 전략가라면 누가 세워도 수륙병진전략밖에 없기 때문이며 더구나 조선 수군이 전멸했기 때문에 일본 수군은 안심하고 남서해로 항진해 올 것이다.

'하나가 천을 이기는 천험' 울돌목

그는 확신과 필승의 신념에 차 있었다.

이순신이 얼마나 확신과 필승의 신념에 차 있었는가는 *그가* 12척 전함의 새무장을 위해 적전주파를 하고 있던 15일 보성에서 받은 선조의 유서論書에 대한 그의 답장장계에서 감동 어린 확인을 할 수 있다.

그가 이날 보성읍 관고에서 무기를 꺼내 말 4마리에 실어 보내고 있을 때 선전관 박천봉朴天鳳이 달려와 유서를 전했다. 그 내용이 기가 찼다. 수군 폐지였다. 어차피 12척 전함으로 일본 수군을 이기지 못할 것인 만큼 수군을 폐지하고 이순신을 육군 지휘관으로 임명하겠다는 것이었다. 1차 전쟁 개전을 앞둔 해에도 있었던 일이었다. 이순신은 단호했다.

> "저에게는 아직도 전함이 12척이나 있습니다今臣戰船尚有十二."
> "전함이 비록 적다해도 제가 죽지 않고 살아 있는 한 적은 감히 우리를 깔보지 못할 것입니다戰船雖寡 微臣不死 則敵不敢侮我矣."

오만스러울 만큼 확신에 넘쳐 있었다. 이순신의 결연한 장계에 조정의 수군 폐지론이 잠잠해졌다. 이순신의 예측은 정확했다. 그가 벽파진에 이르는 동안 대규모 일본 수군 함대가 뒤를 따라 항진해 왔다.

이순신의 12척 함대가 회령포를 떠난 게 20일이었다. 이날 이진梨津(해남군 북평면)에 도착해 4일간을 머문 뒤에 24일 어란포魚蘭浦로 옮겨 머물고 있었다. 4일째가 되는 28일 적 수군 전선 8척이 쳐들어 왔다가 이순신이 선두에서 반격하자 달아나 버렸다. 적의 척후선이었을 것이다. 29일 벽파진 도착 후는 진을 치고 더 이상 움직이지 않았다. 이순신은 적을 유인하고 있었고 적의 본진 도착을 기다리고 있었을 것이다. 이순신은 반드시 자기가 원하는 장소로 적을 유인해 격멸해 왔다. 그는 함대를 이동하면서 포구 주변이나 해안선 주요 지점에 척후 군관을 배치하여 적 함대의 이동을 감시하고 수시로 보고하도록 했다.

9월 2일, 그간 전쟁공포증으로 시달려 온 배설이 탈영했다. 그는 고향인 성주星州로 가 숨어 살다가 2년 뒤 체포되어 참형에 처해졌으나 그의 전공이 인정되어 뒷날 선무공신에 책록되었다.

7일, 벽파진 1km 거리에 있는 감보도甘甫島에 적의 척후선 2척이 나타나 조선 수군 함대의 동향을 살피다가 이를 쫓자 재빨리 도망쳤다. 일본 수군도 그간의 척후활동이나 정보수집 활동으로 벽파진의 조선 수군 함대의 전함이 12척에 불과하다는 사실을 알았을 것이다. 아무리 적군 지휘관이 1차 전쟁 때 공포의 조선 수군 영웅 이순신이라 할지라도 12척의 함대에 진로가 막혀 뒤로 물러설 수도 없었을 것이다. 가까운 수로를 두고 적을 피해 멀리 진도를 돌아갈 수도 없었을 것이다. 정면으로 돌파할 수밖에 없었다.

마침내 세계 해전사상 가장 적은 수의 전함이 가장 많은 수의 적선들을 일거에 격멸한 명량대해전의 날이 다가왔다. 조선 수군으로서는 칠천량해전의 어이없는 패전을 설욕하고 함대를 재건해 남해 제해권을 되찾음으로써 1차 전쟁에 이어 다시 한 번 도요토미 히데요시의 수륙병진전략을 뒤흔들어 놓아 일본군 2차 침공군을 고립무원으로 몰아넣은 대해전이었다.

14일, 어란포에 잠입해 있던 척후 군관 임준영任俊英이 달려와 '적선 200여 척이 어란진에 집결 중'이라고 보고했다. 임준영은 또 적에 붙잡혀 있다가 탈출해 온 김중걸金中傑이란 백성의 말에 의하면 적군은 '벽파진 조선 수군 10여 척을 밀어 버린 뒤 한강으로 진격한다'고 보고했다. 일본군은 이순신이 예측했고 바랐던 대로 해남海南군 화원반도花源半島와 진도 사이의 명량해협으로 오고 있었다.

명량해협의 울돌목 전경

　명량해협은 길이가 약 1.5km에, 폭이 평균 500m 정도이나 양쪽 해안 50여m 정도씩은 수심이 얕아 실제 배가 항해할 수 있는 폭은 400여m에 불과하다. 그 가운데서도 문제의 울돌목鳴梁項은 화원반도와 진도 쪽에서 바위 턱이 50여m 정도씩 더 돌출 되어 있어 폭은 300여m로 더 좁아져 있다. 거기에다 양쪽에 수심 1m 정도 깊이에 길이 90여m 정도의 바위 턱이 물 속에 숨어있어 조류 변동에 관계없이 배가 통과할 수 있는 폭은 120여m에 그친다.

　썰물로 물이 빠지면 중심 폭 120여m를 제외한 바위 턱이 수면 바로 아래까지 솟아올라 물 속 돌다리梁처럼 된다. 조류가 급류로 흐를 때면 이 좁은 목의 물밑 바위 턱에 조류가 부딪쳐 소용돌이치면서 마치 해룡海龍이 용트림하는 듯한 울림鳴소리를 낸다. 그래서 울돌목鳴梁項이다.

　명량해전이 벌어졌던 음력 9월 중순, 명량해협의 조류는 오전 7시 무렵과 오후 7시 무렵에 남해안 쪽에서 서해안 쪽으로 조류가 흐르기 시작하여 오전 10시쯤과 오후 10시쯤에 가장 급류로 흐른다. 낮 1시 무렵과 밤 1시 무렵에는 서해안 쪽에서 남해안 쪽으로 바뀌어 흐르기 시작하여 오후 4시와 새벽 4시쯤에 가장 급류로 흐른다.

이순신은 바로 이 울돌목에서 결전을 벌일 계획이었으면서도 이를 노출시키지 않기 위해 그로부터 5km 거리의 벽파진에서 진을 치고 15일간이나 적을 유인하고 있었던 것이다.

'필사즉생', '필생즉사' 장엄한 결전

어란진에 집결한 적선 200여 척이 16일에 해협으로 진입할 것으로 확신한 이순신이 14일 밤, 서해안 쪽으로 흐르는 조류를 타고 소리 없이 함대를 움직여 해남 우수영右水營 앞바다로 이동시켰다.

결전에 참전할 이순신 함대 전함은 판옥선 13척과 협선 13척이었다. 판옥선 1척은 그간 승무원이 없어 우수영에 매달아 두었던 전함이었다. 수군은 정원 기준 2,300여 명이었다. 백성들의 배 100여 척도 함대로 위장해 세를 과시하기 위해 참여시켰다. 이때야 비로소 이순신은 휘하 장수들에 작전을 설명하고 결연한 명령을 내렸다.

> "병법에 이르기를 '죽기를 각오하고 싸우면 반드시 살 것이고 살려고 회피하면 반드시 죽을 것이다必死則生 必生則死'라 했다."
> "'한 사람이 길목을 막아 지켜도 능히 천 사람을 두렵게 할 수 있다一夫當逕 足懼千夫'라 했다."
> "바로 우리를 두고 한 말이고 여기가 바로 그런 곳이다. 여러 장수들은 나의 명령에 한 치도 어긋남이 없도록 하라."

16일 아침, 척후斥候가 급히 달려와 '왜선 200여 척이 우리 쪽을 향해 오고 있다'고 보고해 왔다. 드디어 결전의 순간이 다가왔다. 원균 휘하 조선 수군 130여 척이 칠천량해전에서 일본군에 의해 전멸한 지 꼭 두 달이 되는 날이었다. 이순신이 즉시 전군을 출동시켜 울돌목에 이르자 13척 전함들을 옆으로 전개시켜 일렬로 가로막는 대형을 이룬 뒤 닻을 내려 조류에 떠내려가지 않게 했다. 멀리 뒤쪽 바다에 백성들 배 100여 척도 모여들었다. 낮 12시쯤, 일본 수군 전선 200여 척이 해협을 가득히 덮으며 울돌목으로 다가서기 시작했다. 해협이 좁아 울돌목까지 133척이 들어서고 70여 척은 해협 입구의 바다에서 기다렸다. 해협에 들어선 일분군 전선들은 30~40척씩 4개 함대를 이뤄 전진해 왔다.

일본군 쪽 남해에서 조선군 쪽 서해로 급류로 흐르던 조류도 흐름이 느려지며 평온해졌다. 이순신이 전 전함에 닻을 올리고 공격해 나가라 명령하고 기함이 선두에 섰다. 그런데 전함들이 앞으로 나아가 적을 공격하지 않고 닻을 올린 채 조류를 따라 슬금슬금 뒤로 물러나 멀어져 갔다. 적의 형세가 너무 커 겁을 먹은 듯 했다. 이순신의 기함만이 남았다. 기함 위의 수병들이 겁에 질려 어쩔 줄을 몰라 했다.

숨이 멎고 피가 타 들어갈 듯한 절체절명의 순간이었다. 이순신의 노호가 기함을 압도했다.

"적이 천척이 되어도 우리 배에는 덤비지 못한다. 두려워 말고 싸워라."

이순신의 독전에 용기를 찾은 기함 수병들이 전함을 앞으로 전진시키며 20여 문의 함포를 열고 적선에 일제히 포격을 가했다. 포성이 좁은 해협을 진동시키며 대장군전이 날고 탄환이 폭풍우처럼 쏟아져 나갔다. 군관들이 갑판 위에 나란히 늘어서서 화살을 억수같이 적선으로 쏘아 보냈다. 조선군 기함의 맹렬한 포격과 의연한 단독 공격의 위용에 눌린 적선들이 감히 전진해 덤벼 오지 못하고 멈추어 선 채 일제히 조총으로 응사해 왔으나 죽기를 각오한 기함의 조선 수병들이 공격을 멈추지 않았다. 이순신이 초요기招搖旗를 올리자 뒤로 물러서 있던 거제도 현령 안위安衛와 중군장中軍將 미조항彌助項 첨사 김응함金應諴의 전함이 앞으로 다가왔다.

"안위야, 군법에 죽고 싶으냐. 도망가서 어디서 살 것이냐."

이순신의 칼날 같은 호령에 안위의 전함이 적진으로 돌격해갔다.

"너는 중군장으로 대장을 버렸으니 그 죄를 어찌 면하겠느냐. 공을 세워 죄를 씻으라."

김응함의 전함도 적진으로 돌격했다.

적진으로 돌격해 들어간 안위 전함이 너무 들어가 적선들이 에워싸고 일본군 수병들이 개미떼처럼 안위 전함에 달라붙어 기어오르려 했다. 조선 수병들이 긴 창으로, 몽둥이로, 수마석 덩이로 내리치고 찌르며 죽을힘을

명량대첩 기념탑

다해 막아냈으나 갈수록 기진맥진해갔다. 기함이 달려가 적선 3척을 차례로 들이받아 엎었다. 녹도 만호 송여종宋汝悰, 평산포平山浦 대장代將 정응두鄭應斗 전함이 달려왔고 저 멀리 물러나 있던 전라우수사 김억추金億秋 전함도 달려와 13척 전함의 공격이 한층 격렬해졌다. 언제 뒤로 물러섰더냐 싶을 만큼 전함들이 앞을 다투었고 수병들도 용감히 싸웠다. 포성과 총성이 어우러지고 포격과 총격이 교차되는 가운데 일본군 전선들이 하나씩 둘씩 깨지고 부서지며 불탔다.

적선 31척, 격파 손상 100척

격전이 한창인 가운데 오후 1시가 넘으면서 조류가 바뀌어 흐르기 시작했다. 조선군 쪽 서해에서 일본군 쪽 남해로 흐르기 시작한 것이다.

조선군 전함들은 해협을 일렬로 가로막고 늘어서 13척 전 전함들이 일선에서 싸웠으나 일본군 전선들은 수가 많아도 저들끼리 밀집되어 있을 뿐 전면에는 10여 척밖에 나서지 못해 조선군 포격에 맞아 축차적으로 깨져 나갔다. 기함 20여 문을 비롯 모두 150여 문의 함포에 밀집 대형으로 몰려 있는 적선들은 좋은 탄착점들이 되었다. 대장군전, 장군전, 피령전이 날릴 때마다 적선들은 반드시 구멍이 뚫려 깨졌고 새알탄을 발사하면 적선 갑판 위에 한 명도 살아 움직이는 적병이 없을 만큼 몰사를 당했다.

대완구로 수마석을 날려 적선 누각을 주저앉히고 진천뢰를 쏘아 적선을 산산조각으로 만들었다. 신기전이 잇달아 날아가 적선을 화염으로 휩쌌고 포격으로 깨뜨리고 불태운 적선이 20여 척에 달했다. 부서진 적선들 널판자와 떠다니는 일본군 수병들 시체가 해협을 뒤덮었다.

"적장 마다시馬多時다."

일본군 수병 출신으로 항복해 온 뒤 이순신 기함에 타고 있던 준사俊沙가 바다에 떠 있는 비단옷 입은 일본군 시체 하나를 보며 소리쳤다. 건져 올려 목을 베어 돛대 높이 달아매자 적의 사기는 떨어지고 조선 수군의 사기는 하늘을 찌를 듯 했다.

오후 4시쯤이 되자 조류가 급류로 변해 거센 물살을 이루며 일본군 쪽으로 몰려갔다. 울돌목 소용돌이가 해룡의 울음소리를 내며 조선군의 돌격을 재촉했다. 이순신의 총공격 신호가 오르고 조선군 전함들이 일제히 앞으로 나가며 충파전을 벌이기 시작했다. 빠른 물살을 타고 들이받는 우악스런 조선군 전함에 날렵하고 얄팍한 일본군 전선들이 와지끈 와지끈 부서져 나갔고 전선에 탄 일본군 수병들이 무더기로 바다로 떨어져 허우적거리다 조선군 화살 밥이 되었다. 들이받기 충파전으로 11척을 부셨다. 포격과 충파로 적선 31척이 깨뜨려지고 불태워져 전파되고 100여 척이 반파로 만신창이가 되었다. 불타는 적선들에서 치솟아 오른 불길과 연기가 해협의 좁은 하늘을 덮었다. 일본군 함대가 마침내 총 퇴각을 시작했고 조선군 함대가 맹렬한 추격을 시작했다.

해협의 양측 산 숲 속에 숨어 손에 땀을 쥐고 숨을 죽여 해전 내내 전투를 지켜보던 조선 백성들이 일제히 일어나 함성을 지르며 미칠 듯이 뛰었고 너무도 감격한 나머지 목을 놓아 엉엉 울었다. 멀리 뒤쪽 배에서도 백성들 함성이 터져 온통 바다에 메아리쳤다.

이순신이 벽파진에 진을 치자 사방에서 피난 백성들이 진도로 몰려들었다. 이순신을 따라가면 살길이 열린다고 그들은 믿었다. 피난 백성들 가운데는 가족과 함께 가재도구와 식량을 배에 싣고 바다를 떠돌며 섬에서 섬으로 피난을 다니는 선상船上 피난민들도 많았다. 뒤쪽 멀리 배치해 둔 배들이었다. 뭍 위의 피난민들은 산에서, 물 위의 피난민들은 배에서 이날의 명량 대 해전을 지켜보았고 조선 수군이 장쾌한 승리를 거두자 하늘 높이 감격해 환호했다.

일본 수군 함대가 해협을 빠져나가 먼 바다로 도주하자 이순신이 함대를 물려 해협으로 돌아왔다. 조선 수군 함대는 한 척의 전함 손실도 없었고 이순신 기함에 탔던 수병 사상자가 5명이었던 사실에 비추어 조선군 희생자는 모두 100여 명이었다. 일본 수군 함대는 완파 31척에 반파 등 손상 전선이 100여 척으로 수병 사상자가 1만여 명에 이르렀을 것으로 추정됐다. 당시 전선들은 목조선이었기 때문에 반파되어도 침몰되는 게 아니어서 도주할 수가 있었다.

적 수군 전선이 333척이충무공 전서《행록》에서 500여 척명량대첩비으로 전하나 척후 군관 임준영의 정찰보고 200여 척《난중일기》 정유 9월 14일이 정확한 것으로 보인다.

"싸움하던 바다에 그대로 머물고 싶었으나… 외로워서 당사도當笥島로 옮겼다.

이번 싸움은 참으로 천행이었다."《난중일기》

    적선은 200여 척이었다. 해협에 진입하지 않아 손상을 입지 않은 적선이 70여 척이나 됐고 진입했어도 손상 없이 달아난 적선이 10여 척《난중잡록》이었다. 적이 반격할 수 있는 전선이 여전히 80여 척이나 됐다. 이순신이 반격을 염려하여 '형세가 외로웠다' 고 했고 승리가 '천행이었다' 고 한 게 아닐까.

    결연히 맞서 싸워 승리를 이뤘으나 200여 척의 적 함대를 불과 13척의 전함으로 맞아 싸워야 할 이순신의 깊은 속마음은 얼마나 외로웠을까. 외로운 결단을 내려야 할 명장의 고독한 독백이었다고 할 것이다.

보화도 기지에서 함대 증강 수군 재건

    대승을 거둔 이순신이 17일 당사도를 떠나 41일간의 서해 순항 길에 올랐다.

    어외도於外島, 칠산도七山島, 법성포法聖浦, 위도蝟島를 거쳐 21일 군산 앞바다 고군산도古群山島에 닿았다. 여기서 묵으며 조정에 승전보고도 띄웠고 아들 회薈를 아산으로 보내 집 소식을 알아 오도록 했다.

    10월 23일, 고군산도를 떠나 다시 남하하여 법성포 안편도安便島를 지나 29일 목포木浦 앞바다 보화도寶花島에 닿아 여기에 기지를 건설하고 수군 재건에 들어갔다. 그는 도중 안편도에서 아산 집이 일본군에 짓밟혀 불타 없어지고 아들 면葂이 일본군 병사와 싸우다가 전사했음을 알았다. 그는 피를 토하는 듯한 비통함을 그날의 일기에 남겼다.

    이순신이 기지를 건설한 보화도는 길이 3km, 폭 120m 내지 800m의 작은 섬이나 해상 교통의 요지였다. 이순신은 여기서 전력을 다해 전함 29척을 새로 만들어 함대가 전함 42척에 수병 8,000여 명으로 증강됐다. 각종 화포를 주조했으며 일대의 바다를 통행하는 배들에 통행첩通行帖을 발행해 주고 군량을 거두어 2만여 섬을 모았다. 전비는 소금을 팔아 조달했다.

개전 초기에 전라 좌수영의 판옥선 전함이 24척이었고 우수영이 25척으로 모두 49척에 불과했다. 전란으로 모든 마을이 피폐해질 대로 피폐해진 한해 겨울 단시일 내에 이같이 막강 수군을 재건할 수 있었던 것은 도대체 어떤 힘이었을까.

그 무렵, 이순신을 따르는 백성들이 수만 호에 십수만 명이나 되었다. 이들 가운데는 배를 타고 서해안을 떠돌다가 이순신의 승전 소식을 듣고 모여든 선상 피난민들 배만 300여 척이었다. 이들은 이순신의 수군 재건에 참여해 군량을 모으고 무기를 제조했으며 전함을 건조하고 수병으로 참전했다. 이순신이 수군을 재건할 수 있었던 것은 이순신을 믿고 모여든 피난 백성들의 힘이었다.

5. 일본군 총퇴각, 연합군 총반격

울산성 피의 공방전 쌍방 인명피해 3만

직산에서 명군 선봉과 부딪친 일본군은 뒤이어 수군이 명량해전에서 사실상 궤멸되어 다시 고립무원에 빠지자 9월 말쯤 더 이상의 진격을 포기하고 전군이 부산 철수를 단행했다.

구로다 나가마사의 우군 주력이 죽산竹山_진천鎭川_청주淸州_조령鳥嶺_문경聞慶_상주尙州_대구大邱로 철수하여 10월 중순까지 양산梁山으로 퇴각했다. 가토 키요마사 군은 청주서 강원도 쪽으로 돌아 죽령竹嶺을 넘어 상주로 들어가 나가마사 군과 합류했다가 경주慶州로 가 울산蔚山으로 퇴각했다.

좌군 주력은 전라도 일대를 휩쓸며 나주羅州와 전라우수영이 있는 해남海南은 물론 전라좌수영이 있는 조선 수군의 성지 여수麗水까지 쳐들어갔다. 민가라고는 한 채도 남김없이 불태우고 사람이라고는 눈에 띄는 대로 죽여 초토화했다. 명량해전 뒤 황급히 철수하여 광양光陽 예교曳橋에 고니시 유키나가 군을 남겨 주둔시키고 다른 부대들은 모두 진주晉州를 거쳐 부산 주변 해안선 일대 12 본성과 6개 지성의 왜성 안으로 퇴각을 완료했다.

조·명 연합군은 이해 말까지 대부분 군사력을 경상도로 집결시켜 해안선 왜성들에 들어가 장기전 태세를 갖춘 일본군에 대해 공격 태세를 갖추어 나갔다.

12월 22일, 조 · 명 연합군이 울산성에 대대적인 공격을 개시했다.

조 · 명 연합군은 조선군 도원수 권율 휘하 경상좌병사 고언백, 경상우병사 정기룡鄭起龍, 충청병사 이시언李時言 등이 거느린 10,000명, 명군 경리 양호楊鎬, 제독 마귀麻貴 휘하 이방춘李芳春, 오유충吳惟忠, 고책高策 등이 거느린 38,000명 등 모두 48,000여 명으로 편성됐다.

최초 공격 당시 울산성에는 모리 히데모토 군 16,000여 명이 있었다. 울산성은 울산읍 동쪽 1km 지점에 솟아있는 도산島山에 3개의 본성을 쌓았는데 길이가 1,300여m 높이가 10~15m, 외곽에는 2,400여m나 되는 토제를 쌓았고 남쪽에는 태화강太和江이 천험을 이루는 철옹성이었다. 태화강으로 배가 성 밑까지 닿을 수 있어 해로와 연결되었다. 울산성은 원래 가토 기요마사 군이 주둔하고 있었다. 기요마사 군이 작전을 위해 인근 서생포성에 가 있었고 히데모토 군이 대신 들어가 성을 수축하고 이날 공사가 끝나 다음 날 기요마사 군과 교대할 예정이었다가 연합군 공격을 받았다.

연합군의 맹렬한 공격에도 일본군은 천험을 이용해 결사적으로 성을 지켰다. 연합군 공격이 시작되자 기요마사가 서생포에서 달려와 전투를 직접 지휘했으나 공방전이 장기화되면서 성안에 갇힌 일본군이 궁지에 몰렸다. 군량이 떨어져 벽토壁土를 끓여 먹고 물이 끊겨 말을 잡아 피를 마시거나 오줌을 마셨다. 굶주림과 추위로 얼어 죽는 병사들이 속출하는 참담한 항전이 계속됐다. 서생포성의 기요마사 군이 구원군으로 태화강까지 진출했으나 연합군 봉쇄망을 뚫을 수가 없었다.

울산성 공방전이 계속되는 가운데 해가 바뀌어 2차 전쟁 발발 첫해 1597년 정유년丁酉年 선조 30년이 저물고 이 전쟁 최후의 해 1598년 무술년戊戌年 선조 31년이 밝았다.

2차 전쟁 첫해 조선군과 일본군은 모두 10회의 대소 전투를 벌였으며 이 가운데 조선군 측 공격은 2회에 그쳤고 일본군 측 공격이 8회로 일본군 측 이 일 방적으로 공격전을 펼쳐 특히 전라도 일대를 쑥밭으로 만들었다. 승패는 5대 5 로 거의 대등한 전쟁을 치렀고 조선군 승전 5회 가운데 명군과 연합 작전은 2회 였다.

그러나 이 전쟁 최후의 해 1598년 무술년은 양상이 전혀 달라진다. 이해에 벌 인 대소 8회의 전투 모두가 조선군 측 공격전이었고 이 가운데 조선군이 6회를 승리로 이끌어 거의 일방적인 전투를 벌였으며 승전 6회 가운데 조·명 연합작 전은 3회였다.

조선과 일본의 이 전쟁 7년간, 조선군과 일본군은 모두 105회의 대소 전투를 벌였다. 이 가운데 조선군 측 공격전이 68회, 105회 전투 중 조선군 측의 승리가 65회로 조선군이 승세를 유지했다. 승전 65회 가운데 관군 단독 또는 관군이 주 도한 전투가 49회, 의병 단독 또는 의병이 주도한 전투가 16회였고 명군 참전 전 투는 8회였다. 조선과 일본의 7년 전쟁은 초기 1년간 조선 의병군의 역할이 매 우 컸으며 1차 전쟁 때 평양성 탈환전 및 2차 전쟁 때 일본군에 대한 최후의 연 합 공격전 등 명군의 역할 또한 컸으나 전쟁은 조선의 관군 주도 아래 최후 승 리를 거두었다.

울산성 공방전이 계속되면서 연합군 쪽에도 희생자가 늘고 사기가 떨어져 갔 다. 일본군 수비대는 최악의 상황 아래서도 항복하지 않고 최후까지 성을 지켰 다. 새해가 되자 일본군 구원 활동도 활발해졌다. 양산성梁山城의 구로다 나가마 사 군, 하치스가 이에마사 군 2,800명이 울산성 가까이 진출하고 멀리 순천 왜교 성서 출진한 고니시 유키나가 군 2,000명이 태화강에 출현했다. 우키다 히데이 에 모리 히데모토의 2만 병력이 울산 10리 밖까지 접근해 연합군을 역 포위하기 시작했다.

1월 4일, 연합군이 최후 공격을 가했으나 끝내 성을 떨어뜨리지 못해 이날 포 위를 풀고 철수했다. 살아서 경주에 집결된 조선군 병사는 불과 800여 명이었

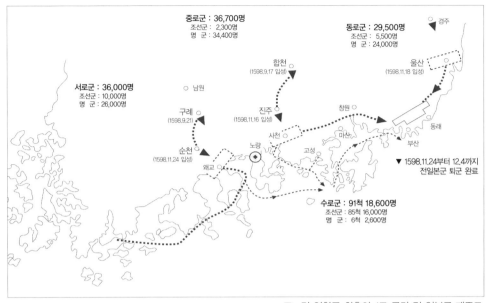

조 · 명 연합군 최후의 4로 공격 및 일본군 패주로

다. 1만여 군사 가운데 9,000여 명의 희생자를 냈다. 공격전 때마다 조선군이 선봉에 섰기 때문이었다. 명군 희생자도 적지 않았다. 전사 1,000여 명에 부상자가 3,000여 명에 이르렀다. 4,000여 명의 명군 사상자를 낸 연합군 피해가 13,000여 명에 이르렀다.

연합군이 물러난 뒤 울산성에는 전투 임무를 계속할 수 있는 일본군 병사가 '수백 명'에 불과했다고 전한다. 일본군 쪽에도 희생자가 15,000여 명에 이른 것이었다. 울산성 공방전 10여 일간 쌍방 인명 피해가 3만 명에 가까웠다. 이 전쟁 최대의 혈전이었다.

조선 수군 10차 출동, 명 수군 참전

울산성 전투 이후 조 · 명 연합군이나 일본군 어느 쪽도 공격활동을 중단한 채 전 전선이 다시 소강상태로 봄을 보내고 여름을 맞았다. 이순신에는 수군 재건을 위한 황금 같은 시간이 되어 주었다.

2월 18일, 이순신은 통제영을 완도莞島 땅 고금도古今島로 옮겼다. 고금도는 길이 21km에 폭이 1km나 되는 큰 섬이었다. 여기서 이순신은 다시 43척의 전함을 새로 건조하여 함대 규모가 전함 85척, 수병 16,000여 명으로 증강됐다. 칠천량 패전 이전 수준에 거의 가깝게 재건된 것이었다.

7월 16일, 명나라 수군이 고금도에 도착해 뒤늦게 참전했다. 명 수군 함대는 사선沙船(승무원 100명) 25척, 호선唬船(30명) 77척, 비해선飛海船 17척, 잔선剗船 9척 등이었다. 사령관은 제독 진린陳璘이었다. 명군 전선은 조선 전함이나 일본 전선들에 비해 크기도 작았고 수병들의 전의도 없어 실제 전투에서는 조선 수군을 따라다니며 관전만 하다가 전리품만 챙기거나 조선 수군 활동을 견제만 했다.

7월 18일, 명량해전 참패 이래 거의 모습을 드러내지 않았던 일본 수군 전선 100여 척이 고흥반도 녹도鹿島를 침범했다는 보고가 날아들었다. 이순신이 곧바로 휘하 수군 전함을 출동시켜 금당도金堂島(고흥군 금일면)로 전진해가며 명나라 진린 함대를 뒤따르게 했다. 조·명 연합함대가 저녁 늦게 금당도에 도착할 무렵, 적의 척후선 2척이 녹도 쪽으로 도주했으나 적 함대를 찾지 못했다. 이순신이 녹도만호 송여종宋汝悰에 전함 8척을 주어 절이도折爾島(고흥군 거금도)에 남아 적을 수색케 했다. 24일, 송여종이 적선 11척을 찾아내 그중 6척을 통째로 포획하고 적의 머리 69급을 베어 돌아왔다. 함께 남아 관전만 했던 명나라 수군이 그 중 25급을 탈취해 저들 전공으로 했다. 조선 수군 제10차 출동이었고 명 수군과 첫 연합출전인 셈이었으나 진린 함대가 실전에 참전하지 않았던 만큼 사실상 조선 수군 단독 해전이었다.

도요토미 히데요시 풍운의 생애 마감하다

8월 17일, 일본국 태합太閤 도요토미 히데요시豊臣秀吉가 오사카성大阪城에서 병으로 죽었다.

미천한 몸을 일으켜 일본 천하를 통일하고 마침내는 일본 사상 최초로 대륙 진출의 웅지를 품고 대군을 조선에 출병시켰다. 문명국 조선과 명나라 연합군을 상대로 7년 전쟁을 벌여 근세사 여명이 시작되는 16세기 말의 동아시아 천지를 뒤흔든 일본국 불세출의 전쟁 영웅 도요토미 히데요시가 그해 나이 62세로 풍운의 한 생애를 마감한 것이었다.

그는 일본에 통일국가를 남겼고 영원한 군국일본의 전통을 세웠으나 한 인간으로서 히데요시는 죽음 뒤에 아무것도 남기지 못했다. 숨을 거두는 마지막 순간까지 못내 잊지 못했던 6세 아들 하나에 평생을 싸워 얻은 정권을 물려주며 그의 최후를 지키고 있던 조정 중신들과 휘하 장수들에 그토록 간곡하게 뒷일을 부탁했으나 정적 도쿠가와 이에야스德川家康에 모든 것을 빼앗기고 멸문된다.

도요토미 히데요시의 죽음은 극비에 부쳐졌다. 일본 조정 중신 5대로大老 회의에서 조선 출정군의 전면 철군이 결정되어 침공군 장령들에 극비로 전달됐다. 그러나 히데요시의 죽음은 뜬소문처럼 떠돌아 조·명 연합군에 번졌고 조선 조정의 귀에까지도 들렸다.

연합군 수뇌부가 조·명 육해군을 총 동원해 일본군에 최후의 공격을 가하기로 했다. 육군은 동·서로와 중로로, 그리고 수군은 해로로 남해안 일대 일본군 주요 왜성들에 4로路로 전면 공격을 감행키로 했다.

동로군東路軍은 조선군 별장 김응서金應瑞 휘하 평안·강원·경상좌도 군사 5,500여 명, 명군 제독 마귀麻貴, 부총병 오유충吳惟忠 휘하 군사 24,000여 명 등 총 29,500여 명으로 편성하여 일본군 키요마사 휘하 군사 10,000명, 나가마사 휘하 군사 5,000명 등 총 15,000명이 지키는 울산성을 공격한다.

중로군中路軍은 조선군 경상우병사 정기룡鄭起龍 휘하 경기 황해 경상우도 군사 2,300여 명, 명군 제독 동일원董一元, 부총병 장방張榜 휘하 군사 34,400여 명 총 36,700여 명으로 편성하여 일본군 요시히로 휘하 군사 8,000여 명이 지키고 있는 사천성泗川城을 공격한다.

서로군西路軍은 조선군 도원수 권율, 충청병사 이시언, 전라순찰사 황신黃愼, 전라병사 이광악李光岳 등의 휘하 충청·전라도 군사 10,000여 명, 명군 제독 유정劉綎, 부총병 이방춘李芳春 휘하 군사 26,000여 명 등 총 36,000여 명으로 편성하여 일본군 유키나가 휘하 군사 13,700명이 지키는 왜교(倭橋: 曳橋(순천 동남쪽 25리 지점) 성을 공격한다.

수로군水路軍은 조선 수군 3도수군통제사 이순신 휘하 군사 10,000여 명, 명 수군 제독 휘하 군사 5,000여 명 등 총 15,000여 명으로 편성하여 서로군의 왜교성 공격에 맞춰 해상에서 적을 공격한다.

조·명 연합 육해 공격군 총 병력이 117,200명으로 개전 이래 최대 규모의 병력이 동원됐다.

6. 조 · 명 연합군 최후 공격으로 일본군 패주

연합군 전군 동원 총공격

9월 17일, 중로군이 먼저 공격을 개시했다.

합천 집결지를 떠나 삼가三嘉현을 지나고 19일 진주성에 입성했고 20일 남강을 건너 22일 곤양昆陽을 점령했다. 28일, 사천 구성舊城에 육박해 들어가 이를 탈환하는 데 성공했으나 명군 참장參將 이령李寧이 전사하는 등 격전을 치렀고 상당한 손실을 입었다.

일본군 주력이 지키고 있는 사천 신성新城은 10월 1일에 공격을 감행했다. 그러나 일본군 역습에 걸려 크게 패했고 일본군의 맹렬한 추격을 받으며 오던 길로 되돌아 남강을 건너고 진주를 거쳐 합천까지 물러났다. 명군 손실만 3,000여 명에 이르렀다. 합천에서 다시 성주星州로 물러났다.

동로군이 9월 21일, 경주에 집결했다. 명군은 울산성으로 진공하고 조선군은 동래성으로 향했다. 조선군이 동래성을 점령해 부산 일본군의 울산성 응원 출동을 차단해 키요마사 군을 고립시킬 계획이었다.

조선군은 곧바로 동래성을 탈환했다. 감격의 탈환전이었다. 개전 초기, 일본군 최초의 공격에 결사 항전으로 맞서 장렬히 순국한 부사 송상현의 충혼이 잠든 동래성이 7년 만에 일본군 점령에서 벗어난 것이었다. 명군의 울산성 공격은 키요마사 일본군의 완강한 저항으로 끝내 탈환에 실패해 25일 경주로 귀환했고 10월 6일 다시 영천성으로 퇴각했다.

서로군 주력 명군은 8월에 서울을 떠나 전주에 도착한 뒤 군사를 좌·우·중협中協 3로路로 나누었다. 좌협은 남원_구례_광양으로 직행하고 우협은 남원_순창淳昌_낙안樂安으로 돌아 진격케 했고 중협은 남원_곡성谷城_순천으로 남하하여 9월 19일, 왜교성을 포위하고 일제히 공격에 들어갔다.

수로군은 서로군 지원계획에 따라 15일, 예정대로 고금도 기지를 출항하여 나로도羅老島_방답防踏_여수를 지나 19일 하개도阿介島(여천)에 도착했고 20일 왜교성 10리 앞바다 유도柚島(여천)에 이르러 왜교성에 공격을 개시했다.

조·명 연합함대는 조선 수군 전함 85척, 같은 수의 협선과 명 수군 전함사선 25척, 호선 77척이었다. 그런데 왜교성 앞바다는 수심이 얕은 데다 일본군 전선 500여 척이 육지 쪽으로 깊숙이 들어가 있는 신성포新城浦에 숨어 있었고 진입 수로에 말뚝을 빽빽이 박아 두어 연합함대 진입이 어려웠다. 밀물 때 6시간 정도 접근해 싸우다가 황급히 빠져 나와야 했다. 연합함대가 접근하면 양쪽 고지의 일본군이 조총을 비 오듯 쏘아 접근도 쉽지 않았다. 육지와 해상에서 일진일퇴 공방전이 거듭됐다.

10월 2일, 연합군이 육지와 바다에서 맹렬히 공격을 퍼부었으나 육지에서는 성문을 열고 나온 일본군 기습으로 명군 800여 명이 전사했다. 바다에서도 아침 일찍 밀물을 타고 들어간 조선 수군 사도蛇島 첨사 황세득黃世得과 이청일李清一이 전사하고 진도 군수 선의경宣義卿 등 장수 5명이 부상했다.

3일, 연합함대가 밀물을 타고 야습을 감행해 적선 10여 척을 끌어내 상당수를 파괴했으나 썰물이 되면서 미처 빠져 나오지 못한 명군 전함 사선 19척, 호선 20척이 적군의 공격을 받아 명군 수백 명이 전사했다. 때마침 사천성을 공격했던 중로군 참패 소식이 전하자 유정은 더 이상 공격할 생각을 버리고 6일 전군을 순천으로 철수시켰다. 수로군도 9일 고금도로 돌아왔다.

11월로 접어들자 남해안 일대 왜성들의 일본군들이 서둘러 성을 비우고 부산 주변으로 몰려들어 거제도와 창선도昌善島로 집결했다. 일본군 수송선단이 부지런히 쓰시마대마도로 실어 날랐다. 조선 침공 7년 만에 마침내 일본으로 전면 패주가 시작된 것이었다.

11월 16일, 사천성의 요시히로 군이 성을 버리고 퇴각했으나 중로군은 그로부터 한 달 가까이 지난 12월 11일에야 입성했다. 11월 18일, 울산성의 가토 키요마사 군이 성새城塞를 모두 불태우고 부산으로 퇴각했으며 뒤따라 동로군이 입성했다. 11월 20일, 왜교성의 유키나가 군이 조선 수군 이순신 함대의 봉쇄망이 거두어져 해로가 열리자 성을 버리고 달아나 서로군이 24일 텅 빈 왜교성에 입성했다.

7. '이순신은 자살했는가' 의문의 전사

최후 해전에서 최후 승리 거두고 최후 마쳐

일본군의 전면적인 철수가 진행되는 동안 모든 왜성들의 일본군이 연합군 추격을 받지 않고 순조롭게 철수했으나 왜교성의 일본군만은 곱게 돌아가지 못했다. 조선 수군 이순신 함대가 봉쇄망을 치고 풀어 주지 않았기 때문이었다.

11월 8일, 고금도의 명 수군 제독 진린에게 순천의 명나라 육군 제독 유정으로부터 전갈이 왔다. 왜교성의 일본군이 10일에 물러가려 하니 조·명 연합수군도 철수하라는 것이었다. 그러나 진린이 처음에는 이순신에게 급히 진군해 일본군 퇴로를 끊어 막자고 했다.

9일, 연합 함대가 급히 고금도를 출항해 백서량白嶼梁(여천군 남면)에 도착했고 10일 여수 앞바다를 통과하여 11일 유도에 닿아 일본군 퇴로를 봉쇄하고 13일에는 아예 왜교성 5리 앞바다 장도獐島(광양군 골약면)까지 진출했다. 이날, 일본군 철수 선단 척후선인 듯한 일본군 전선 10여 척이 해상으로 나오다가 기겁을 하고 도주했다. 왜교성의 유키나가는 철수를 앞두고 많은 뇌물을 명군 사령관 유정에게 바치고 안전 철군을 보장받았다. 유정은 전쟁이 끝나는 마당에 적군과 싸워 부하들을 희생시키고 싶지 않았을 것이다. 적당히 뇌물을 받고 눈감아 주기로 해 진린에 통보했을 것이었다. 진린도 같은 생각이었을 것이나 유정의 말을 듣지 않고 이순신을 앞세워 적의 퇴로를 차단한 것은 딴 마음 때문이었을 것이다.

14일, 유키나가가 배 2척에 장수 1명, 수병 7명을 태워 진린 기함에 보내 뇌물을 바치고 안전 철군을 교섭했고 진린이 이를 받아들여 철수하려 했다. 진린은 뇌물을 싣고 온 일본 배 2척이 봉쇄망을 열고 바다로 나가는 것을 허락했고 이들 배는 곧바로 사천성으로 달려갔다. 유키나가는 이순신에도 조총과 칼 등 뇌물을 바치고 안전 철군을 구걸했으나 이순신이 단호히 거절했다.

부산 쪽 거제도와 창선도에는 철수하는 일본군 전선들이 속속 집결했으나 왜교성의 유키나가 군만이 이순신에 퇴로가 막혀 출항도 못하고 있었다.

14일, 철수를 준비하던 사천의 요시히로 군이 전선 300여 척으로 구원함대를 편성했다.

이순신이 판단했다. 봉쇄망을 빠져나간 전령으로부터 구원 요청을 받은 일본군은 반드시 대규모 구원군 함대를 편성해 출동해 올 것이고 봉쇄망을 치고 있는 연합함대를 뒤로부터 덮치려 할 것이다. 그럴 때 왜교성의 유키나가 군 500여 척이 앞에서 공격해 올 것이고 그렇게 되면 연합함대가 앞뒤에서 협공을 당하게 된다. 그렇다고 해서 앞의 적을 먼저 칠 수도 없다. 바다가 얕고 적이 꼼짝도 않고 요새에 숨어들어 있기 때문이다.

이순신은 뒤로 덮쳐 올 적을 맞아 치기로 했다. 사천성의 요시히로 구원군 함대가 가장 빨리 왜교성으로 올 수 있는 수로는 남해도南海島와 육지 사이의 노량露梁을 통과하는 길이었다. 구원군 함대가 연합함대의 허를 찌르기 위해 남해도를 멀리 돌아올 수도 있다. 이순신이 경상 우수사 이순신李純信을 노량으로, 만일을 위해 발포 만호 소계남蘇季男을 남해도 끝 미조항으로 급히 보내 일본군 구원군 함대의 내습을 경계하도록 했다.

18일 밤, 노량의 이순신으로부터 급보가 날아들었다. 이날 오후 늦게 일본군 대규모 구원군 함대가 노량에 도착했다는 것이었다. 이순신이 전군을 출동시키려 하자 진린이 가로막았다. 왜교성을 봉쇄하고 있는 동안 진린이 여러 차례 일본군 퇴로를 터 주도록 이순신에 요청했고 협박했으며 심지어 명 황제의 이름을 빌려 이순신을 처벌하겠다고 했다. 이순신이 단호했다.

"한번 죽는 것을 아까워하지 않는다. 그러나 적을 결코 버려둘 수 없다."

결연히 맞서며 봉쇄망을 풀지 않았었다.

이순신이 마침내 결단을 내렸다. 왜교성 봉쇄망을 풀고 조선 수군 전 함대를 출동시켰다. 명 수군 함대도 어쩔 수 없이 뒤를 따랐다. 명 수군 함대는 사선 6척, 호선 57척, 수병 2,600여 명이었다. 조선 수군 함대가 전속력으로 동쪽을 향해 항진해 나갔다. 차가운 밤하늘에 낮처럼 밝은 달빛이 물길을 안내했다. 새벽 2시쯤, 노량해협 입구에 도착해 적의 예상 진로 관음포觀音浦 앞바다에 함대를 전개했다. 전함은 83척이었다. 2척은 명 수군 제독 진린과 부총병 등자룡鄧子龍에 빌려주었다. 명군 전선이 너무 작아 일본군 전선과 대적할 수 없었기 때문이었다. 뒤따라온 명 수군 함대는 육지 쪽 죽도竹島의 안전해역에 배치했다. 새벽 4시쯤, 어둠 속의 관음포 앞바다 조선 수군 함대 전면에 대규모 일본군 함대가 그 모습을 드러내기 시작했다.

11월 19일, 마침내 조선과 일본 그리고 명나라 3국간 7년 전쟁 최후의 해전이자 조선국 불멸의 전쟁영웅 이순신 최후의 결전이었던 노량 대 해전의 막이 올랐다.

어둠 속에 위용을 감추고 있던 조선군 전함들이 새벽 바다의 정적을 깨뜨리면서 일제히 포성을 울리기 시작했고 일본군 함대 쪽에서도 콩 튀듯 총성이 울려 퍼져 나왔다. 조선군 전함들 쪽에서 1,000여 문의 함포가 불을 토할 때마다 적선들이 어김없이 깨지고 불타올랐다. 어둠을 틈탄 은밀한 이동 중에 갑작스런 공격을 받은 일본군 구원군 함대가 몹시 당황하여 우왕좌왕하다 포격에 맞아 깨지거나 조선군 전함에 들이받혀 부서져 나갔다. 수없이 많은 일본군 수병들이 어둠 속 바다에 떨어져 죽어갔다.

혼전 중에 큰 적선 하나가 50여 척의 전선들에 에워싸여 필사적으로 탈출구를 찾다가 관음포 포구 쪽이 열려 있는 것으로 보고 그쪽으로 도주했다. 그러나 뚫린 수로가 아니라 막힌 포구였다. 급히 되돌아 나와 도주로를 찾았다. 큰 적선은 시마즈 요시히로島津義弘가 탄 기함이었다. 조선군 전함들이 포위 공격해 들어가자 에워싼 적선들이 달려들어 적병들이 결사적으로 조선군 전함 위로 기어올라 그들 장기인 단병접전으로 승부를 내려했다. 그러나 기어오른 조선군 전함에 수병들이 없었다. 모두가 갑판 아래로 내려가 빗장을 잠근 채 노를 저어 조선군 전함들 사이로 들어가자 다른 조선군 전함들에서 화살이 무더기로 쏟아져 갑판 위 일본군 수병들을 몰살했다.

새벽이 열리고 여기저기 불타고 깨진 일본군 전선들의 처참한 잔해들 사이로 살아남은 적선들이 노량 입구 쪽으로 도주로를 찾으면서 죽도의 명나라 수군 쪽으로 몰려 나갔다. 명군 쪽에서 함포를 쏘아 대항했으나 등자룡이 빌려 탄 판옥선에 불이 붙었고 일본군 수병들이 뛰어올라 등자룡 이하 명군 수병들을 순식간에 전멸시켰다. 아침 8시쯤, 퇴로를 연 일본군 전선들이 일제히 도주를 시작했고 조선 수군 전함들이 일제히 뒤를 쫓아 추격을 시작했다.

조선 수군 기함이 선두로 나섰고 이순신이 갑판 위 지휘탑에 우뚝 모습을 드러내 포효했다.

'원수들을 한 놈도 살려 보내지 말라'

아침 햇살이 눈부시게 쏟아지며 찬란하게 이순신을 비추었다. 적선에서 일제 사격의 총성이 울리고 이순신이 총탄을 맞고 쓰러졌다. 적선 선미에 엎드린 일단의 일본군 조총수들이 바짝 붙어 추격해오는 기함 지휘탑에 우뚝 선 이순신에 일제 조준사격을 가한 것이었다.

"지금 싸움이 급하다. 내가 죽었다고 말하지 말라戰方急 愼勿言我死."

조선 수군 3도수군통제사 이순신이 남긴 최후의 명령이었다. 옆에 있던 맏아들 회薈와 조카 완莞이 그의 죽음을 알리지 않아 조선 수군 함대는 전력을 다해 추격을 계속했고 마침내 필사적으로 도주하는 일본군 수군 함대의 꼬리가 남해 수평선 너머로 사라지면서 이 역사적인 대 해전은 막을 내렸다. 조선 수군의 대승이었다.

노량해전은 조선 수군 제14차 출동이었고 23번째 해전이었다. 노량해전이 벌어졌을 때 순천에 있었던 우의정 이덕형이 전투가 끝난 뒤 종사관 정곡鄭鵠을 보내 관음포 현지를 살피게 하고 조정에 보고서를 띄웠다.

> '왜선 200여 척이 패몰했으며 사상자는 수천 명이다. 통제사 이순신과 가리포 첨사 이영남李英男, 낙안 군수 방덕룡方德龍, 흥양 현감 고덕장高德蔣 등 10명의 장수가 전사했다. 남은 적 100여 척이 남해로 도주했다.'

이 전쟁 7년간, 이순신이 지휘했던 수많은 해전 중에 이 해전만큼 많은 조선 수군 장수들이 전사했던 일이 일찍이 없었다. 얼마나 결사의 각오로 원수들을 추격했는지를 웅변으로 말해 주고 있다.

이순신의 조선 수군 함대가 시마즈 요시히로 일본 구원군 함대를 맞아 최후의 결전을 벌이고 있는 동안 왜교성의 고니시 유키나가 군은 신성포에 숨겨 두었던 500여 척의 전선을 타고 바다로 나왔다. 바다로 나온 유키나가 군은 그 길로 남쪽 수로를 따라 여수 앞바다로 광양만을 빠져 나왔고 남해도를 멀리 돌아 미조항을 지나고 한산도 앞바다와 거제도 북단 칠천량 해협을 거쳐 부산으로 도주했다. 한산도 앞바다와 칠천량 해협은 조선과 일본 수군이 각각 승패를 주고받으면서 수만 명의 수병들을 바다 속에 잠재운 원혼들의 해역이었다.

11월 24일, 부산과 거제도에 집결한 일본군은 가토 키요마사, 구로다 나가마사, 모리 테루모토 군이 먼저 떠났고 26일 시마즈 요시히로, 고니시 유키나가 군이 뒤따라 떠났다.

한민족사에 길이 빛나는 불멸의 조선국 전쟁영웅 이순신은 이렇게 죽었다. 그의 나이 53세였다. 이순신은 이 전쟁 최후의 전투였고 최후의 해전이었던 노량해전에서 최후의 승리를 거두고 적병이 쏜 총탄에 맞아 전사했다. 그러나 그의 전사는 역사에 영원한 '의문의 전사'로 남았다.

'갑옷 벗고 적 앞에' 직격탄 가슴 뚫어

그는 기함에서 '적탄이 가슴을 뚫고 등 뒤로 나왔다《징비록》'고 할 만큼 적병이 쏜 직격탄을 맞았다. 역전의 3도수군통제사 이순신이 과연 도망치며 쏜 적병의 직격탄이 가슴을 관통시킬 만큼 신병 방호를 소홀했을까? 의문은 여기서 비롯된다. 그는 23회의 격렬한 해전을 지휘한 역전의 명장이었다. 자신의 신병 방호를 그렇게 소홀히 했을 리가 없다. 지휘탑에는 방패를 빙 둘러쳤고 이순신 자신은 당연히 갑옷과 우수한 방탄조끼를 입었을 것이었다. 당시 조선군 방탄조끼環衫(환삼)는 매우 우수했다. 그런데 그가 어떻게 돼서 적탄이 가슴을 뚫고 등 뒤로 빠져나갈 수 있었을까? 그는 방패를 거두고 갑옷과 방탄조끼를 입지 않은 채 적선을 근접 추격하면서 적의 저격을 유도했던 것은 아닐까?

숙종肅宗 때, 판서를 지낸 이민서李敏叙(1633~1688)는 《김충장공金忠壯公 : 金德齡 유사》에 '이순신이 갑옷을 벗고 적탄에 맞아 죽었다李舜臣方戰免冑自中丸以死'라 썼다. 같은 시대, 영의정을 지낸 이여李畬(1645~1718)도 이순신이 전사를 가장해 자살했다고 했다《李忠武公全書》고 했다. 이순신은 평소 그가 최후의 해전을 택해 자살할 생각을 갖고 있었음을 시사해 주는 많은 언질을 남겼다. 이순신 휘하 장수였고 뒷날 3대 수군통제사를 지낸 유형柳珩이 이순신이 평소 "나는 적이 물러가는 그날에 죽는다면 아무 여한이 없다吾死於賊退之日 則可無憾矣"라 말했다고 했다《柳珩行狀》.

명 수군 제독 진린도 이순신의 죽음을 애도하는 제이통제문祭李統制文에 이순신이 평소 "나는 나라를 욕되게 했다. 오직 한 번 죽는 일만 남았다辱國之夫 只欠一死"라 했다고 썼다. 그는 《난중일기》 정유년丁酉年편에 그가 절망적인 상태에서 차라리 빨리 죽기를 바라는 통절한 심경을 군데군데 피를 토하듯 기술해 놓고 있다. 그는 백의종군 길에 어머니의 죽음을 맞았다.

> "어머님 영전 앞에 하직하고 울며 부르짖었다. 어찌하겠는가. 어찌하겠는가. 이 세상 천지에 이 같은 사정이 어디 또 있겠는가. 어서 죽는 것만 같지 못하구나."(4월 19일자)
> "그립고 서러워 눈물이 엉켜 피가 되는데 저 하늘은 어찌하여 내 사정을 헤아려 주지 못하는가. 왜 빨리 죽지 않는 것인가."(5월 6일자)

이순신은 그 자신이 원균과 서인들의 모함으로 긴급 체포돼 죽음 직전까지 몰렸었고 의병장 김덕령이 무고로 참혹하게 죽는 것을 보았다. 전쟁이 일어나기 전, 정여립 사건으로 수많은 사람들이 억울하게 멸문의 화를 입는 것도 보았다. 전쟁이 끝난 뒤 그의 전공을 시기하는 무고로 그 또한 멸문의 화를 입을지도 모를 일이었다. 이순신이 최후 해전에서 '전사'하는 죽음의 길을 스스로 선택했던 게 아닐까?

명군은 전쟁이 끝난 다음 해 1999년 선조 32년 2월 19일, 이 전쟁에 최초로 참전했던 부총병 조승훈趙承訓이 최초로 귀환한 데 이어 이해 말까지 모두 명나라로 귀환했다.

이 전쟁이 끝나고 2년이 지난 1600년 10월, 일본에서는 정권이 바뀌었다. 예비대로 편성되어 조선에 출병하지 않았던 도쿠가와 이에야스德川家康 군이 조선에서 돌아온 가토 키요마사加藤淸正 군과 연합하여 역시 조선에서 돌아와 도요토미 가家에 충성하는 이시다 미쓰나리石田三成 군, 고니시 유키나가小西行長 군, 우키다 히데이에宇喜多秀家 군을 세키가하라關原 전투에서 격파했다. 대세를 장악한 이에야스는 1603년 도쿠가와 바쿠후德川幕府를 열고 1614년 5월 최후로 도요토미 가의 본거지인 오사카大阪성을 토벌한 뒤 일본 천하를 지배하기 시작했다.

이 전쟁을 전후하여 내우외환에 기진맥진해진 한족 명明나라는 그로부터 46년이 된 1644년 5월, 개국 276년 만에 북경의 자금성紫禁城을 만주족 청淸나라에 넘겨주고 망했다.

그러나 7년 전쟁으로 국토가 폐허로 변한 조선왕조는 그 뒤 다시 대륙의 주인이 된 청나라로부터 1627년丁卯胡亂과 1638년丙子胡亂 두 차례 대규모 침략을 받으면서도 의연히 312년간을 더 이어나갔다. 위대한 생명력이 아닐 수 없었다.

그러나 조선은 1910년 8월, 도쿠가와 바쿠후 통치 260년의 막을 내리고 메이지유신明治維新으로 근대화에 성공하여 강력한 해양국가로 성장한 군국 일본의 재침을 받고 개국 512년 만에 망했다.

조선왕조는 이 전쟁의 교훈 '천하가 태평해도 전쟁을 잊으면 반드시 위기가 온다天下雖安 忘戰必危'는 사실을 또다시 잊었을 뿐 아니라 이 전쟁에서의 전승마저 민족자존으로 승화시키지 못해 끝내 일본의 재침 앞에 무릎을 꿇고 말았던 것이다.

일본은 이때, 조선을 완전 병탄한 데 이어 만주 일대와 중국까지 진출하여 도요토미 히데요시 이래의 오랜 꿈을 이루는 듯했으나 1945년 8월 15일 제2차 세계대전 패전으로 일본열도로 되돌아갔다. 국력이 팽창하면 군국화되고 군국화되면 대륙진출을 꿈꾸는 게 일본의 전통일까?

부록

연표
찾아보기
참고문헌

연표

■ 서기 기준의 한국 · 일본 · 중국사 연표

663	일본군, 백제 부흥군 응원 출동, 백강 주유성 전투에서 신라 · 당나라 연합군에 패배
1274	고려 · 몽골 연합군, 쓰시마 정벌 후 규슈 하카다 만 침공. 태풍으로 패전. 일본은 이 태풍을 신풍(가미가제)이라 함
1281	고려 · 몽골 연합군, 하카다 만에 2차 침공. 다시 태풍으로 전멸*14세기 고려 말기 40년간 남해안 지방에 왜구들 400여 회 침범
1377	최무선, 원나라 이원으로부터 화약제조법 배워 화통도감 설치하고 대포 등 각종 화기 대량 제작. 세계 네 번째 로켓 발명
1380	왜구 2만, 전선 500척 금강 하구 진포 침범. 최무선 함대 포함 40척 출동, 왜구 전선 격멸, 상륙 왜구는 이성계 육군이 남원에서 전멸시킴
1383	왜구 전선 120척 전라도 남해안 침범. 정지 함대 포함 47척 출동, 남해 관음포 앞바다에서 전멸시킴
1389	고려 박위 함대 전함 100척, 일본 쓰시마 정벌
1392	조선 왕국 개국 *개국 후 4년간 왜구 37회 침범
1396	조선 김사형 함대 쓰시마 정벌 *20여 년간 왜구 53회 침범
1419	왜구 전선 50여 척 황해도까지 침범 조선 이종무 함대 전함 227척 쓰시마 정벌
1435	화기 개량, 전국에 화포, 1650문 생산 배치 군수산업 크게 일으킴
1448	화기교범 《총통등록》 간행 배포
1451	총통기 장치 화차 대량 생산, 북방 요새 배치 로켓 발사대 신기전기 100량 생산, 전국 요새 정문에 배치
1454	《세종실록 오례군례서례 총통도》 간행
1474	《국조오례서례 군례 병기도설》에 각종 화기 38종 해설
1495	일본 전국시대 시작
1510	유순정 도원수 삼포왜란 진압

1536	일본 도요토미 히데요시, 아이치켄 나카무라 마을에서 탄생
1543	포르투갈인, 일본 다네가시마에 상륙, 조총과 화약 제조법 전수
1545	이순신, 서울 건천동에서 탄생
1555	이준경 전라도 순찰사 을묘왜변 진압. 조선 수군 주력전함 판옥선 대량 건조, 전국 수영에 배치
1556	동철 36통 수입, 각종 총통 대량 제작, 전함에 장치
1575	일본 오다 노부나가, 세계 최초의 조총부대 편성, 가케다 가쓰요리 기병대 격멸
1578	병사 김지, 승자총통 제작
1582	일본 오다 노부나가 사망, 도요토미 히데요시 후계 장악
1585	일본 히데요시 간바쿠가 됨
1587	조선 조정, 일본의 통신사 파견 요청을 묵살 왜구 전선 16척 전라도 손죽도 침범 일본 쓰시마 도주 소오 요시시게가 다치바나 야스히로를 조선에 파견, 히데요시의 일본 통일 사실 통보, 통신사 파견을 요청
1588	조선 조정 거듭 묵살 쓰시마의 새 도주 소오 요시토시와 겐소를 조선에 파견, 거듭 통신사 파견을 요청. 영국 함대, 스페인의 무적 함대 격멸, 제해권 장악
1589	정여립 사건 발생 요시토시와 겐소 다시 조선에 파견, 재차 통신사 파견 요청
1590	조선 통신사 일본에 파견 히데요시, 조선 통신사를 접견
1591	통신사, 일본 국서 휴대하고 귀국, 국서에 침공 의사 명기 조선 조정, 침공 표명을 협박으로 결론 정읍 현감 이순신을 전라좌수사로 발탁 조선 조정, 일본의 정명가도 요구 명에 통보 조선 조정, 전국에 수성과 전자물자 비축령 조선 조정, 전국에 전쟁 준비 중지령 요시토시, 겐소 다시 조선에 파견, 침공 사실 공객 경고, 최교적 해결 요구 히데요시, 전국 영주들에 배 2천 척 건조 명령. 규슈 거주 중국인 허의후 명 조정에 일본의 침공 준비 사실 보고. 히데요시, 전국 영주들에 정명령. 규슈 히가시 마쓰우라 반도 나고야에 침공 전진기지 착공

■1592년 임진년 선조 25년 (괄호는 양력)

1.6 (2.17)	히데요시, 전국 영주들에 출동령
2.28 (4.9)	신입, 이일 전국 주요 요새 순시
	*소오 요시토시 부산진첨사 정발, 동래부사 송상현에 일본군 침공 최후통첩. 조선 조정, 최후통첩 묵살
	침공기지 나고야성 완공
	명나라 영하에서 몽고인 발배 반란
3.13 (4.23)	부산 왜관 일본인들이 잠적, 완전 철수
	일본군 선봉 쓰시마 도착
3.27 (5.7)	이순신, 거북선 함포사격 훈련
	히데요시, 나고야 향해 교토 출발
4.13 (5.23)	저녁, 일본군 선봉 부산 영도에 침입
	아침, 일본군 선봉 쓰시마 출발
4.14~15	부산진성 함락(정발 전사)
(5.25)	동래성 함락(송상현 전사)
	일본군 제1군 상륙
4.17 (5.27)	조선 조정, 전쟁 발발 보고 접수
	양산성 함락
4.18 (5.28)	조선 조정, 유성룡을 도체찰사, 신입을 도순변사, 이일을 순변사로 임명. 소백산맥 · 조령 · 죽령 · 추풍령에 방어선 편성
	일본군 제2군 상륙
4.19	언양성 함락
4.20	김해성 함락
4.21	경주성 · 창원성 함락
4.22 (6.1)	영천성 함락
	경상도 수군 자멸
	일본군 제3군 상륙, 제4~7군 선봉 상륙
4.24~25	곽재우 의병부대 기병
(6.4)	이일, 상주에서 북진 일본 제1군 요격, 패전
4.26	문경에서 현감 신길원 결사전
4.27	히데요시, 나고야 도착 전쟁 지도
	일본군 제1,2군 조령 무혈 돌파

	성주성 함락, 경상도 육군 붕괴
4.28	신입 8,000기병대 충주성 밖에 배수진 구축, 일본 제1군 조총부대에 궤멸. 신입 전사. 충주성 함락
4.29 (6.8)	조선 조정, 광해군을 세자로 책봉. 조정을 평양으로 이동. 김명원을 도원수, 이양원을 유도대장으로 한 수도 방어작전 계획 결정.
	일본군 제1,2군 사령관, 충주에서 서울 진격 작전회의
4.30	일본군 서울 향해 진격
	조정, 서울 떠나 평양 향발
5.2	김명원, 한강 방어선 자멸
5.3 (6.12)	수도 서울 일본군에 점령
5.7	조선 수군 이순신 함대 옥포 · 합포해전 승리
	조선 조정, 평양 이동
5.8	이순신 함대, 적진포해전 승리
5.16	조선 육군 부원수 신각, 해유령 소규모 전투에서 최초의 승리
5.18	김천일 의병부대 기병
	김명원 임진강 방어선, 일군 제2군에 붕괴
	강원도 조방장 원호, 경기도 여주 일대 소규모 전투에서 연승. 곽재우 의병군 기강전투에서 첫 승리
5.29	이순신 함대 사천해전 승리
6.2 (7.10)	이순신 함대 당포해전 승리
6.5	이순신 함대 당항포해전 승리
	전라 4만, 충청 1만의 5만 조선 육군, 경기 용인에서 일군 16,000명에 대패
6.7	이순신 함대 율포해전 승리
6.8	곽재우 의병군 정암진전투 승리
	일본 제1,3군 대동강 도착
6.11	조선 조정, 평양 포기, 의주 이동
6.14	선조, 명나라 망명 결심, 광해군 분조 발족
6.15	평양성 함락
6.22 (7.30)	신조 밍명 단념, 의주 도칙
	일본 제6군, 추풍령 경유 영동으로 금산 점령

7월 초	전라감영 순찰사 이광, 도절제사 권율, 노령산맥 웅치 · 이치에 방어진지 구축
	고경명 · 조헌 의병군 금산 진격
7.8 (8.14)	웅치 · 이치에서 격전(정담 전사)
	이순신 함대 한산도해전에서 대승
7.9	고경명 의병군 금산 공격 감행
	고경명 전사, 전라감영 방어 성공
7.10	이순신 함대 안골포해전 승리
	김면 의병군 우척현전투 승리
7.17	조 · 명 연합군 평양성 공격 실패
7.24 (8.30)	함경도 국경인 반란, 두 왕자 포로
	곽재우 의병군 현풍 · 창녕 · 영산성 수복
7.27	권응수 의병군 영천성 수복
8.1 (9.5)	김명원 조선군 평양성 단독 공격
	조헌 의병군 청주성 수복
	히데요시, 오사카 귀환
8.3	김면 의병군 거창전투 승리
8.18	조헌 · 영규 결사대 금산성 특공, 전원 전사
8.25	김제갑 수비군 강원 영원산성에서 전원 옥쇄
9.1 (10.4)	이순신 함대 부산에 대규모 공격, 전함 100여 척 격파, 정운 전사
	명 사신과 일본 1군 사령관 평양에서 강화회담
9.2	이정암 의병군 황해도 연안성 사수
9.8	박진 경상도 육군 경주성 탈환
9.16	정문부 의병군 함경도 경성 탈환
9.17	일본 6군 금산성에서 철수
9.27	유승인 창원성 공방전
	명나라, 영하 반란 진압
	*히데요시, 나고야로
10.10 (11.12)	6일부터 진주성 사수전, 김시민 전사
10.25	정문부, 명천성 수복
11.12	권율 전라도 순찰사, 3도 의병 작전 지휘
11.28	김수 경상도 순찰사 3도 순찰사로

12.11 (1.12)	명나라 응원군 선발대 압록강 도강
	*권율 군, 수원 독산산성에서 일군 토벌군과 혈전 격퇴
	*일본, 서울 주둔 8군, 토벌 포기
	*명나라 응원군 본격 도강

■ 1593년 계사년 선조 26년

1.6 (2.6)	조 · 명 연합군 평양성 공격 시작
1.9	조 · 명 연합군 평양성 탈환, 전군 남진
	*10일 조선군 총병력 17만 2천 4백 명으로 명군에 통보
	일본 1,3군 전면 퇴각 시작
1.15	경상도 의병군 4차 공격 끝에 성주성 탈환
	일본 2군 전면 퇴각 시작
1.27	조 · 명 연합군 벽제관에서 패퇴
	일본군, 연합군을 격퇴
1.28	정문부 함경도군 길주성 수복
	명군, 개성까지 퇴각
2.10	이순신 함대 웅천 1차 공격
2.12	권율 육군, 행주에서 일군 격퇴 대승
	이순신 함대 웅천 2차 공격
2.18	이순신 함대 웅천 3차 공격
2.22 (3.14)	이순신 함대 웅천 4차 공격
	이여송, 평양까지 후퇴
2.29/3.6 (4.7)	이순신 함대 웅천 5차 공격
3.10, 23	조선 조정, 평양으로 이동
4.9 (5.8)	
4.19, 20	권율 군 서울 입성
5.2 (5.31)	조 · 명 연합군 남진 시작
	일본군 전면 퇴각 시작
	이여송, 서울 입성
	일본군 선두 부산 도착
5.7, 9 (6.9)	조선 수군 전함 100여 척 견내량 봉쇄
	일본 수군 900여 척 서진 시도

	명나라 강화사절 부산 출발
5.24	권율을 조선군 도원수로 임명
6.6 (7.4)	히데요시, 나고야에서 명 사신 접견. 강화 7개항 제시
6.22, 29 (7.25)	진주성 함락. 최경희 등 수비군 옥쇄
	일본 대군 투입, 진주성 포위 공격
7.14 (8.9)	이순신, 한산도에 영구 지휘본부 설치
	진주성 점령 일군 퇴군
7.15	명나라 사절 부산 귀환
7.22	누왕자 석방, 명 사신과 귀경
8.6, 8 (9.2)	히데요시, 축차적 철퇴령
	이여송 등 명군 3만 철군
8.25 (9.19)	히데요시, 오사카로 귀환
8.30	이순신을 3도 수군통제사로 임명
10.1 (10.23)	조선 조정, 서울 환도

■ 1594년 갑오년 선조 27년

1.20 (3.10)	명 심유경, 일 1군 사령관 웅천에서 히데요시의 가짜 항복 문서 작성
3.4	이순신 함대 당항포해전에서 승리
8.3 (9.16)	명군 철수 완료
	일군 38,000명 잔류
9.29	이순신 함대 장문포 공격
10.1 (11.12)	이순신 함대 영등포·장문포 공격
12.30 (2.19)	명 조정, 책봉사 파견 결정

■ 1595년 을미년 선조 28년

1.30 (30.21)	명 책봉사 북경 출발
11.22 (12.23)	명 책봉사 서울 남원 경유 부산 도착

■ 1596년 병신년 선조 29년

5.10 (6.15)	일군 제2군 주력 본국 철수
6.15 (7.19)	일군 제1군 주력 본국 철수 명 책봉사 부산 출발
8.5 (8.27)	조선 사신 부산 출발
9.3 (10.23)	히데요시, 명 책봉사 접견 강화회담 결렬 조 · 명 사절 추방 히데요시, 재침 준비령

■ 1597년 정유년 선조 30년

1.6 (2.20)	명 책봉사 서울 입성
1.14 (3.1)	일 제2군 사령관 상륙
1.27 (3.14)	이순신 파직, 원균을 통제사로
2.16 (4.1)	명 책봉사 북경 귀환
2.22	히데요시, 전면 재침령
5.8 (6.20)	명 재투입군 서울 도착 일 재투입군 부산 도착
6.15 (7.28)	히데요시, 침공군에 코베기 명령 전달
6.19	원균 지휘 조선 수군 안골포 공격
7.8 (8.20)	원균 지휘 조선 수군 다대포 공격
7.16	원균 지휘 조선 수군 칠천량에서 전멸 원균 등 전사
8.3 (9.13)	이순신, 통제사로 복귀. 전함 12척 지휘 일본 좌 · 우군, 전주로 진군
8.16 (9.26)	남원 함락, 조 · 명 연합군 옥쇄
8.25 (10.5)	황석산성 함락, 수비 관민 옥쇄 전주성 함락
8.28, 30	이순신 13척 함대, 명량해전에서 일 수군 200척 격멸
9.2, 7, 16 (10.26)	일본군 전면 퇴각 시작

10.9 (11.17)	조·명 연합군 울산성 총공격
12.24 (1.30)	일본군 남해안 왜성으로 퇴각

■ 1598년 무술년 선조 31년

1.4 (2.9)	조·명 연합군 울산성 공격 실패, 퇴각
7.15 (8.17)	이순신 수군기지 보화도에서 고금도로 명 수군 진린 함대 합류
7.19	이순신 함대, 절이도에서 일 수군 대파
8.19 (9.18)	히데요시 사망
9.21 (10.20)	조·명 연합군(동로군) 울산성 총공격
9.28 (10.27)	조·명 연합군(중로군) 사천성 총공격
10.2 (10.31)	조·명 연합군(서로군) 왜교성 총공격
10.15 (11.13)	일본 최고회의, 침공군 전면 퇴각령
11.19 (12.16)	조·명 연합수군 노량진에서 최후 승리 이순신 전사
11.24, 26	조·명 연합육군 왜교성 입성
12.11 (1.9)	조·명 연합육군 사천성 입성 전 일본군 퇴각 완료, 종전

찾아보기

참고문헌

宣祖實錄 : 太白山本, 國史編纂委員會 영인, 民族文化推進委員會, 5~30卷, 1969

宣祖修正實錄 : 太白山本, 國史編纂委員會 영인, 民族文化推進委員會, 1~4卷, 1969

宣廟中興志 : 辛錫謙 편저, 美德圖書館, 1967

看羊錄 : 姜沆 저, 李乙浩 대역, 大洋書籍, 1973

亂中雜錄 : 趙慶男 저, 완본영인, 民族文化推進委員會, 1977

西厓集/懲毖錄 : 柳成龍 저, 許善道·金鍾權 대역, 大洋書籍, 1978

擇里志 : 李重煥 저, 李翼成 대역, 乙酉文化社, 1991

李忠武公全書 : 李舜臣 저, 壬辰倭亂關係文獻總刊, 韓國學文獻研究所 편, 亞細亞文化社, 1984

芝峰類說 : 李睟光 저, 朴鍾和 등 편, 同和出版社, 1976

湖南節義錄 : 湖南地方壬辰倭亂史料集, 全羅南道壬辰倭亂史編纂委員會, 1990

湖南地方壬辰倭亂史料集(Ⅰ.Ⅱ.Ⅲ) : 全羅南道壬辰倭亂史編纂委員會, 1990

亂中日記 : 李舜臣 저, 朴鍾和 등 編, 同和出版社, 1976

壬辰狀草 : 李舜臣 저

白沙集 : 李恒福 저, 白沙先生文集, 景仁文化社 영인, 韓國歷代文集總書, 232~235卷

旌忠錄 : 黃女雄 대역, 旌忠祠復元推進委員會, 1988

經國大典 : 法制處 역주, 一志社, 1981

壬辰錄 : 金起東 편, 瑞文堂, 1979

日本書紀 : 田溶新 대역, 一志社, 1989

國朝五禮序例 卷之四 軍禮兵器圖說, 國會圖書館, 1474

火砲式諺解 : 李曙 撰, 奎章閣 도서, 韓國精神文化研究院, 1685

朝鮮王朝 軍船研究 : 金在瑾 저, 一潮閣, 1991

板屋船考 : 金在瑾, 韓國史論 3輯

李朝 中期 火器의 發達(上·下) : 許善道, 歷史學報 30~31輯

麗末鮮初 火器의 傳來와 發達(上·中·下) : 許善道, 歷史學報 24~26輯

朝鮮 初期 水軍制度 : 方相鉉 저, 民族文化社, 1991

韓國軍事制度論 : 李東熙 저, 一潮閣, 1982

張保皐의 政治史的 位置 : 金光洙 저

金千鎰研究 : 趙援來 저, 學文社, 1985

趙憲研究 : 李錫麟 저, 新丘文化社, 1993

郭再祐研究 : 李章熙 저, 養英閣, 1984

유성룡의 군사 분야 업적의 재조명 : 李完勝 편저, 淸文閣, 1992

鶴峯의 學問과 救國活動 : 鶴峯先生記念事業會, 여강출판사, 1993

忠武公 逸話 : 成東鎬 편, 瑞文堂, 1979

孫子兵法 : 南晩星 역해, 玄岩社, 1969

韓國史大系 : 千寬宇 편저, 王珍社, 1976

韓國近代史 : 姜萬吉 저, 創作과 批評社, 1990

韓國史通論 : 邊太燮 저, 三英社, 1986

日本의 歷史 : 井上淸 저, 서동만 역, 이론과 실천사

日本의 歷史 : 閔斗基 편저, 知識産業社, 1976

大世界史 : 玄岩社, 1971

잃어버린 역사를 찾아서 : 徐熙乾 편저, 고려원, 1986

壬辰戰亂史 : 李泂錫 저, 壬辰戰亂刊行纂委員會, 1974

李舜臣의 戰死와 自殺說에 대하여 : 朴惠一

救國의 名將 李舜臣 : 崔碩男 저, 敎學社, 1992

朝鮮の 役 : 日本 舊參謀本部 편찬

征韓緯略 : 川口長孺 저

文祿,慶長の 役 : 學研社

日本戰史 朝鮮役 : 參謀本部, 村田書店

豊太閤 朝鮮役 : 名著出版

豊臣氏時代 丁篇 朝鮮役(上·中·下) : 明治書院

李忠武公神道碑 : 忠南 牙山郡 陰峯面 三巨里

都元帥 權慄戰捷碑 : 京畿 高陽郡 知道面 幸州外里

임진왜란 해전사 : 이민웅 저, 청어람미디어, 2004

임진왜란과 도요토미 히데요시 : 프로이스 오만 저, 장원철 옮김, 국립진주박물관 2003

亂中日記 : 忠武公 유사 乙未년 누락 32일분